ZHIYE JIAOYU JIQI ZHILIANG PINGJIALUN

职业教育
及其质量评价论

刘任熊 黄利文 冯 萍◎著

安徽师范大学出版社
ANHUI NORMAL UNIVERSITY PRESS
·芜湖·

图书在版编目(CIP)数据

职业教育及其质量评价论 / 刘任熊,黄利文,冯萍著.— 芜湖:安徽师范大学出版社,2022.12

ISBN 978-7-5676-5964-3

Ⅰ.①职… Ⅱ.①刘… ②黄… ③冯… Ⅲ.①职业教育—教育质量—质量评价—中国 Ⅳ.①G719.2

中国版本图书馆CIP数据核字(2022)第243847号

职业教育及其质量评价论 刘任熊 黄利文 冯 萍◎著

责任编辑:辛新新 责任校对:何章艳
装帧设计:吴山丹 汤彬彬 责任印制:桑国磊
出版发行:安徽师范大学出版社
芜湖市北京东路1号安徽师范大学赭山校区
网 址:http://www.ahnupress.com/
发 行 部:0553-3883578 5910327 5910310(传真)
印 刷:江苏凤凰数码印务有限公司
版 次:2022年12月第1版
印 次:2022年12月第1次印刷
规 格:700 mm × 1000 mm 1/16
印 张:16
字 数:255千字
书 号:ISBN 978-7-5676-5964-3
定 价:52.80元

凡发现图书有质量问题,请与我社联系(联系电话:0553-5910315)

序

质量是人类生产生活的重要保障。在人类社会发展历程中，每一次质量领域的变革都促进了生产技术进步，提高了人民生活品质。从生产与消费的角度而言，对质量这一概念的不同理解，直接影响生产者对产品的定位。在《现代汉语词典（第7版）》中，质量是指产品或工作的优劣程度。而如今，质量已经变成产品或服务对使用者或服务对象需求的满足程度。按照现代质量管理理念，一个组织对其工作质量的控制和管理，事关发展评价能力，也就是“确定做得怎样”“发现错在哪里”和“知道怎样修正”。质量评价体系是能够向管理人员连续反馈一个组织运行状况的信息，识别获得成功的潜能，并尽早发现问题以保证及时调整的工具。

质量理念的转变对于职业教育质量评价来说具有重要的启发意义，职业院校既是促进学生社会化的服务者，又是为社会发展提供人才储备和智力支持的服务者。职业教育的迅速发展和学生、社会发展的多样化需求导致了“卖方市场”向“买方市场”的转变。在这一背景下，职业教育的质量理念也应该从“传统质量”向“需求—满足型质量”转变。职业教育质量评价是指依据职业教育的性质和目的，系统收集有关信息，并对其进行科学的分析整理，对职业教育质量进行价值判断，从而提出改进方向，促进职业教育质量不断提高的实践过程。

评价是指挥棒和风向标，对于职业教育发展具有关键的牵引和导向作用，是我国职业教育综合改革的重要内容。也正是因其重要的作用，一直以来，职业教育质量评价都是我国职业教育发展关注的焦点。完善的职业教育质量评价体系可以推动职业院校内涵式发展。建立多层面、多元化的职业教育质量评价体系是职业教育高质量发展的重要举措。20世纪80年代初期，为了促进高等教育迅速平稳发展，我国开始启动高等教育的质量评价工作。作为其重要组成部分的高等职业教育的评价与改进工作于20世纪90年代逐步展开。2003年，教育部发布《关于开展高职高专院校人才培养工作水平评估试点工作的通知》，正式开启了五年一轮的高等职业教育质量评价工作，高职高专院校在规范办学和管理方面取得了较大进展。2006年，教育部印发《关于全面提高高等职业教育教学质量的若干意见》。2008年，教育部印发《高等职业院校人才培养工作评估方案》。2014年，国务院出台了《关于加快发展现代职业教育的决定》，对职业教育的评估提出完善职业教育质量评价制度，实施职业教育质量年度报告制度等要求。2019年，《国家职业教育改革实施方案》则进一步提出：建立健全职业教育质量评价和督导评估制度，以学习者的职业道德、技术技能水平和就业质量，以及产教融合、校企合作水平为核心，建立职业教育质量评价体系。2020年，中共中央、国务院印发《深化新时代教育评价改革总体方案》，这是新中国成立以来关于教育评价系统性改革最高层次的纲领性文件。目前，我国已经建立国家、省、职业院校三级质量年度报告制度，积极探索并逐步完善职业教育质量评价体系。同时，各职业院校正在逐步建立和完善教学工作诊断与改进（简称“诊改”）制度，优化教育质量评价自我保证机制。

但是，我国现行的职业教育评价大多还是以政府评估和职业院校自我评价为主，行业组织、企业、专业评价公司等第三方评价主体参与较少。职业教育质量评价主要是由以政府或职业院校为基础产生的评价委员会来实施。评价委员会按照一定的程序和方式，直接或间接对学校的校园环境、实训室设备、招生与就业情况等做出评价，再形成评价报告上报主管部门，作为评奖评优或者政策制定的依据。从职业教育质量评价现状来看，尚存在评价主体相对单一、“管、办、评”不分、评价内容“千校一面”、缺乏技术技能导向、第三方评价发展相对滞后等问题，需要有效地解决职业教育评价过程中存在的评价主体行政主义色彩过于浓厚、评价过程中缺少利益相关者之间的协调沟通、评价方法上过于重视定量信息等现实难题。

当前，伴随着国家的现代化建设，职业教育正在加快自身的现代化发展进程，迫切需要构建起新的质量评价机制。职业教育质量评价事关国家职业教育事业发展的方向，对职业教育事业发展具有根本导向作用，是建设高质量职业教育体系的前提和基础。为了适应新时期职业教育的发展，增强教育评价的透明度，我国近年来不断深化职业教育评价体制改革。从近几年我国颁布的职业教育质量评价相关政策来看，国家正积极探索并逐步完善新时期职业教育质量评价体系，努力借鉴国际职业教育质量评价经验，以评价体系改革促进职业教育教学质量的提高，从而为经济社会发展培养更多的高素质劳动者和技术技能人才。尤其是2022年5月1日起正式施行的新修订的《中华人民共和国职业教育法》第四十三条中规定，职业学校、职业培训机构应当建立健全教育质量评价制度，吸纳行业组织、企业等参与评价，并及时公开相关信息，接受教育督导和社会监督，这将对我国职业教育质量评价制度的建立健全起到重要推动作用；第四十三条同时指出，职业教育质量评价应当突出就业导向，把受教育者的职业道德、技术技能水平、就业质量作为重要指标。这表明今后职业教育质量评价应更加关注职业教育人才培养的产出和结果。从微观上看，对学生的职业能力、职业承诺、职业认同感发展水平和特征进行分析，可以为教育教学改革提供数据基础和技术手段；从宏观上看，基于实证调查的专业人才培养质量的准确信息，可以对职业院校的教学质量进行系统性诊断，从而为各级政府制定职业教育改革发展的政策措施提供依据。

令人欣喜的是，与国家对职业教育的重视程度日益增强相匹配，专注职业教育领域的专家也越来越聚焦于职业教育质量保障与评价研究，一批来自职业教育领域一线的实践者投身于研究中，并形成兼具实践总结和理论创新的成果。经过长期的探索，他们认为，好的职业教育质量评价要立足于改进和发展，以评促建、以评促改、评建结合、重在建设是职业教育质量评价的根本宗旨。要坚持类型性，应设立与普通高等教育不同的评价指标体系，关注不同层次职业教育之间的衔接。要追求“立德树人”，服务学生的发展，服务职业教育事业的发展。要坚持专业性，坚持专业标准，坚持问题导向，系统探求事实真相，准确诊断问题症结。要坚持科学性，借助人工智能、大数据技术等手段，全方位、多元化采集数据，对所采集的数据、证据以及采集的过程予以明确的说明。要追求公正性，要有可行的方案和行动做支撑，要在评价方法、伦理要求和价值承诺之间寻求一致，合理运用评价技术和手段，减轻评价负担，追求公平公正。要基于尊重和信任，超越监管和问责，注重沟通和协调。要发扬主动性，因为不同评价主体在评价中处于不同的地位、偏好不同、要求不同，所以要激发被评价者的主动性和发展性。要坚守开放性，既关注职业教育质量中可检测、观察的一面，更要关注职业教育活动中那些无法检测、观察的一面，尊重个性和多元化。

“岁寒，然后知松柏之后凋也。”“十四五”期间，职业教育质量评价改革是新时期职业教育改革的重要“突破口”，对于优化职业教育类型定位、增强职业教育适应性、推进职业教育治理体系和治理能力现代化、破解职业教育评价难题等具有重要现实意义，这就需要我们职业教育工作者聚焦职业教育质量评价体系建设的核心问题和关键环节，做到稳中求进、久久为功，引领职业教育改革发展沿着正确的方向行稳致远。

是为序。

叶南客

（研究员、博士生导师，江苏省社科名家、江苏文化强省研究基地首席专家）

2022年6月于南京

前　言

就有些事情而言，即使不能说过程比结果更重要，也至少是同等重要。这个感觉，在我们开展职业教育研究、探索着去评价职业教育及其质量的过程中，越来越强烈。近十年来，政府对职业教育的重视程度与资源投入都在不断增加，但学界和社会对职业教育及其质量评价等方面的重视程度却没有同步跟进。我一直在思考，如何起到一个抛砖引玉的作用，让大家一起来加强职业教育及其质量评价等方面的研究，提升职业教育及其质量评价话题的热度，让社会各界更加关心和重视职业教育，进而让职业教育对经济发展和社会进步起到更大的促进作用。我想，写一本书，树一个靶子，也许是个不错的尝试。

本书是我们在职业教育及其质量评价场域，对下面几个过程性问题进行思考的结晶。

一是何为职业教育质量。教育特别是职业教育，是物质与精神兼顾的。对职业教育而言，其质量的定义是什么？其质量的内涵有哪些？在其质量评价体系中，有哪些变量？其质量的表现形式是怎样的？变量的总和是不是等于质量？不同变量之间，有没有内在关联？若存在关联，关系如何？不同变量之间是相互制衡消弭还是相互促进提升？

二是职业教育质量的特点。职业教育质量是动态变化的，并不是“年年岁岁花相似”，而是因时因事因人因势保持动态发展；职业教育质量是联动的，不是孤立的，教育内部循环和教育外部循环、各种利益相关方的参与，都影响着职业教育质量。

三是怎样测量职业教育质量。职业教育质量的测量涉及方法论问题，包含测量的主体、立场、角度、方法、艺术等方方面面。可以以感受为测量指标，即以满意度高低衡量质量优劣；可以以达成度为测量指标，即以完成量（相对值或绝对值）衡量质量优劣；可以以功能性为测量指标，即以是否符合或多大程度符合某方面要求衡量质量优劣。方法得当，才能把握真正质量，去除虚假质量，保证最终评价结果忠于教育事实。

四是如何提升职业教育质量。就职业教育质量评价的功效而言，前述三个问题都只是手段，最终目的是聚焦职业教育质量内涵本身，并加以改进。以评价大学为例，大学是个大系统，人们评价大学，看其在人才培养、科学研究、社会服务、文化传承创新、国际交流与合作等方面做得如何，并细化为指标体系。就大学而言，既可以改进单项指标，从而提升大学质量，也可以改进系统思维，通过整体改进推动质量提升。不断改进职业教育质量评价体系并加以运用，才可能有符合质量本质和人们认可的职业教育质量结果，这才是我们孜孜以求的目标。

为了达成这个目标，这些年来，我们尝试从不同角度去思考职业教育及其质量，不同时期思考的过程结出一个个小果子一样的课题，它们依次是2020年度的中国职业技术教育学会课题“类型教育定位下职业教育一体化质量评价体系研究”（2020B0150）、中国高等教育学会课题“多层次一体化职业教育质量评价体系研究”（2020GZYB06）、“江苏高校哲学社会科学优秀创新团队：乡村旅游发展研究团队”（苏教社政函〔2020〕20号）、江苏经贸职业技术学院“领军人才培养计划”，2021年度的江苏省教育科学“十四五”规划重点课题“破‘五唯’背景下职业教育多维质量评价机制研究”（B/2021/03/21），2022年度的江苏高校哲学社会科学研究重大项目“破‘五唯’与立多维：职业教育质量评价机制研究”（2022SJZD036）、江苏省社科基金项目“新时代职业教育质量评价数字化转型研究”（22JYB003）。这些课题激励我们继续思考的同时，一批志同道合的职业教育研究者也一直在支持并参与我们的研究，他们分别是江苏经贸职业技术学院黄利文研究员、王利蕾副研究员、陈春义副研究员、朱俊老师、王煜副研究员、钱丽云副研究员、朱雯副教授、陈兰剑副研究员、高长江副研究员、孙昌仙副教授、杨财根教授，无锡工艺职业技术学院冯萍副研究员、蒋才锋老师，南京科技职业学院尚维来副教授，扬州工业职业技术学院王如荣副研究员，江苏信息职业技术学院冯立元副研究员，南京金陵高等职业技术学校陈萌高级讲师，等等。最终，在课题资助和同道者的帮助下，我们完成了这本著作。

为增加书中所论述观点的科学性，我们查阅了中华人民共和国教育部、中华人民共和国人力资源和社会保障部、江苏省教育厅、江苏省人力资源和社会保障厅等一大批政府网站，相关内容在本书正文中不再一一标注出处。

这本著作如果能对读者有所帮助，请按如下分工记住参与者的工作，第一章：刘任熊、黄利文、冯萍、朱俊、朱雯；第二章：刘任熊、冯萍、王莉蕾、冯立元；第三章：刘任熊、冯萍、尚维来、王如荣、钱丽云；第四章：刘任熊、陈春义、尚维来、王莉蕾、杨财根；第五章：刘任熊、冯萍、陈萌、朱俊、陈春义。

职业教育质量评价兹事体大，难度极高，我们仅凭借有限的理论储备和实践经验来对其进行研究，只能说是一次尽力而为的尝试。本书定有不足之处，恳请读者指正。

刘任熊

2022年10月于银杏园

目　录

第一章 现代职业教育体系

第一节　内涵变迁及构建路径

本节导读：自《中华人民共和国职业教育法》提出职业教育体系概念以来，随着经济社会发展，该概念的内涵渐趋明晰，“纵向贯通、横向融通”为其核心特征。发展至近期，现代职业教育体系成为相关教育政策顶层设计的关键内容，各地围绕现代职业教育体系从七方面开展实践探索，明确了现代职业教育体系构建路径，丰富完善了现代职业教育体系框架。针对探索实践中暴露出的弊端，对进一步完善现代职业教育体系提出建议。

国家统计局发布的《2021年国民经济和社会发展统计公报》显示，2021年，我国人均国内生产总值80976元，以年平均汇率折算，达到12551美元。按世界银行标准，中国已经稳步迈入世界中等收入国家行列。为确保我国经济可持续发展，避免滑入“中等收入陷阱”（Middle Income Trap），国家层面正在进行经济产业结构调整，不断推进全面深化改革。在此过程中，构建现代职业教育体系，发展公平而有质量的教育，尽早实现教育现代化，为经济社会发展提供数量充足的高质量的人力资源支撑，贡献“人力资本型人口红利”，服务国家现代化建设，显得尤为迫切。

职业教育体系提法首见法律始于1996年，当年颁布实施的《中华人民共和国职业教育法》①，对职业教育体系这个概念进行了权威表述。该部法律规定：国家根据不同地区的经济发展水平和教育普及程度，实施以初中后为重点的不同阶段的教育分流，建立、健全职业院校教育与职业培训并举，并与其他教育相互沟通、协调发展的职业教育体系。受制于法律颁发后一段时期理论层面对职业教育体系及其规律认识相对不足，实践层面对其贯通体系建设力度不够，在该部法律颁布后的一段时期内，构建职业教育体系并没有太大进展。

进入21世纪，现代职业教育体系的内涵初具模型。步入新世纪，我国工业化发展进入中后期，伴随着产业发展对劳动者的技术技能水平提出更高要求，职业教育进入了规模与质量并重的发展阶段，职业教育同时实现了“量的发展”和“质的飞跃”。从2002年到2005年，3次全国职业教育工作会议先后召开，并自2005年开始，重点建设1000所国家示范性中等职业院校和200所国家示范（骨干）高等职业院校，中等职业院校开始扩招，此后3年累计扩招300万中等职业院校学生。2010年7月，国家中长期教育改革和发展规划纲要工作小组办公室发布《国家中长期教育改革和发展规划纲要（2010—2020年）》，明确指出：到2020年，形成适应经济发展方式转变和产业结构调整要求、体现终身教育理念、中等和高等职业教育协调发展的现代职业教育体系。现代职业教育体系的特性被界定为三个方面：一是适应经济发展方式转变和产业结构调整要求，二是体现终身教育理念，三是中等和高等职业教育协调发展。自《国家中长期教育改革和发展规划纲要（2010—2020年）》提出要建设适应需求、协调发展的现代职业教育体系战略目标以来，从中央到地方、顶层到基础、理论到实践，从体系内部到体系之间，现代职业教育体系建设各项工作顺利推进，

①《中华人民共和国职业教育法》于1996年5月15日经第八届全国人民代表大会常务委员会第十九次会议通过。2022年4月20日经第十三届全国人民代表大会常务委员会第三十四次会议修订，2022年5月1日起施行。修订后的《中华人民共和国职业教育法》共八章六十九条，明确职业教育是与普通教育具有同等重要地位的教育类型，着力提升职业教育认可度，深化产教融合、校企合作，完善职业教育保障制度和措施，更好推动职业教育高质量发展。

现代职业教育体系的内涵初步确定。

2012年以来，现代职业教育体系进入新时期。职业教育在国家现代化建设中的战略地位日益凸显，党和国家对职业教育在经济社会发展中的重要作用更加重视，一直将建设现代职业教育体系作为相关教育政策顶层设计的关键内容，我国职业教育逐步开始向以质量内涵特色为中心转型。

2014年6月，教育部联合国家发改委等六部门发布《现代职业教育体系建设规划（2014—2020年）》，提出：牢固确立职业教育在国家人才培养体系中的重要位置，到2020年，形成适应发展需求、产教深度融合、中职高职衔接、职业教育与普通教育相互沟通，体现终身教育理念，具有中国特色、世界水平的现代职业教育体系，对现代职业教育体系的基本框架、重点任务、制度保障、机制创新和保障实施等做出详细规定。并进一步作出分两步走规划：到2015年，初步形成现代职业教育体系框架；到2020年，基本建成中国特色现代职业教育体系。这个规划文件谋划了构建现代职业教育体系的蓝图，基于这部文件并经高度概括的“纵向贯通、横向融通”成为现代职业教育体系的核心特征。

2019年1月颁发的《国家职业教育改革实施方案》着重提出：职业教育与普通教育是两种不同教育类型，具有同等重要地位。改革开放以来，职业教育为我国经济社会发展提供了有力的人才和智力支撑，现代职业教育体系框架全面建成。《国家职业教育改革实施方案》在对提高中等职业教育发展水平、推进高等职业教育高质量发展作出部署后，在完善高层次应用型人才培养体系时要求“完善学历教育与培训并重的现代职业教育体系，畅通技术技能人才成长渠道”，列出推动专业学位硕士研究生培养、鼓励普通本科高校向应用型转变、开办应用技术类专业或课程、开展本科层次职业教育试点、探索长学制培养高端技术技能人才等措施。

有学者认为，自2012年以来的10年，是职业教育向现代化迈进的关键的10年。一个个重要的新政策、新举措在这一时期诞生，如建设现代职业教育体系、确立职业教育类型、开发国家专业教学标准、建设产教融合型企业、试点现代学徒制、建设中国特色高水平高等职业院校和专业、推进职业教育高质量发展、构建技能型社会等。这些发展用一句话来概括就是：职业教育已形成向现代化迈进的基本框架，现代职业教育体系已基本成型①。

在法律层面，修订后的《中华人民共和国职业教育法》对原有第二章“职业教育体系”进行了完善，在第十四条明确规定：国家建立健全适应经济社会发展需要，产教深度融合，职业学校教育和职业培训并重，职业教育与普通教育相互融通，不同层次职业教育有效贯通，服务全民终身学习的现代职业教育体系。其后条款又分别对职业院校教育和职业培训作出界定。

现代职业教育体系内涵的变迁历程大致如表1-1所示。

表1-1　1996年以来现代职业教育体系内涵的变迁历程

法规文件名称	目标表述
《中华人民共和国职业教育法》(1996年5月)	国家根据不同地区的经济发展水平和教育普及程度,实施以初中后为重点的不同阶段的教育分流,建立、健全职业院校教育与职业培训并举,并与其他教育相互沟通、协调发展的职业教育体系
《国务院关于大力推进职业教育改革与发展的决定》(国发〔2002〕16号)	初步建立起适应社会主义市场经济体制,与市场需求和劳动就业紧密结合,结构合理、灵活开放、特色鲜明、自主发展的现代职业教育体系
《国务院关于大力发展职业教育的决定》(国发〔2005〕16号)	进一步建立和完善适应社会主义市场经济体制、满足人民群众终身学习需要,与市场和劳动就业紧密结合,校企合作、工学结合,结构合理、形式多样,灵活开放、自主发展,有中国特色的现代职业教育体系
《国家中长期教育改革和发展规划纲要(2010—2020年)》(2010年7月)	形成适应经济发展方式转变和产业结构调整要求、体现终身教育理念、中等和高等职业教育协调发展的现代职业教育体系

① 徐国庆.现代职业教育体系已基本成型[N].中国教育报,2022-05-27(05).

续　表

法规文件名称	目标表述
《关于加快发展现代职业教育的决定》(国发〔2014〕19号)	到2020年,形成适应发展需求、产教深度融合、中职高职衔接、职业教育与普通教育相互沟通,体现终身教育理念,具有中国特色、世界水平的现代职业教育体系
《国务院关于印发国家职业教育改革实施方案的通知》(国发〔2019〕4号)	完善学历教育与培训并重的现代职业教育体系,畅通技术技能人才成长渠道
《中华人民共和国职业教育法》(2022年4月)	国家建立健全适应经济社会发展需要,产教深度融合,职业学校教育和职业培训并重,职业教育与普通教育相互融通,不同层次职业教育有效贯通,服务全民终身学习的现代职业教育体系
《关于深化现代职业教育体系建设改革的意见》(中共中央办公厅、国务院办公厅,2022年12月)	共14条。鼓励支持省(自治区、直辖市)和重点行业结合自身特点和优势,在现代职业教育体系建设改革上先行先试、率先突破、示范引领。具体内容有设置探索省域现代职业教育体系建设新模式、打造市域产教联合体、打造行业产教融合共同体3大战略任务;布置提升职业学校关键办学能力、加强“双师型”教师队伍建设、建设开放型区域产教融合实践中心、拓宽学生成长成才通道、创新国际交流与合作机制5项重点工作;并就加强党的全面领导、建立组织协调机制、强化政策扶持、营造良好氛围等4方面对组织实施工作作出部署

而从政府层面看，系统筹划构建现代职业教育体系的探索和实践从2014年才开始。2014年，全国职业教育工作会议召开，此后几年，全国各地在国家政策支持、理论研究辅助的前提下，就构建现代职业教育体系开展了卓有成效的实践探索。特别是广东、江苏、山东、浙江等省份围绕贯彻落实《国务院关于加快发展现代职业教育的决定》和《现代职业教育体系建设规划（2014—2020年）》的重点工作，积极开展各具特色、富有创意的现代职业教育体系建设实践探索。其主要集中在如下七个方面：

1. 现代职业教育学制体系改革。学制体系是现代职业教育体系建设的核心，中、高等职业教育衔接是现代职业教育体系建设的关键。学制体系是否确立和完善是职业教育能否成功发展的一个重要标志。根据国家关于职业教育体系的基本架构图，教育部先后于2011年、2013年颁布实施《关于推进中等和高等职业教育协调发展的指导意见》《关于推进高等职业教育改革创新引领职业教育科学发展的若干意见》和《关于积极推进高等职业教育考试招生制度改革的指导意见》，对中、高等职业教育衔接与协调发展作了系列部署，全国各地结合实际贯彻落实，大力推进，以中、高等职业教育衔接为突破点，着力建立并完善职业人才衔接培养体系。

2. 现代职业教育学历层次建设。各地在探索构建现代职业教育体系时，在夯实中等职业教育基础地位、创新发展高等职业教育、力证职业教育是类型非层次的同时，重点落在两个方面：一是在已有学历层次之间保持纵向流动，衔接贯通现有中、高等职业教育；二是以办本科职业教育为突破口，探索突破高等职业教育层次。如2014年11月，江苏省政府出台的《关于加快推进现代职业教育体系建设的实施意见》提出："探索发展应用技术型本科教育，加快发展专业学位研究生教育。"实践层面有中职本科分段培养的"3+4"模式、高职本科分段培养的"3+2"模式、高职本科合作培养的"4+0"模式等。2020年1月，教育部、山东省人民政府联合发布的《关于整省推进提质培优建设职业教育创新发展高地的意见》试图串联各层次职业教育，联手为学生成长"铺路搭桥"。为确保扎实推进，该文件提出，支持山东长学制培养高端技术技能人才，探索中等职业教育与高等职业教育"3+2"模式、中等职业教育与职业教育本科和应用型本科"3+4"模式、高等职业教育与职业教育本科和应用型本科"3+2"模式，对口贯通分段培养。在我国现行学历学位体系中，学士这一层级的学位没有专业学位，仅有统一的学术学位，所有开展职业教育本科培养的中、高等职业院校，均由合作本科院校负责授予毕业生学位，这也成为全国各省自主探索的底线。

3. 现代职业教育学徒制改革。2014年8月，教育部印发《关于开展现代学徒制试点工作的意见》，全面启动"招生即招工、入校即入厂、校企联合培养"的现代学徒制试点，引导行业、企业深度参与职业教育人才培养全过程，实现企业和职业院校双主体工学结合一体化育人，逐步建立中国特色现代学徒制。例如，广东省借鉴英国现代学徒制经验，打造教师和企业师傅“双导师”团队，采取“先招生再招工”“招工与招生同步”“先招工再招生”等多种方式进行“联合招生”，探索形成“校企双元”育人的人才培养模式；浙江省创新校企合作的体制机制，探索现代学徒制、职业教育集团和混合制办学，让学校和企业真正成为利益共同体，走出了符合地方经济发展和产业布局需求的校企合作之路；安徽、四川等省制定出台现代学徒制试点工作实施方案，用多种方式推进校企招生、用工一体化制度，争取到2020年基本建立起各具特色的现代学徒制。

4. 现代职业教育办学体制改革。产教融合、校企合作、工学结合、协同育人是现代职业教育办学体制改革的必由之路，是建设中国特色、世界水平现代职业教育体系的根基。转变政府管理方式，实施职业教育管办分离改革，加强行业指导、企业参与，鼓励社会力量参与职业教育办学，创新民办职业教育办学模式，多种模式推动职业教育集团化办学，促进教育链和产业链的有机融合，完善校企合作协同育人体制机制建设，是激发职业教育办学活力的关键因素。2011年，教育部颁布《关于充分发挥行业指导作用 推进职业教育改革发展的意见》，提出以充分发挥行业指导作用为核心，加快推进政府主导、行业指导、企业参与的办学机制改革。各省纷纷出台文件，强化企业办学主体地位，建立多元办学、自主办学体制机制，吸纳职业院校、行业、企业、科研机构组建职业教育集团，联合省政府主管部门、行业协会、企业单位、职业院校，大力推动职业教育集团化办学。

5. 现代终身教育体系建设。现代职业教育体系是终身学习体系的重要组成部分，是职前职后各级各类教育培训纵向衔接、横向沟通的“立交桥”。2014年8月，教育部等七部门印发《关于推进学习型城市建设的意见》，把学习型城市建设作为实现学习型社会的重要基石，作为构建终身教育体系，促进各类教育融合开放，满足人民群众终身学习需求，促进人的全面发展的有力支撑，这对于加快现代职业教育体系建设，推进学历教育与非学历教育协调发展，职业教育与普通教育相互融通，职前教育与职后教育有效衔接，促进全民终身学习具有基础作用。到2020年，东、中、西部地区市（地）级以上学习型城市覆盖率分别达到90%、80%和70%，发达地区相比较而言学习型城市覆盖率要求更高。例如，上海市大力推进现代化学习型城市建设，通过建立学习型社会，建设终身教育促进委员会协调机制、“双证融通”机制、上海终身教育“学分银行”等，促进教育资源开放。

6.现代职业教育法律体系建设。现代社会是法治社会，完善的职业教育法律体系既是现代职业教育发展的法制保障，又是现代职业教育体系不可或缺的重要组成部分。《中华人民共和国职业教育法》的修订、《关于深化职业教育教学改革 全面提高人才培养质量的若干意见》的印发和《职业学校教师企业实践规定》的出台，以及开展校企合作和职业教育集团化法律法规完善等工作，促使现代职业教育体系建设步入法治化轨道。同时，结合各区域经济社会和职业教育发展实际，地方性职业教育法规也开始逐步完善，依法办学、依法治教、依法治校、依法管理，正逐步成为现代教育文明的时代特征。多个省以条例形式出台职业教育法规性文件，如《江苏省职业教育校企合作促进条例》《广东省职业教育条例》《上海职业教育高质量发展行动计划（2019—2022年）》等，进一步明确区域性、行业性高等职业院校的不同办学定位和服务面向，深入推进管办评分离，推动高等职业院校深化产教融合、校企合作，提升高等职业院校服务能力和水平，推动高等职业院校规范办学行为、提升办学质量。

7.现代职业教育经费保障体系建设。《国家中长期教育改革和发展规划纲要（2010—2020年）》发布实施以来，国家对职业教育领域的经费投入力度不断加大，学校综合能力建设、教师素质提升、家庭困难学生资助得到了全方位支持。教育部于2019年2月就职业教育改革问题召开新闻发布会，数据显示：2017年，全国职业教育财政性教育经费达3350亿元，中等职业教育免学费、助学金分别覆盖超过90%和40%的学生，高等职业教育奖学金、助学金分别覆盖30%和25%以上的学生。针对高等职业教育经费筹措和财政生均拨款稳定投入机制不够健全、财政投入激励改革导向作用不够明显等问题，2014年10月，教育部与财政部联合印发《关于建立完善以改革和绩效为导向的生均拨款制度加快发展现代高等职业教育的意见》，指出地方为主、中央财政“以奖代补”，多元投入、促进改革、注重绩效，2014—2017年改革绩效奖补资金规模，根据各地高等职业教育改革进展情况和中央财政财力状况核定，到2017年，各地高等职业院校年生均财政拨款水平不低于1.2万元。事实上，2017年，全国各地高职高专院校生均公共财政预算教育经费支出的平均水平为15455.13元[①]，这将有助于新形势下深化校企合作，促进职业教育面向市场、面向就业，改革创新人才培养模式，提高人才培养质量。

正如《国家职业教育改革实施方案》中指出：我国职业教育还存在着体系建设不够完善等问题。具体来说如下四点表现尤为突出：

一是职业教育体系不统一。在我国，职前教育主要依托职业院校的正规教育，而职后教育虽然也大规模开展，如企业培训、社会培训、成人教育中的职业教育等，但目前，我国的职前和职后教育基本上处于相互不协调、不沟通的状态。换言之，职业资格体系、学历职业教育以及职业培训三者之间还没有形成和谐统一的有机整体。

二是各类教育之间缺乏有效衔接。从我国职业教育发展的实际情况来看，在内外部教育衔接和发展通道上存在诸多问题：一方面，在职业教育系统内部，中、高等职业教育之间的衔接还不够通畅。另一方面，我国职业教育在与外部系统的沟通交流上也存在一些问题，如职业教育与普通教育系统之间缺乏有效的连接平台，尤其是与普通高等教育的衔接，缺乏应有的升学机制，不利于培养满足社会发展所需的高层次职业技术人才。

三是职业教育管理体制滞后。我国现行的职业教育管理体制较为单一，除了一些民办职业教育院校外，大部分是基于单一体制下的以政府为主导的办学模式。单一的教育管理体制已成为制约我国职业教育发展的重

① 童卫军，池云霞，庄榕霞，等.高职创新发展有作为：《高等职业教育创新发展行动计划（2015—2018年）》绩效评价报告[M].北京：高等教育出版社，2019：204.

要因素，与职业教育一直秉持的“校企合作、工学结合、产学研一体化”的办学方向和发展思路相背离，最终导致职业教育发展游离于社会需求之外。

四是职业教育体系开放度不够。职业教育体系的开放性不仅指对人人开放，还指对人终身开放。虽然在我国现行的职业教育体系中，所有人都有权利、有机会获得这样或那样的职业教育或培训，但体系的开放程度仍然不够。

建设现代职业教育体系，首先应当适应经济发展方式转变和产业结构调整要求，这是构建现代职业教育体系的逻辑起点；其次要体现终身教育理念，强调人的终身发展，将之视为根本目的；最后要使中等和高等职业教育协调发展，突破培养层次的局限，系统培养技术技能型人才。基于此，在做好顶层制度设计的前提下，要采取务实措施，确保实现职业教育作为一种类型“纵向贯通、横向融通”。

此外，要将职业教育发展规划列入同期国民经济和社会发展纲要，明确中央和地方政府在职业教育发展方面的财政投入保障措施，明确企业参与职业教育人才培养、校企合作的相关配套措施。从国家制度层面做好现代职业教育体系建设，营造制度建设氛围，达成制度文化认同，完善职业教育发展保障体系。直面制度现实需求，强化法律法规供给，加快职业教育法律体系建设，进一步明确职业教育的独立类型地位和公共产品属性，调动多元主体参与，落实各方主体权责。

第二节　五年制高等职业教育

本节导读：我国五年制高等职业教育于清末民初萌芽，20世纪80年代起步发展，以1983年7月五年制技术专科开始试点、2002年3月《教育部关于进一步办好五年制高等职业技术教育的几点意见》出台、2021年6月成立全国五年制高等职业教育发展联盟为主要标志，可分为发展萌芽期、试办适应期、特色创新期、共建共享期四个阶段。全国五年制高等职业教育办学模式根据体制和人才培养主体划分，可分为以中等职业院校为主体的中、高等职业教育联办，以独立设置高等职业院校为主体，"小学院、大学校"，以开放大学系统为主体四种办学模式。五年制高等职业教育为进一步巩固中等职业教育的基础地位，发挥专科层次高等职业教育的主体地位，推动构建现代职业教育体系作出了重要的贡献。

讨论现代职业教育体系，不能忽略五年制高等职业教育。我国五年制高等职业教育，是一种独具优势的长学制职业教育办学模式，是中国特色高等职业教育的组成部分，在建设人力资源强国、培育壮大中等收入群体、服务共同富裕目标早日实现过程中发挥着重要作用。五年制高等职业教育是一种"适合的职业教育"，适应了初中后学生分流的需要，适应了定向培养地方经济建设和生产一线高素质技术技能型人才的需要，适应了职业教育一体化发展的需要，适应了建设技能型社会的需要，受到了用人单位的广泛欢迎，得到了政府的重视并为之进行积极的探索，是一条投入少、见效快、质量高，多出人才、快出人才、出好人才的职业教育发展途径。

五年制高等职业教育在中国的发展历程最早可追溯至清末民初，此后反复发展，不断变型，20世纪80年代获得较大发展。以1983年7月五年制技术专科开始试点、2002年3月《教育部关于进一步办好五年制高等职业技术教育的几点意见》出台、2021年6月成立全国五年制高等职业教育发展联盟为主要标志，可将其分为如下四个不同的发展阶段。

第一阶段（1983年前），发展萌芽期。我国五年制高等职业教育源远流长，作为一种学制形式，最早可追溯到清朝末期的实业学堂，尤以1904年洋务派主导颁布的《奏定学堂章程》中的五年制商船业机轮科最为典型。1917年，黄炎培、顾树森等人有感于当时学校毕业生"所用非其所学，滔滔皆是"，在考察欧美各国及日本学制系统中中等职业教育之位置后，倡导设置实业学校和职业科。1939年，国民政府在专科学校中设有招收初中毕业生、修业期五年的专业，音乐、艺术、蚕丝、兽医等科先行，再推广于工科专科学校。这样，“五专”首次出现在学制图中，基本延续到20世纪50年代初，如新中国成立前后一度存在的“苏南工业专科学校”就是五年制专科层次的职业教育。

第二阶段（1983—2002年），试办适应期。自1983年教育部在福建集美航海专科学校等少数工科学校试办五年制专科教育开始，到1998年，经教育部批准试办五年制高等职业教育的中专学校与技术专科学校达22所。经过近20年的发展，五年制高等职业教育彰显类型教育特色，主动适应地方经济社会要求和人民群众接受高层次职业教育需要，办学规模不断扩大，办学质量稳步提高，所培养的毕业生深受社会欢迎，已经成为我国职业教育的重要组成部分，为构建现代职业教育体系作出了重要贡献。

第三阶段（2002—2021年），特色创新期。2002年3月，《教育部关于进一步办好五年制高等职业技术教育的几点意见》出台。2014年，《国务院关于加快发展现代职业教育的决定》要求“推进中等和高等职业教育紧密衔接”，“加快构建现代职业教育体系”。2019年1月，《国家职业教育改革实施方案》要求，在学前教育、护理、养老服务、健康服务、现代服务业等领域，扩大对初中毕业生实行中、高等职业教育贯通培养的招生规模。2020年7月，江苏省教育厅发布《关于推进五年制高等职业教育高质量发展的意见》，细化11条措施，进一步明确五年制高等职业教育发展的方向与路径，发挥中、高等职业教育贯通培养的独特优势，推进该省五年制高等职业教育高质量发展，推进五年制高等职业教育地方化、大众化、优质化，与地方经济社会对技术技能型人才需求结构相适应。2003年6月，江苏联合职业技术学院成立。在接下来的18年里，以江苏联合职业技术学院为典型的五年制高等职业教育办学主体，积极探索中、高等职业教育贯通的有效模式，创新形成其“整体设计、贯通培养”“适合、融合、联合”的办学特色，五年制高等职业教育成为中国特色职业教育体系的重要一环。

第四阶段（2021年至今），共建共享期。2021年6月，江苏联合职业技术学院作为全国五年制高等职业教育办学规模最大的院校，联合全国20个省份的22所高等职业院校和11家行业、企业机构作为首批发起单位，牵头成立了全国性的五年制高等职业教育发展联盟。五年制高等职业教育发展联盟是一个从事五年制高等职业教育相关工作的全国性、学术性、非营利性协作组织，接受中国职业技术教育学会、教育部职业教育与成人司、教育部职业教育中心研究所等机构的业务指导。五年制高等职业教育发展联盟旨在搭建五年制高等职业教育交流协作的平台，促进成员单位五年制高等职业教育办学水平提升，助力现代职业教育体系建设。以五年制高等职业教育发展联盟成立为标志，我国五年制高等职业教育进入共建共享期。

全国各省份不断探索并加快布局发展五年制高等职业教育，积极拓宽五年制高等职业教育办学途径。据不完全统计，2014—2018年，全国有31个省份和新疆生产建设兵团投放五年制高等职业招生计划1345254人。其中，江苏省、山东省、安徽省三省分别以209236名、188538名、177974名招生计划占据前三名。2021年，全国举办五年制高等职业教育的院校约占独立设置高等职业院校总数的20%，年招生已超过50万人，五年制高等职业教育招生占到中等职业教育当年招生的11.8%[①]，为进一步巩固中等职业教育的基础地位，发挥专科层次高等职业教育的主体地位，推动构建现代职业教育体系作出了重要的贡献。

从全国范围来看，五年制高等职业教育在经济发达的省份发展迅速。江苏省、山东省、安徽省、浙江省、重庆市等多个省份已经进行了长期的五年制高等职业教育办学实践探索，积累了比较丰富的实践经验，试点省份积极推动中、高等职业院校人才培养过程的贯通、衔接和融合，在教育教学制度制定、人才培养方案制定、课程教学标准制定、教学过程实施、教学评价等方面实现一体设计、共同实施，积累了丰富的实践经验。目

① 谢俐.贯彻全国职业教育大会精神，加快发展五年制高等职业教育[J].江苏五年制高职教育，2021(3)：1-3.

前，江苏省有江苏联合职业技术学院、江苏城市职业学院、独立设置的高等职业院校等三类主体共131个办（教）学机构开展五年制高等职业教育。江苏省五年制高等职业教育的政策发展环境、在校生规模、专业种类、办学成果等在全国均位居前茅，办学优势逐渐凸显，办学水平全面提高，办学特色不断凝练，由此走出了一条比较成功可行的发展道路，初步形成了颇具特色的“江苏模式”，成为江苏高等职业教育发展中一道亮丽的风景线。发挥优势、规模适度、提高质量、强化特色是江苏五年制高等职业教育发展的基本思路。全面统筹、兼顾短板，政策引导、自我优化，内涵为先、特色发展是江苏五年制高等职业教育发展的优化路径。2001年，山东省开始在12所高等职业院校和34所国家级普通中专学校举办五年制高等职业教育，当年实际招生8290人，至2008年，山东省共有45所高等职业院校和59所中等职业院校举办五年制高等职业教育。顶峰时，山东省有60所高等职业院校和76所中等职业院校举办五年制高等职业教育，累计招生近29万人，在校生20余万人。2012年，山东省出台《山东省五年制高等职业教育管理办法》，将五年制高等职业教育推上规范快速发展轨道，为探索职业教育的新型培育模式，促进职业教育的发展，加快高等教育大众化进程作出了积极贡献，尤其对扩大中等职业教育规模，建立中、高等职业教育直通车发挥了积极作用。

全国五年制高等职业教育办学模式根据体制和人才培养主体划分，大致可以分为四种办学模式：

第一种是以中等职业院校为主体的办学模式，或称中、高等职业教育联办模式，也可以通俗理解为“小手牵大手”模式。该种办学模式以省部级重点普通中专、国家重点技工学校和国家中等职业教育改革发展示范学校等（小手）为五年制人才培养主体，招生计划、学生主要学习依托单位均为中等职业院校，高等职业院校（大手）参与联办，聚焦五年制高等职业教育专业人才培养方案制定、高年级学生培养等工作。不同省份根据省情，又将五年制在校生学习情况，做五年一贯制、“三二分段”（全国大多数省份）、“二三分段”（以广西壮族自治区为代表）三种安排。安徽省、广东省、四川省、福建省、山东省、湖北省等多省份采用中、高等职业教育联办模式培养五年制高等职业教育学生。以安徽省为例，在2019年该省下达的初中起点五年制高等职业教育招生计划59898名中，由普通中专院校与高等职业院校合作举办的“三二分段”制占40260名，该部分计划招收的五年制高等职业教育学生，由普通中专院校与高等职业院校按照五年制高等职业教育统一的教学方案，按“三二分段”培养模式，分别在普通中专院校与高等职业院校培养，整体教学方案、教学质量控制、学籍管理和证书发放等由高等职业院校负责。

第二种是以独立设置高等职业院校为主体的办学模式。该种模式由省级教育行政部门主导，独立设置高等职业院校为办学主体，二级院系选择相应专业开办五年制高等职业教育，形成树型拓扑结构。如部分省份基于满足地方经济社会发展需要，引导高等职业院校聚焦特定行业办学，在农、林、牧、渔、学前教育等专业开办五年制高等职业教育，为当地培养应用型、技能型人才。陕西省在2017年、2018年连续两年开展中、高等职业教育五年制连续扶贫试点招生，共投放五年制高等职业教育招生计划10815名；江苏省在涉农高等职业院校、幼儿师范高等专科院校等开办五年制高等职业教育；山东省年均投放五年制高师招生计划7500余名；上海市在《上海职业教育高质量发展行动计划（2019—2022年）》中推出五年一贯制教育模式，并计划建成10所左右新型（五年一贯制）职业院校。2020年4月，上海市成立第一所五年一贯制新型高等职业院校（上海南湖职业技术学院），直接从初中毕业生中招生，实现独立主体培养。

第三种是实行“小学院、大学校”的办学模式。该种模式中由一个占中枢指导地位的办学机构带动多个教学机构，实施五年制高等职业教育人才培养模式，形成星型拓扑结构。江苏联合职业技术学院办五年制高等职业教育为该种模式的典型代表。江苏联合职业技术学院是江苏省教育厅直属事业单位，2003年6月独立设置为专科层次普通高等院校。该院实行“小学院、大学校”办学模式，截至2022年10月31日，共设有53所分院、

41个办学点、3所高等师范院校办学点，共97个办学单位，分布于江苏省13个设区市及43个县（市区）。江苏联合职业技术学院所属办学单位在江苏各个地区的分布情况如图1-1所示。

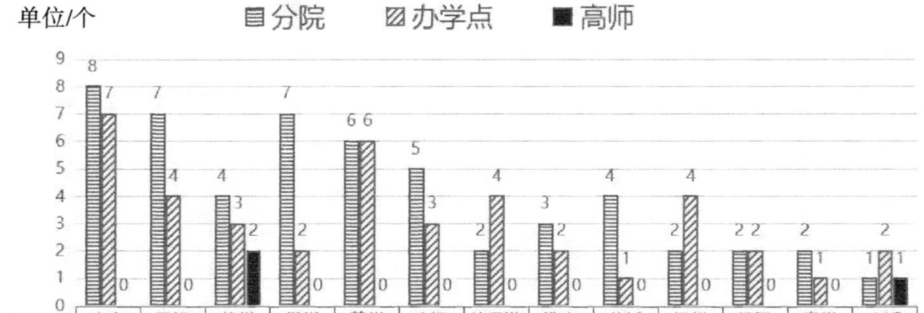

	南京	无锡	徐州	常州	苏州	南通	连云港	淮安	盐城	扬州	镇江	泰州	宿迁
分院	8	7	4	7	6	5	2	3	4	2	2	2	1
办学点	7	4	3	2	6	3	4	2	1	4	2	1	2
高师	0	0	2	0	0	0	0	0	0	0	0	0	1

图1-1　江苏联合职业技术学院所属办学单位地区分布情况

第四种是以开放大学系统为主体的办学模式。如江苏城市职业学院依托市区县的10个办学点开办五年制高等职业教育，2020年在江苏投放五年制高等职业教育招生计划4280名。该种办学模式与第三种办学模式类似。

五年制高等职业教育对经济社会发展的贡献，首先体现在五年制高等职业教育主动适应地方经济社会发展要求和人民群众期待方面。多年来，五年制高等职业教育自觉强化类型教育特色，主动适应地方经济社会发展要求和人民群众接受高层次职业教育的需要，推进职业教育一体化高质量发展，为自身发展开辟了广阔空间。同时，也为各类职业教育树立科学的职业教育理念、构建一体化职业教育体系、健全多元开放融合的办学格局、构建灵活多样的育人模式积累了宝贵经验，提供了良好示范。

从全国范围来看，到2021年，全国举办五年制高等职业教育的院校占独立设置高等职业院校总数的20%左右，年招生已超过50万人，五年制高等职业教育招生占到中等职业教育当年招生的11.8%，为进一步巩固中等职业教育的基础地位，发挥专科层次高等职业教育的主体地位，推动构建现代职业教育体系作出了重要的贡献。发端于20世纪80年代的五年制高等职业教育，仅江苏省就累计为社会培养输送了100多万名高素质技术技能人才，在江苏入选全国“双高院校”的20所高等职业院校中有19所院校举办过五年制高等职业教育。

发展五年制高等职业教育，也是积极探索高等职业教育多样化发展的实践。自1983年开始，教育部选择确定在福建集美航海专科院校等少部分工科院校试办五年制专科教育。此后，教育部提出高等工程教育“办学方式灵活多样，可以办高等工程专科院校、短期职业大学，或由普通高等工科院校办专科，还可以试办从初中毕业生中招生，学习年限五年”的改革意见，这一意见奠定了发展初中后五年制高等职业教育的基础，国家又通过文件形式确定大力发展职业技术教育的方针。[①]为适应经济社会发展对不同类型人才的需要，原国家教育委员会决定在上海电机制造学校等中等专业院校基础上试办五年制技术专科学校；1991年又在解放军总后勤部邢台军需工业学校基础上建立邢台高等职业技术学校；1994年和1996年又先后在成都航空工业学校等国家级重点中等专业院校试办五年制高等职业教育班，使举办五年制高等职业教育的院校达到22所，开设了66个专业。江苏省借鉴日本、韩国等举办五年制专科教育的经验，1985年，在全国率先举办五年制师范专科教育；20世纪90年代，江苏省又在部分重点中等专业院校举办五年制高等职业教育试点；1996年以后，江苏省将试点主体扩至高等职业技术学院等优质职业教育资源。21世纪初，江苏省作出进一步发展五年制高等职业教育的顶层设计，以满足人民群众日益增长的接受高等教育的需要，适应经济社会快速发展对职业教育提出的新要求。2003年6月，江苏省政府批复成立江苏联合职业技术学院，统领五年制高等职业教育科学发展，在全国独树一帜。该院积极探索“五年贯通长学制”高等职业教育办学规律、打造“集合式”高等职业教育发展品牌。回顾全国五年制高等职业教育发展历程，五年制高等职业教育凸显了职业教育的适

① 此部分内容，可以从1984年4月教育部《关于高等工程教育层次、规格和学习年限调整改革问题的几点意见》、1985年5月中共中央《关于教育体制改革的决定》（中发〔1985〕12号）等文件中找到印证。

应性，主要表现在适应区域经济发展、适应教育现代化、适应技术技能人才成长规律、适应人民群众对高质量生活的需求上。

五年制高等职业教育以鲜明的职业教育特色培养高素质技术技能人才。江苏的探索实践表明，五年制高等职业教育具有人才培养周期长，中、高等职业教育贯通衔接好，教学组织效率高，技能训练水准强，学生职业素养优的特征和优势，已成为中、高等职业教育一体化发展的典型范例，有效解决了职业教育吸引力不强、农村技术技能人才短缺、高等教育普及化不高、职业教育类型特征不明显等问题。

一是有效解决职业教育吸引力不强的问题。五年制高等职业教育是支撑个人发展和家庭幸福的重要路径。它通过深化课程体系、教学内容、教学手段和教学方法等教育教学改革，创新人才培养模式，积极探索有利于增强学生职业能力的教学模式，使学生初中毕业后能直接接受高等教育，获得相应学历，实现比较稳定的就业。越是经济发达的地区，初中毕业生升学选择五年制高等职业教育的比例越高。目前，苏南的五年制高等职业教育已覆盖到所有县（市、区），在校生总数已占全省总数的70%以上。

二是有效解决农村技术技能人才短缺的问题。五年制高等职业教育是服务区域经济社会发展的重要力量。五年制高等职业教育的主要服务对象是本地企业、中小企业，通过在服务区域经济社会发展中不断探索、转型、跨越、提升，培养留得住、用得上的高素质技术技能型人才。如福建省部分县域中等职业院校招生困难，支持县域中等职业院校与高等职业院校联办五年制高等职业教育，吸引更多当地学生就读，既解决了中等职业院校招生困难的问题，也通过高等职业院校的帮扶提高了中等职业院校的办学质量，同时又培养了“留得住”的本地人才，实现“多赢”。五年制高等职业教育主动对接地方产业发展，优化专业结构，在地方政府和本地企业心目中已具有不可替代的地位和作用，对地方产业结构调整与转型升级贡献巨大。

三是有效解决高等教育普及化不高的问题。五年制高等职业教育是实现高等教育普及化的重要手段。五年制高等职业教育是全日制高等教育通向县区和农村的主渠道，使广大农村初中毕业生有了更多选择、更多机遇，赢得了更多人生出彩的机会。江苏五年制高等职业教育每年的毕业生约占高等职业教育毕业生总数的1/6，为人民群众提供了更加优质、更加均衡的高等教育，直接推动江苏迈入了高等教育普及化阶段。

四是有效解决职业教育类型特征不明显的问题。五年制高等职业教育是优化职业教育类型定位的重要载体。五年制高等职业教育融中等职业教育和高等职业教育于一体，对畅通技术技能人才通道，构建人才成长立交桥，促进中、高等职业教育协调发展发挥了积极作用。五年制高等职业教育的示范引领、理念引领、创新引领，进一步巩固了中等职业教育的基础地位，增强了江苏中等职业教育的可持续发展能力。同时，五年制高等职业教育在全面推行现代学徒制方面，具有比其他职业教育类型更明显的优势，能更好地彰显中国特色学徒制“教育属性、双重主体、德技并修、新型师徒”的基本特征。

五是保障高等职业教育资源供给，优化职业教育结构。多元化、多路径发展是保障未来高等职业教育供给的必由之路。为保证普通高中和中等职业院校的比例大体相当，自2003年开始国家停止中等职业院校特别是国家示范校升格为高等职业院校，这个政策有力地保证了优质中等职业教育资源，但在某种程度上也限制了优质高等职业院校资源的快速扩张。在这期间，国家鼓励社会资本采用民办、混合所有制等多种形式参与举办高等职业教育，扩大了高等职业教育资源，激发了办学活力。但以这种方式建设的高等职业院校一般从零基础开始，周期长、见效慢，一定时期内办学质量难以保证。如果继续沿用这种发展高等职业教育的单一模式，势必会导致高等职业教育资源严重不足，人才培养质量难以保证。考虑到人口增长的长尾效应，以及未来受教育年限增加将进一步加大对高中以上学段教育资源的需求，必须发展职业教育，保障高中阶段普及率，并进一步优化教育结构。从我国人才资源结构来看，综合考虑社会发展和产业升级等因素，高等教育的资源增量必须定位在职业教育这个类型内，所以举办五年制高等职业院校，多元化、多路径发展高等职业教育，是扩大高等职业教育容量、保证职业教育供给的必经之路。

发展五年制高等职业教育有利于优化职业教育结构，中等职业院校举办五年一贯制高等职业教育，有利于解决传统五年制高等职业教育办学中出现的中等职业院校与高等职业院校在培养目标、课程体系、教育教学方式、评价体系等方面出现的脱节问题。五年制高等职业教育以学生初中毕业为起点，一体设计中、高等职业教育阶段的学习规划，为学习能力较弱的学生提供了一种目标性更强的技术技能学习、训练方式，让学生全面把握个体职业发展方向和岗位成长目标，有利于引导学生形成职业认同，提高学习成效。中等职业院校举办五年制高等职业教育可以有效补充现有高等职业教育在长学制培养人才领域的短板，增加学生学历提升的选择方式，拓展学生的成长空间。

发展五年制高等职业教育有利于巩固中等职业教育的基础性地位，发挥中等职业教育的优势。五年制高等职业教育前三年本身就是中等职业教育，是五年制高等职业教育需要重点保证的教育基础。全面提高中等职业教育阶段专业建设、教育教学、师资队伍、学校治理的水平，优化中等职业教育资源，可以实现中、高等职业教育两个办学层次紧密衔接、共生共荣、相得益彰。同时，国家应出台相应的办学标准、规范，引导中等职业院校扩建、提升，实现中、高等职业教育量质同步提升。

近20年来，五年制高等职业教育是我国重点发展的办学形式之一，主要由中等职业院校和高等职业院校共同举办，衔接培养，既扩大了高等职业教育规模，又拉动了中等职业教育发展。新形势下，充分利用优质中等职业教育资源举办五年制高等职业教育，扩大高等职业教育的规模，有利于中等职业院校发挥自身资源优势。江苏省自2001年开始大规模举办五年制高等职业教育，2003年成立江苏联合职业技术学院，采取“小学院、大学校”办学模式，在校五年制高等职业教育学生20万人。山东省自2001年起举办五年制高等职业教育，推动中、高等职业院校人才培养过程的贯通衔接；2013年制定了52个五年制高等职业教育专业教学标准；2020年，全省已有243所中等职业院校采取“三二分段”模式，专业点1228个，占中等职业教育专业点数的56%。

经过实践检验，五年制高等职业教育已经成为中、高等职业教育贯通衔接培养的一种主要办学形式，参与此办学形式的中等职业院校已经具备独立承担高等职业教育阶段人才培养的能力和素质。一部分优质中等职业院校已经成为职业教育的中坚力量，迫切需要通过提高办学层次实现人才培养水平的“升级换代”，完全可以担纲独立举办五年制高等职业教育的历史重任，成为新一轮高等职业教育资源扩张的生力军。

第三节　高等职业教育国际化

本节导读：梳理分析当前中国高等职业教育国际化发展历程中所具有的引进学习、吸纳融合、重塑再造三个层次；提炼总结出我国职业教育国际化呈现出学历教育、技能培训、文化交流三种实践样态；指出制约高等职业教育国际化健康发展的三道“瓶颈”即体制机制仍需完善细化、高等职业教育输出模式尚未成型、可供输出的优质教育资源较为稀缺；提出通过加强政策供给激活办学活力、通过强化高等职业教育资源集聚打造高辨识度的中国模式、通过加强人才储备打造国际化师资集群等措施促进我国高等职业教育国际化又好又快发展。

以开展国际化交流与合作方式实现高等职业教育国际化，是高等职业教育领域对外开放的重要内容，也是构建现代职业教育体系的升华。多个文件均对加强高等职业教育国际交流与合作作出部署：《国家中长期教育改革和发展规划纲要（2010—2020年）》将“扩大教育开放……提升我国教育的国际地位、影响力和竞争力”作为目标之一；《国务院关于大力发展职业教育的决定》强调“加强国际交流与合作”；《高等职业教育创新发展行动计划（2015—2018年）》则对“扩大职业教育国际影响”“引进境外优质资源”作出部署。这些文件强调通过“引进”“学习”“吸收”“重建”“共享”“输出”优质职业教育资源，促进我国高等职业教育人才培养质量的进一步提高，扩大我国高等职业教育的国际影响力和国际话语权。

各地的优质高等职业教育建设方案中，也将高水平、国际化、服务“一带一路”建设等作为重要指标。如浙江省在《关于在高职院校实施优质暨重点校建设计划的通知》中将“提升国际交流与合作水平”作为五个建设任务之一，要求：加强与信誉良好的国际组织、跨国企业以及职业教育发达国家开展交流与合作……积极参与“一带一路”建设，配合“走出去”企业……鼓励跨出国门办学。江苏省在《江苏高等职业教育创新发展卓越计划》中提出，通过5年左右的努力，重点打造5～8所在全国具有领军地位、专业建设水平高、国际化程度高……的江苏省卓越高等职业院校，并将“着眼世界一流，提升国际化水平”列为六个重点任务之一。山东省在《关于实施山东省优质高等职业院校建设工程的通知》中将“国际合作与交流”作为八项建设内容之一，要求各高等职业院校服务“一带一路”建设，提高技术技能人才输出能力。

由此可见，从中央宏观战略布局到地方具体规划实施，都对持续扩大中国高等职业教育的国际影响力及国际话语权寄予了殷切期望。我国高等职业教育国际化的现状如何？制约其发展的瓶颈何在？出路在哪？

我们可以先来回顾我国高等职业教育国际化发展的阶段，总结出目前高等职业教育国际化的层次。将1978年视为新中国教育（包括高等职业教育）国际化的元年，应该不会有人提出异议。以此为大前提，可将自改革开放起至1992年的这段时间划为谨慎开放阶段。1979年2月，我国成立了由教育部、科技部、文化部、外交部、中科院等19个单位组成的中国联合国教科文组织全国委员会，加强了与国际教育的交流与合作，迈出了教育对外开放的第一步。这一阶段主要从人、财、物三方面引进国外资源，引进国外先进教材和TOEFL（托福）、GRE（留学研究生入学考试）等国际考试项目，向国外派遣留学生开展教育交流，与世界银行合作。

1992年至1999年，是以我国高等职业教育国际化引进为主的阶段。建立社会主义市场经济体制被确定为这一时期我国经济改革的主要目标，因建立社会主义市场经济体制而推进的扩大对外开放，也进一步促进了我国教育的对外开放。该阶段的主要举措是加强教育市场对外开放的法制建设，颁布的相关法律法规有：《中国教育改革和发展纲要》（1993年）、《关于〈中国教育改革和发展纲要〉的实施意见》（1994年）、《中华人民共和国教育法》（1995年）、《中外合作办学暂行规定》（1995年）。这些法规把合作办学定位为我国教育对外交流合作的重要形式。

加大派遣和吸收留学生的力度，继续加强国际理解和交流。国家实施“支持留学，鼓励回国，来去自由”的留学政策，先后有38万人出国留学，同期来华的留学生有35万人，出国留学和来华留学的人数基本持平。积极引进并借鉴国外现代教育思想和教学模式。先后引进了德国的“双元制”、加拿大以能力为本位的CBE-DACUM模式、世界劳工组织倡导的就业培训MES模式、联合国教科文组织倡导的“小企业创业技能课程”等，对我国高等职业教育的发展起到了指导作用。

教育全面开放，融入世界教育成为发展主流。1999年至今，我国高等职业教育进入引进和输出并存阶段。2001年11月，我国加入世界贸易组织（WTO），做出了开放教育市场的承诺。为适应我国加入WTO的要求，国家颁布和实施了《中外合作办学条例》，清理了与WTO规则相违背的部门规章。加强教育市场对外开放的法制建设是此时期的显著特点，而中外合作办学则是重点。

中文的全球推广，为我国高等职业教育国际化创设了最好的机遇，尤其是以2004年设立“孔子学院”、2008年举办北京夏季奥运会和2022年举办北京冬奥会为节点，伴随中国经济、社会、教育的发展，汉语进入国外主流社会和教学大纲，为学习中文的学生和群体创造了工作机会和职业发展空间。“一带一路”倡议提出以来，一批教育机构相继在沿线国家和地区设置汉语言学校。

这一阶段还有一个特点，那就是全球跨国流动人才快速增加，中国成为新兴留学目的地国。从全球发展趋势来看，改革开放40多年来世界其他国家从未放松对于留学生人才的争夺，各国跨境人才流动的强劲需求也推动了多轮次跨国人才流动的热潮，中国逐渐从国际学生教育的外围走向中心，从传统的“人才流失国”向“人才获得国”转变。经济合作与发展组织（OECD）调查的数据显示，2000年跨国学生总数为210万人，2005年为300万人，2010年为410万人，2011年为430万人。在2011年的430万跨国学生中，留学目的地国及本国留学生占跨国学生总数的比例前6名依次为美国（17%）、英国（13%）、澳大利亚（6%）、德国（6%）、法国（6%）、加拿大（5%）。而到了2016年，排在前十位的留学目的国依次为美国、英国、中国、法国、澳大利亚、俄罗斯、加拿大、德国、日本、西班牙，占全球跨国学生总数的75.1%，其他国家约有117.7万人。

让我们将讨论重点再转到国内。2017年上半年，全国有31个省份和新疆生产建设兵团、各高等职业院校纷纷发布高等职业教育质量年度报告、2016年度省级绩效报告，这些报告中均包含了所辖区域内高等职业教育国际化的成绩报表，对有关国际化工作完成情况进行发布。[①]经梳理分析，可以清晰地看出，我国高等职业教育国际化发展经历了引进学习、吸纳融合、重塑再造三个阶段，并在各阶段显现出不同发展效果。

由于客观上的地理、历史等因素，我国东、中、西部经济、文化发展不均衡，各区域处于现代化发展的不同阶段，必然存在着经济与技术发展的区域梯度。体现在高等职业教育国际化方面，上述三个阶段不存在时间先后关系，而是在全国范围内并存，部分地区及院校的国际化实践中，可能同时具备其中多个阶段的特征。

第一，引进学习阶段。通过引进学习国际上先进的职业教育模式，进一步明晰理念、厘清思路，丰富我国的优质教育资源，是我国高等职业教育国际化的第一阶段。《高等职业教育创新发展行动计划（2015—2018年）》对“加强与信誉良好的国家组织、跨国企业以及职业教育发达国家开展交流与合作”“学习和引进国际先进成熟适用的职业标准、专业课程、

① 教育部职业教育与成人教育司.关于2016年《高等职业教育创新发展行动计划(2015—2018年)》执行情况及有关工作完成情况的通报[EB/OL].(2017-04-24)[2021-10-16].http://www.moe.gov.cn/s78/A07/A07_gggs/A07_sjhj/201704/t20170424_303162.html.

教材体系和数字化教育资源”做出了明确布置。

从2016年32份省级高等职业教育质量年度报告①来看，我国已经从国家、省、行指委（行业指导委员会）、院校四个层面同职业教育发达国家及相关国际组织强化了交流与合作。

高等职业教育国际化顶层设计已破土动工，建立了中欧高级别人文交流对话机制，累计举行四次对话交流。2016年，我国通过教育部（国际合作与交流司）、中国联合国教科文组织全国委员会、外交部（各驻外使馆文化处）等，与欧洲等相关教育行政部门、教育机构开展交流与合作。2016年，中共中央办公厅、国务院办公厅印发了《关于做好新时期教育对外开放工作的若干意见》，教育部印发了《推进共建“一带一路”教育行动》，这两个文件对新时期我国教育对外开放工作作了全面部署，也为我国高等职业教育引进境外优质资源，助推国际影响持续扩大、国际话语权不断增强提供了科学的顶层设计。

相关行业指导委员会凭行业优势参与国际职业教育合作。如，餐饮行业指导委员会相继策划组织了“2016年度联合利华饮食策划校企合作高峰论坛暨联合利华杯厨艺竞赛”及“2016年第二届中国餐饮业职业教育国际论坛”，推广中国餐饮文化品牌；铁道行业指导委员会相关成员院校积极发挥各自优势，在轨道交通、铁道交通运营管理、高铁汉语培训等领域与俄罗斯、韩国、泰国等国高校举办合作办学项目。

高等职业院校作为国际化的载体和执行单位主动作为。全国高职高专校长联席会议首次评出全国高等职业院校“国际影响力50强”。汕头职业技术学院依靠泰国当地华侨资源，与泰国曼谷吞武里大学开展3+2项目及本科合作办学。广东建设职业技术学院承接赞比亚鲁班工坊和“一带一

① 自2012年起，我国在高等职业教育领域建立国家、省、校三级高等职业教育质量年度报告制度，定期发布质量年度报告，其中包含大量数据分析和案例。自2015年起，鼓励实际参与职业教育的企业编写企业年度报告。除另做标注外，本节所有数据及案例均来自2016年31个省份和新疆生产建设兵团高等职业教育质量年度报告。报告集中刊载于现代高等职业技术教育网（原中国高职高专网），具体网址：https://www.tech.net.cn/web/rcpy/index.aspx。关于职业教育质量年度报告，我们将在第五章讨论。

路”鲁班工坊研究中心建设工作。北京信息职业技术学院在苏伊士运河大学设立“埃中应用技术学院”，将本校专业标准、课程标准和教材、教学资源输出，培养埃及经济建设所需技术技能人才。广东食品药品职业学院成立海外教育研习基地，服务中国银行、南方航空、雅士利新西兰乳业有限公司等中国在新西兰成功投资的企业。苏州百年职业学院是全国高等职业院校中为数不多具有独立法人地位的中外合作办学机构。

在高等职业教育领域开展国际交流，坚持眼睛向外，既是高等职业教育创新发展的重要手段，也契合国家新时期扩大和深化对外开放的需要。与我国以发轫于1898年的京师大学堂为代表的普通高等教育发展历程相比，我国高等职业教育从1987年首创金陵职业大学起步，以1999年发布《试行按新的管理模式和运行机制举办高等职业技术教育的实施意见》为节点，用了近40年时间，走完举旗起步—规模扩张—方向定位—示范引领四个发展历程，现进入质量全面提升阶段。与国际接轨，创造性发挥“拿来主义”，深化国际合作，是实现我国高等职业教育弯道超车，进一步提升质量，跻身世界职业教育之林的不二法门。

第二，吸纳融合阶段。引进吸收国际优质职业教育资源，并使之渗透到中国职业教育体系中，是我国高等职业教育借力国际化，建设优质职业教育资源的重要途径，目的在于帮助我国高等职业教育战线突破现有发展模式限制，提高优质职业教育资源的总体量和覆盖面。2016年，全国有26个省份承接“选择类型相同、专业相近的国（境）外高水平院校联合开发课程，共建专业、实验室或实训基地，建立教师交流、学生交换、学分互认等合作关系”任务①，引进国际先进成熟适用的教育资源，加以分解吸收，使之本土化，为培养具有国际视野、通晓相关国际规则的高素质技术技能人才和我国海外企业生产经营所需要的本土人才服务。

从总的体量上看，2016年，我国共引进国际上成熟适用的专业课程3549门、标准914项、教材113701本、数字化教育资源及相关资源13437

① 教育部.高等职业教育创新发展行动计划(2015—2018年)[EB/OL].(2015-10-21)[2021-09-16].http://www.moe.edu.cn/srcsite/A07/moe_737/s3876_cxfz/201511/t20151102_216985.html.

个（种），与国（境）外机构共开展教师交流320502人次，与学生交流272538人次。与国（境）外教育机构开展学分互认共计20002人次，专业布点涵盖交通运输、旅游、医药卫生等专业大类。

从院校布点上看，宁波职业技术学院联合教育部职业教育中心研究所、宁波市教育局，于2013年共同成立发展中国家职业教育研究院。宁波职业技术学院联合中国教育国际交流协会、宁波市教育局，于2016年共同发起“一带一路”产教协同峰会。

如只从以上数据来分析，我国高等职业教育战线在吸纳、融合国外优质职业教育资源过程中，确实取得了可圈可点的业绩。但在我国高等职业教育入学者超过53%为农家子弟，以及人民群众对教育从“好上学”到“上好学”需求的转变等背景下审视，我国高等职业教育在引进、消化、融合国际优质职业教育资源方面，虽大有可为，尚任重而道远。

第三，重塑再造阶段。建设优质职业教育资源，并将建成的优质职业教育资源向包括我国学生在内的职业教育学生开放，是我国高等职业教育国际化办学的落脚点。国家对以国际化办学拉动高等职业教育现代化寄予殷切期望，在《高等职业教育创新发展行动计划（2015—2018年）》中，有8个任务（RW1-5[①]、RW41、RW47、RW48）直接指向国际化办学，在《高等职业教育创新发展行动计划（2015—2018年）》所设置的65个任务中占比12.3%。引进、学习、吸收国际优质职业教育资源只是一种手段，最终愿望归宿是通过重塑、再造、共享优质教育资源，提高我国高等职业教育领域的人才培养质量，支持优质产能“走出去”，扩大我国职业教育的国际影响。

在《高等职业教育创新发展行动计划（2015—2018年）》发布一周年之际，从全国高等职业院校质量年度报告中的“国际影响力”等统计数据可见，我国高等职业院校重塑、再造、共享优质资源成效显著。其中，全

① 各省、高等职业院校以“揭榜”形式主动承接教育部发布的《高等职业教育创新发展行动计划（2015—2018年）》中的项目和任务。此处用“RW1-5”指代《高等职业教育创新发展行动计划（2015—2018年）》中所列第一大类的五个任务，下文同。

国各省份开展国（境）内合作的国家（地区）197个，合作办学院校226所，项目382项；开展国（境）外合作的国家（地区）72个，合作办学院校69所，项目76项。相关教育行政部门和行业指导委员会在国（境）外办学，开设中华传统文化课程108门，中外合作办学项目共培养境外人员40732人，其中国（境）内学历教育培养境外学生4201人，国（境）内培训境外人员24862人，国（境）外办学项目培养学生11669人①。

传统教育大省表现尤为抢眼。《江苏省高等职业教育质量年度报告（2017）》显示，江苏省现有经教育部批准和备案的高等职业中外合作办学机构（项目）199个，占全国总量的25%；2016年招收全日制国（境）外留学生人数较上年增长了119 %；非全日制国（境）外人员培训量增长了75%；专任教师服务“走出去”企业国（境）外指导时间增长了146%；在国（境）外组织担任职务的专任教师人数增长了134%；开发国（境）外认可的行业或专业教学标准数增长了74%；国（境）外技能大赛获奖数量、在校生服务“走出去”企业国（境）外实习时间保持稳定。

当前我国高等职业教育国际化三种主要实践样态为学历教育、技能培训、文化交流。

其一，学历教育。大批国际教育资源进入中国，在高等职业教育领域，纷纷以中外合作办学的形式与国内高职高专院校开展合作，各条主线（人才培养模式、课程资源、教材、认证标准、师资）等均有涉及。以新加坡特许科技学院为代表的新加坡模式（项目）在中国高职高专院校遍地开花。此后，澳大利亚、荷兰、韩国、新西兰等也将本国职业教育先进的理念、模式、资源等输入中国。我国高等职业教育国际化学历教育市场格局可谓一日三变。

与此同时，经过20多年的发展，中国高等职业院校已经具备了相当实力。特别是在经历了国家示范性高等职业院校建设计划以后，以200所国家示范（骨干）高等职业院校为龙头，以486所省级示范院校为支撑的一

① 陈春义，刘任熊．吸纳—融合—再造：论高职教育国际化办学的三重境界［J］．江苏经贸职业技术学院学报，2017(4)：69-71.

批优质高等职业院校已经具备了与国外同类院校同台竞技的实力。消费者（以学生、家长为代表）也对中国高等职业教育有了一定信心。

其二，技能培训。在《高等职业教育创新发展行动计划（2015—2018年）》中，“扩大职业教育国际影响”的目标具体落实为：加强与职业教育发达国家的政策对话、探索对发展中国家开展职业教育援助的渠道和政策、鼓励示范性和沿边地区高等职业院校利用学校品牌和专业优势积极吸引境外学生来华学习，任务实施主体包含教育部（国际司、职成司）、省级教育行政部门、高等职业院校、相关行业职业教育教学指导委员会。

许多高等职业院校协同“走出去”企业，对当地员工开展学历教育和技术技能培训，既为中国企业培养了具有国际化视野的技术技能人才，也培养了当地人才。如，西安铁路职业技术学院、郑州铁路职业技术学院、吉林铁道职业技术学院、武汉铁路职业技术学院、柳州铁道职业技术学院等，积极发挥各自办学优势，依托轨道交通、铁道交通运营管理、机车等优势专业资源，在高铁汉语培训、留学生接收、专业培训等方面与泰国相关院校建立广泛联系，渐显成效；无锡商业职业技术学院与柬埔寨西哈努克港经济特区有限公司成立职业培训中心，为中国企业管理人员和柬埔寨当地技术工人开展职业培训和汉语培训。

其三，文化交流。亚洲基础设施投资银行以及“一带一路”建设的国际化深远影响力，有助于我们审视高等职业教育办学要素及关键环节的国际化，并由此可判断出国际化交流不应流于形式，也不能单纯当作一个简单目标，而应视之为一个融合过程。在高等职业教育实施国际化战略过程中，高等职业院校在与相关国家的教育合作中，在培养具有国际竞争力的人才的同时，也体现出文化交流的现实样态。如，江苏经贸职业技术学院与荷兰富尔福斯体育学院建立“中荷体育文化交流中心”、承办国际“养老事业发展合作论坛”等多层次合作；济南工程职业技术学院举办“中马‘一带一路’文化之旅”活动；中国教育国际交流协会、宁波市教育局和宁波职业技术学院牵头倡议成立全国首个“一带一路”产教协同联盟。

在我国高等职业教育国际化实践中，上述三种实践样态，有时以单一形式出现，有时又融合在一起，以项目形式成为我国初步成型的高等职业教育输出品牌，如“鲁班工坊”“丝路学院”“郑和学院”等。

“鲁班工坊”是天津市率先主导推动实施的职业教育国际知名品牌。

天津市于2015年，在教育部指导下启动“鲁班工坊”项目研究。一年后，天津渤海职业技术学院在泰国大城技术学院成立中国首所境外“鲁班工坊”。此后，在天津其他几所中、高等职业院校的努力下，另有4所“鲁班工坊”相继在英国、印度、印度尼西亚和巴基斯坦建立，旨在联合当地职业院校为“走出去”的中国企业及本土企业培养职业技术人才。2018年9月初，习近平在中非合作论坛北京峰会开幕式上表示，中国决定同非洲加强发展经验交流，将在非洲设立10个“鲁班工坊”，向非洲青年提供职业技能培训。2020年11月，尼日利亚“鲁班工坊”线上揭牌暨启运仪式在阿布贾大学与天津中德应用技术大学同步举行。2020年12月，科特迪瓦“鲁班工坊”线上揭牌启运仪式在天津理工大学和科特迪瓦亚穆苏克罗国立博瓦尼理工学院同步举行。

“鲁班工坊”形成一定的品牌效应，成为我国职业教育的一个国际化品牌，促进了职业教育领域的人文交流。截至2022年8月31日，我国已在23个国家建成25个“鲁班工坊”，其中在非洲有12个，涵盖中职、高职、本科三个层次，涉及工业机器人、新能源、云计算、铁道运营、中医药等12个大类50个专业，接受学历教育的学生有3200余人，面向中资企业、合作国当地企业等培训1.1万余人。开发国际化专业教学标准85个，其中11个获准纳入“鲁班工坊”合作国国民教育体系。加强质量控制体系建设，推动形成立项、建设、发展、评估、研究、推广“六位一体”完整闭环。成立鲁班工坊建设联盟，协助制定《首批“鲁班工坊”运营项目认定方案》和《“鲁班工坊”项目建设认定标准》。成立“鲁班工坊”产教融合发展联盟，首批有32家合作企业和18家院校参与，缔结国际化产教融合校企合作新纽带，深入服务“一带一路”建设，探索推广职业教育“中国方案”“中国品牌”。

“鲁班工坊”衍生出一种新教学模式——工程实践创新项目教学模式

(EPIP)。EPIP是“鲁班工坊”的核心内容，是天津在借鉴发达国家经验的基础上创建的教学模式。EPIP四个字母分别取自工程（Engineering）、实践（Practice）、创新（Innovation）、项目（Project）的英文首字母。EPIP将理论教学与实践教学融为一体，在真实的工作情景中，发展学生的综合职业能力与创新能力；以实际工程项目为导引，以实践应用为导向，是培养学生科学探究能力和问题解决能力的新型教学模式，得到了吉布提教育部部长穆斯塔法·默罕默德·迈哈穆德的充分认可。2018年，经天津市教委批准，由EPIP国际教育联盟主办，天津市东丽区职业教育中心学校携手启诚科技，首届“启诚杯”EPIP“鲁班工坊”国际邀请赛在天津鸣金开赛。来自印度尼西亚、巴基斯坦、泰国、蒙古等国家的“鲁班工坊”的师生和天津市东丽区职业教育中心学校、天津市南洋工业学校、天津市北辰区职业中等专业学校、天津市经济贸易学校的师生参加了本次国际邀请赛。这次活动对于拓展“鲁班工坊”的服务功能，探索“中、高、本、硕”贯通的EPIP国际职业教育人才培养模式具有深远意义。

“丝路学院”为浙江省境外办学机构的统称，其办学成效已成为浙江省职业教育国际化的一张名片。

浙江省在“丝路学院”项目设计初期，将之写入政府文件①，涵盖人才培养、技能培训、国别研究、政策咨询、文化交流等，鼓励“百花齐放、百家争鸣”，不拘泥于办学内容和办学形式，稳妥有序开展境外办学，探索在“一带一路”沿线国家建立“丝路学院”。

“丝路学院”办学模式主要有三种：第一种是与“走出去”企业携手办学。浙江省民营经济发达，外向型企业数量多，随着企业不断开拓海外市场、参与“一带一路”建设，企业对海外员工进行职业技能培训的需求日益凸显。学校和企业携手“走出去”，成为浙江省“丝路学院”的主要办学模式。企业提供办学场地、资金，学校派出教师。如温州职业技术学院与温州企业亚龙智能装备集团在柬埔寨设立了“温州职业技术学院亚龙

① 详见《浙江省委省政府关于全面实施高等教育强省战略的意见》《浙江省委省政府关于深化教育体制机制改革的若干意见》《浙江省教育事业发展“十四五”规划》等文件。

丝路学院”，由温州职业技术学院派遣师资，帮助企业培养电气自动化等专业人才，同时也为柬埔寨经济社会发展提供人才和技术支持。

第二种是与海外高校合作办学。部分“丝路学院”采取与海外高校合作办学的模式，与海外学校共享资源、优势互补。如宁波职业技术学院与斯里兰卡职业技术大学合作成立的“中斯丝路学院”，采用“中文+职业技能”模式，向斯里兰卡输出中国先进的职业教育理念和办学模式，助力当地培养应用型技术人才。浙江旅游职业学院和俄罗斯国立旅游与服务大学合作，在俄罗斯国立旅游与服务大学设立“中俄旅游学院”，开展以“中文+导游”为特色的教学。

“抱团出海”办学是第三种模式。随着浙江企业深入国际市场，在海外迅速发展，企业对人才需求的多样化趋势更加明显。浙江高校不断探索职业教育服务“走出去”企业的有效模式和路径，高校间通过专业互补，汇聚合力，强强联手，抱团出海，为企业提供了更强有力的人才支撑。如浙江机电职业技术学院、浙江经贸职业技术学院联合浙江华立集团股份有限公司和泰国东部职教集团，在泰国罗勇工业园区设立了“泰中罗勇丝路学院”，为园区内中资企业员工提供中文和职业技能培训，推动园区内中资企业销售额增幅达300%，泰国籍员工离职率从15%下降至5%，有效破解了中资企业用人的难点，助力企业稳步扎根海外。

“丝路学院”办学成效体现在服务“一带一路”建设、服务浙江经济社会发展、拓展中外人文交流合作等方面。如金华职业技术学院在卢旺达设立了“丝路学院”，开展技能培训，输出专业课程和教学标准，为卢旺达职业教育发展提供全方位的支持；浙江华立集团随着海外业务的不断拓展，先后与浙江机电职业技术学院、浙江金融职业学院等高校在泰国、墨西哥、乌兹别克斯坦等国合作举办“丝路学院”；2021年，浙江省20余所设立“丝路学院”的高等职业院校克服疫情困难，通过线上方式，对马来西亚、柬埔寨、白俄罗斯等30多个“一带一路”国家开展了各类培训项目，共举办80期培训，培训人数7300余人。

“郑和学院”是江苏省拟推进职业教育“郑和计划”的重点部分。

为打造江苏省职业教育国际交流与合作品牌，服务职业教育高质量发展，根据《教育部 江苏省人民政府关于整体推进苏锡常都市圈职业教育改革创新，打造高质量发展样板的实施意见》（苏政发〔2020〕75号）、《江苏省职业教育质量提升行动计划（2020—2022年）》（苏教职〔2020〕6号）等文件精神，江苏省结合该省高等职业院校境外办学实际，提出"郑和计划"构想：高举和平发展旗帜，定位于技术技能人才培养，充分发挥"郑和"品牌的价值，整合江苏省高等职业院校境内外办学资源，与区域内企业抱团出海，探索"中文+职业技能"的国际化发展模式，采取职业技能培训与学历教育相结合的方式，建设境外"郑和中心"并逐步升级成境外"郑和学院"，推出一批具有国际影响力的专业标准、课程标准、教学资源，服务中资企业"走出去"，增强职业教育的国际话语权，打造江苏省职业教育国际品牌，使职业教育更好地为"一带一路"建设和人类命运共同体建设服务。

"郑和学院"建设遵循抱团出海、高质量发展、可持续发展基本原则。总体目标是持续推进"郑和计划"内涵建设，加强"郑和计划"的宣传与推广，建立"郑和计划"可持续发展的体制机制。到2026年，建设5～10个境外"郑和中心"并逐步升级成境外"郑和学院"；重点服务江苏企业在境外举办的产业园区，打造"技能+中文+产业"三位一体人才培养模式，形成一批"一带一路"国家认可的国际化专业教学标准和核心课程标准并起到示范效应；培养大批认同中国"一带一路"倡议，赞同中国倡导的共同构建人类命运共同体理念，熟悉中国技术、产品、标准和品牌的技术技能型人才。

为保障"郑和计划"顺利实施，江苏省拟搭建"郑和计划"组织架构，首先是在江苏省教育厅成立"郑和计划"工作领导小组，统筹"郑和计划"顶层设计和规划，对项目建设过程中的重大问题进行研究决策，形成协调联动机制，强化政府统筹协调，研究解决重大问题，加大资金投入和扶持力度，形成建设合力，整体和统筹推进"郑和计划"。

江苏省高等职业院校协同"走出去"企业，根据江苏省境外"郑和中心”建设标准，单独或联合向“郑和计划”工作领导小组办公室提交建设申请，办公室组织论证工作组专家对申请进行论证，上报“郑和计划”工作领导小组审核后，正式启动项目建设。江苏省教育厅以3年为1个周期，对境外“郑和中心”和“郑和学院”建设情况、人才培养状况、经费使用情况和实施效果等进行绩效评价和验收，确保发挥应有效益，评价合格后方可继续使用“郑和”品牌。

各省高等职业教育质量年度报告及《教育部关于2016年〈高等职业教育创新发展行动计划（2015—2018年）〉执行情况和有关工作完成情况的通报》显示，我国高等职业教育国际化交流与合作成绩已经“显山露水”，在扩大我国职业教育的国际话语权与国际影响力等方面取得了一系列成绩。但在实施高等职业教育国际化交流与合作战略过程中，还存在体制机制、输出模式、教育资源三道“瓶颈”，它们制约着高等职业教育国际化往高水平发展。

高等职业教育国际化体制机制仍需完善细化。不谋全局者，不足谋一域。高等职业教育国际化顶层设计的优劣，直接决定着我国高等职业教育国际化战略的兴衰成败。从整个教育领域看，《中华人民共和国教育法》中有明确的“教育对外交流与合作”条款，2012年以来，国家又先后出台《教育部办公厅关于加强涉外办学规范管理的通知》和《推进共建“一带一路”教育行动》两个文件，统筹部署教育对外开放工作。在高等职业教育领域，《国家中长期教育改革和发展规划纲要（2010—2020年）》《关于推进高等职业教育改革创新引领职业教育科学发展的若干意见》《教育部、财政部关于实施国家示范性高等职业院校建设计划加快高等职业教育改革与发展的意见》等文件，都指出要积极开展中外合作办学。

如前所述，国家政策层面对高等职业教育国际化的顶层设计有所考虑，但美中不足的是，这些政策没有形成纵横交错的政策体制，更缺少现成高效的运行机制。从纵向来看，国家层面的政策文件确定的大多数是“放之四海而皆准”的宏观指导意见，缺少操作性更强的配套实施细则，导致多数高等职业院校在进行国际化探索时，摸不到“石头”不敢“过河”。各地在为落实《高等职业教育创新发展行动计划（2015—2018年）》而出台省级行动计划文件时，一些省份只做中央文件的“搬运工”，不出台具体措施，在文件中除部分段落有“国际交流”等字眼表述外，鲜有出台专门谋划高等职业教育国际化的政策。从横向来看，出台高等职业教育国际化政策的，只是个别部门在“独唱”，没有由政府多部门奏响“交响乐”，没有形成合力。

具有中国特色的高等职业教育输出模式尚未成型。《高等职业教育创新发展行动计划（2015—2018年）》设置了“加强与信誉良好的国际组织、跨国企业以及职业教育发达国家开展交流与合作”“举办高水平中外合作办学项目与机构”等任务，旨在建设并不断扩大具有中国特色的优质职业教育资源，并将这些优质职业教育资源向包括我国学生在内的职业教育学生开放。

进一步研究全国高等职业院校的国际化交流模式后不难发现，一些高等职业院校缺乏开展国际化交流与合作的内生动力，行为具有“盲目盲从”的特征，不清楚为什么开展国际化交流与合作，不知道怎样去开展国际化交流与合作。项目定位不清，管理模式不科学，导致执行国际化交流与合作项目时动机趋同，行为趋同，结果亦趋同。相当部分国际化项目是低层次的简单重复，满足于以签署合作协议代替深度合作，将师生短期交流视为合作办学。往往是在经济发达、职业教育先进的地区，一些高等职业院校甚至个别国家示范骨干高等职业院校，出于项目验收、招徕生源及院校声誉等功利性考虑，开展国际化项目。究其根源，在于我国尚未形成适于在国际上交流的具有中国特色的职业教育模式，在开展高等职业教育国际化交流与合作时，缺乏自信。

我国高等职业教育可供输出的优质资源不足。从国际交流与合作的执行情况看，我国通过与信誉良好的跨国企业以及职业教育发达国家开展多方面的交流与合作，走过了学习了解国外先进职业教育理念和教学模式的初级阶段，步入从低水平国际交流与合作迈向中高水平国际交流与合作的发展阶段，出现国外优质职业教育资源输入与部分国内优质职业教育资源输出并存的局面。但总体而言，我国高等职业教育可供输出的资源仍然稀缺。

在资金资源方面，发展资金基础不足，稳定增长的资金投入机制不完善。针对高等职业教育，国家出台生均拨款制度。国际化办学相对而言，成本更高，需要政府加大投入、院校增强筹资能力、社会多元投入。在教学资源建设方面，重“硬件”轻“软件”。校舍、建筑面积等硬件设备达标不亚于职业教育发达国家，但在软件方面，如政策环境、发展氛围、职教理念、人才培养模式、教材及课程等方面，还存在差距，仍不能支撑办“适合的教育”。在人力资源方面，缺乏具有国际视野的教师队伍、管理团队。高等职业院校管理决策层和教师队伍的视野、思维、理念、情怀决定着一所高等职业院校办学的质量。国际师资不足是掣肘中国高等职业教育国际化的最主要因素。其一方面表现在我国国际师资（外籍教师）的薪酬水平还不足以吸引数量足够多的优秀外籍教师来华任教，关于外籍教师的薪酬制度亟待改革；另一方面，我国高等职业院校相当一部分从事国际化工作的工作人员（包括管理者和专任教师），外语水平及业务能力还有较大提升空间。

考虑到我国高等职业教育与普通高等教育在历史积淀、办学投入上的差距，高等职业教育国际化办学短时间内取得如此成绩难能可贵。但我国高等职业教育国际化毕竟起步迟、步子小，针对近期现状，需要多处施策促进发展。

加强政策供给，激活办学活力。在破除体制机制“瓶颈”方面，省级政府具有较大权重。省级政府除强化政府统筹管理功能，出台既能“顶天”（承接国家政策意图）又能“立地”（指导院校办学实践）的地方政策外，还应利用行政权力整合资源，搭建平台，创设高等职业教育国际化的良好氛围。在这一方面，部分省份做出了积极探索。

为营造高等职业教育国际化更好的发展氛围，政府要做好“舵手”，既要适时出台涉及招生收费、人才引进、国际交流、开办分校等多方面的系列政策，激活高等职业院校办学自主权，规范引导国际化整体发展方向，也需要主动“搭台”供院校“唱戏”。在宏观层面上需加强与国际组织的合作，构建完善可行的多边高层教育会议机制，增进教育交流，促进相关教育的深入合作。各级政府需具体整合搭建政府间高层磋商、教育专业人士务实合作、教师学生友好往来的平台，因地制宜设置地方政府奖学金制度等，大力激发国际化的办学活力。

强化高等职业教育资源集聚，打造高辨识度的中国模式。目前，我国在经济总量上已经排名全球第二，但有些领域的产品或服务尚不能挤进全球前十，高等职业教育位列其中。具有中国特色的高等职业教育核心理念、核心资源及品牌力不足，导致输出受阻。其主要原因在于我国高等职业教育办学理念还需完善，办学产出的“产品”类型过多，但其中又没有形成辨识度高的“明星产品”，导致我国高等职业教育在向外输出时，看似型号众多可以多面开花，但品牌未必能在市场上获得广泛认可。要突破我国职业教育输出模式“瓶颈”，继续扩大市场份额，就必须减少产品类型，适当缩小产品覆盖范围，将重点放在打造品牌上。一方面，以《高等职业教育创新发展行动计划（2015—2018年）》等文件为统领，持续推进我国职业教育领域各项改革，继续凝练我国职业教育领域的优质资源；另一方面，有意识地在改革实践基础上提炼升华具有共性的经验、模式，并不断进行实践与经验的融合校验，周密谋划，早日形成辨识性强、内涵丰富、国际认可、具有中国特色的职业教育输出模式。

加强人才储备，打造国际化师资群。我国高等职业教育要扩大国际影响力，配合我国经济、外交等方面开展高水平国际化交流与合作，加强人才储备、建设人才队伍至关重要，因此，政府要提供配套支持，建设一大批德才兼备、具有国际化视野的师资队伍，加强职业教育人才储备。

把具有国际化视野的师资队伍建设放在高等职业教育国际化事业发展的重要战略位置。紧紧围绕事业发展目标，培养与引进并举，学历提升与能力提高并举，团队建设与个人发展并举，业务能力提高与职业道德提升并举，专业技术人才队伍建设与管理人才队伍建设并举，为高等职业教育事业的发展提供坚实的人才保障。

坚持立德树人，探索师德建设长效机制。一是以规章制度建设保障广大教师坚持教书和育人相统一，明确教师指导学生树立正确的人生观、价值观和培养高尚情操，确保学生健康成长的责任；规范教师课堂教学行为和课堂教学纪律。二是以师德榜样引领广大教师坚持言传和身教相统一。“桃李不言，下自成蹊。”基于高等职业教育学生的培养目标，建立教师发展能力阶梯体系，通过分类分层培养，不断提升教师的执教能力。

创新教师能力发展途径。与国外知名职业教育师资培训单位、大型外资企业、我国赴境外大型企业等合作，建立教师职业教育能力提升平台，选派教师前往跟岗研修，通过师带徒形式，促使教师学习先进的职业教育理念，提升职业教育能力。在国内，依托师范类本科院校建设教师教学能力提升平台，选派新进教师和长期聘任的兼职教师进平台接受培训。

创新体制机制，激发教师发展内生动力。引导教师在注重教学质量、教书育人、科学研究、教学改革等方面协调发展。创新教师考核方式，量化教师参与专业建设、社会服务、科技推广、专家咨询和承担公共事务等方面的工作，规定教师参与上述工作的最低工作量要求。设置教师专业发展专项考核制度，将教师学习进修、企业实践纳入考核范围。创新考核方式，运用教书、育人和个人发展三位一体的教师综合评价模式。

第四节　省域现代职业教育体系

本节导读：在百年未有之大变局背景下，我国职业教育在学生发展、教育教学、政府责任、国际合作、服务贡献等五个方面仍取得可喜成绩，为新时代经济社会高质量发展提供了丰富的人力资源。作为中国特色社会主义职业教育的优秀样本，江苏省高等职业教育以持续高质量发展的韧劲和业绩，承担着为全国发展探路的使命，为江苏经济社会高质量发展提供了坚强的技术技能人才支撑。本节将从七个方面概述2020年江苏省构建现代职业教育体系、大力发展高等职业教育的主要成绩、典型经验和创新举措，以及其在服务"强富美高"新江苏建设、服务实现教育现代化目标方面的贡献，最后对江苏省高等职业教育未来发展进行展望并提出建议。

江苏省作为全国高等职业教育发展态势比较好的地区，一直以高等职业教育事业持续高质量发展的韧劲和业绩，积极探索构建现代职业教育体系，在为全国教育改革发展探路上争当表率，在大力发展现代职业教育试点上争做示范，在服务江苏率先高水平实现教育现代化上走在前列。随着国家创新发展、长江经济带、长三角一体化战略的推进，以及南京都市圈建设，"双循环"新发展格局的构建，新技术迅猛发展，新产业、新业态、新模式不断涌现等，这既是职业教育发展面临的前所未有的挑战，也是职业教育发展千载难逢的机遇。职业教育面对变局，如何破局并开启新局？我们将在本节以2020年江苏省构建现代职业教育体系，大力发展高等职业教育的成效为样本，见微知著，探究职业教育高质量发展的路径与态势。

2020年，江苏省高等职业教育发展面临着复杂多变的内外部环境。在教育系统外部，突如其来的新冠肺炎疫情对教育样态和原有模式都造成重大冲击，开启了历史上最大规模的在线教育实践；江苏正处于创新驱动发展、经济转型升级攻坚期，急需大量的高素质技术人才；职业教育为"类型教育"的观念已由"庙堂"扩散至"江湖"，逐渐被社会接受，职业教育的地位稳步提升。在教育系统内部，职业教育"天花板"被打破，职业教育本科正由点向面推广，中职、高职、职教本科相衔接的培养体系逐步完善；省级统筹能力逐步被激发，地方投身职业教育改革的活力充分释放，继部省共建[①]山东职业教育高地、技能甘肃和江西创新高地建设后，全国首个以城市群为单元的职业教育创新发展高地——苏锡常都市圈职业教育高质量样板建设正式启动……职业教育进入提质培优、扩容增效新阶段。

① 部省共建，是指由中央各部委与全国各省人民政府共建，形成中央和省两级政府管理，以省为主的高等教育新管理体制。部省共建包括部省共建高校、部省共建实验室、部省共建试验区、部省共建国家职业教育等。部省共建的提法，在本书中会多次出现。

在此背景下，作为中国特色社会主义职业教育的优秀样本，江苏省高等职业教育战线冷静识别变局，沉着应对，保持发展韧劲，交出满意答卷。截至2021年12月31日，江苏省现有高等职业院校91所，其中专科层次高等职业院校90所（省属41所、市县属26所、民办22所、中外合作办学1所）、本科层次高等职业院校1所。其中，南京工业职业技术学院于2019年升格为职业本科院校，2020年经教育部批准更名为南京工业职业技术大学，成为全国第一所公办本科层次高等职业院校。江苏省有20所高等职业院校、27个专业群入选“双高计划”，其中，高水平院校7所，高水平专业群建设院校13所，入选总数、学校和专业群数量均居全国第一。有17所高等职业院校被教育部《高等职业教育创新发展行动计划（2015—2018年）》项目认定为国家优质专科高等职业院校。2018年，江苏省立项建设高水平高等职业院校22所，其中8所为江苏省卓越高等职业院校培育单位。2006—2012年，江苏省共有15所高等职业院校完成“国家示范性高等职业学校建设计划”任务并通过验收，其中7所为国家示范性高等职业院校，8所为国家示范性（骨干）高等职业院校。

在这个过程中，江苏省高等职业教育所具备的高度自律和他律意识，对保障其高质量发展起到了重要作用。自2009年开始，江苏省教育厅组织课题组开始编制《江苏省高等职业教育质量年度报告》。十多年来，在教育行政主管部门的指导和高等职业院校的配合下，课题组基于江苏省自主研发的状态数据平台的1500余个指标项，对90所院校的数据进行分析，并以事件以及国家、省最新文件精神要求和表彰成果等为主要依据，形成质量年度报告。年度报告形式历经状态数据分析白皮书、人才培养质量年度报告、职业教育质量年度报告等变化，编制工作逐步趋于科学规范，已经形成了省、校两级职业教育质量年度报告制度体系，逐步构建了由学生发展、教育教学、政府责任、国际合作、服务贡献构成的“五维质量观”，成为江苏省高等职业教育履行责任担当、确立质量发展观、宣传发展成绩、接受社会监督的重要制度载体。

《江苏省高等职业教育质量年度报告》向社会报告江苏省高等职业教

育发展的主要成绩及其在向更高质量发展过程中的创新举措，引起了社会对江苏省高等职业教育的持续关注，与江苏省高等职业教育一样成为金字招牌。多年来，江苏省高等职业教育坚持服务“强富美高”新江苏建设导向，向现代职业教育高地迈进，为中国特色社会主义职业教育提供江苏样本，为江苏高质量发展提供坚强的技术技能人才支撑，一次又一次担起了“走在前列”“为全国发展探路”的重任。

江苏省高等职业教育2020年度的创新举措和主要成效体现为以下“七个坚持”。

1.坚持立德树人，扎根区域办教育。为贯彻落实国家和省关于加快推进职业教育现代化的要求，江苏省出台“职教质量20条”——《江苏省职业教育质量提升行动计划（2020—2022年）》，将“完善立德树人落实机制”放在20条重要任务之首。内容包括全面贯彻落实国家关于职业院校思想政治教育的工作要求，提高思想政治教育实效，突出培育职业素养和塑造工匠精神，统筹办学治校各领域和教育教学各环节，构建全员全程全方位育人大格局。

推进思想政治课改革创新。江苏省高等职业院校推动落实《关于深化新时代学校思想政治理论课改革创新的若干意见》等文件精神，进一步健全思想政治教师政治理论学习制度，通过结对培养、定期培训等方式，切实提高思想政治教师的业务能力和教学水平，积极发挥优秀思想政治教师在教学改革和人才培养中的示范带头作用。江苏省高等职业院校有1名思想政治教师入选2020年度“领航·扬帆”计划，2名高等职业院校辅导员获2019年江苏高校辅导员年度人物。2020年，江苏共有11所高等职业院校马克思主义学院入选2020年度全省高校示范马克思主义学院及培育点，另有14个项目入选2020年度全省高校思想政治课教育教学改革创新示范点项目。

2.坚持提质培优，部省共探省域方案。苏锡常都市圈是职业教育高质量发展的样板。2020年9月28日，教育部和江苏省在南京召开部省共建启动大会，并正式发布《教育部 江苏省人民政府关于整体推进苏锡常都市圈职业教育改革创新打造高质量发展样板的实施意见》。这是全国首个以都市圈为基本单元的职业教育高地项目，部省共建整体推进苏锡常都市圈职业教育改革创新，打造人民满意、行业和企业满意、学校满意的“苏南职教模式”。江苏职业教育再一次担起了“走在前列”“为全国发展探路”的重任。苏锡常都市圈将瞄准“一体化”和“高质量”，融通构建现代职业教育新体系，通过优化职业教育布局结构，推动职业院校提档升级，率先在国内形成按照类型教育特点办学的制度和标准；全方位推进产教深度融合，通过建设国家产教融合型试点城市，打造校企合作命运共同体；推动实施“新职师”能力提升计划，着力提升都市圈职业教育师资队伍素质。

发布省职业教育“质量提升20条”。为全面贯彻落实中央和省的决策部署，江苏承接了国家《职业教育提质培优行动计划（2020—2023年）》全部56个子任务，项目数量达8577个。为积极贯彻落实国家和省委省政府关于加快推进职业教育现代化的要求，江苏省教育厅于2020年7月颁布了《江苏省职业教育质量提升行动计划（2020—2022年）》，为江苏职业教育改革与发展确立了时间表、方向标和路线图，对推进新时代江苏职业教育高质量发展具有里程碑意义。《高等职业教育创新发展行动计划（2015—2018年）》制定了七7个方面20项重点任务，计划通过3年左右时间，进一步完善现代职业教育体系，进一步健全质量标准体系和评价体系，进一步深化产教融合、校企合作，进一步强化职业院校教学内涵建设，最终要实现5个目标：一是凸显职业教育的类型特征，二是提升职业教育的供给公平，三是形成职业教育的标准体系，四是提高政行校企协同育人水平，五是打造职业教育的信息网络。最终使得高等职业院校服务区域经济社会发展、服务学生全面发展和终身发展的能力显著提升。2020年8月29日，省高等职业院校教育教学质量提升专项培训会学习《江苏省职业教育质量提升行动计划（2020—2022年）》，研讨江苏省高等职业院校高质量发展的新使命、新举措、新作为和新路径。

3. 坚持类型教育属性，构建一体化贯通体系。2020年，江苏省积极贯彻落实新时代党中央、国务院对职业教育发展的顶层设计与总体要求，将做好贯通培养项目作为现代职业教育体系建设的重要载体和实践支撑。通过分类评价考核、控制生源规模、优化专业布局、强化过程管理和质量监测等多种有效措施，充分发挥贯通培养在畅通技术技能人才成长渠道方面的优势，不断提升职业教育的现代化水平，满足社会对人才和智力支撑的需要。2020年，江苏省实施中等职业教育与高等职业教育“3＋3”分段培养项目637个，高等职业教育与应用本科“3＋2”分段培养项目135个，高等职业教育与应用本科“4＋0”联合培养项目52个。

在全国首次编制职业教育省级一体化报告。《国家职业教育改革实施方案》明确指出，职业教育与普通教育是两种不同教育类型，具有同等重要地位[①]；《国务院关于加快发展现代职业教育的决定》《国家职业教育改革实施方案》等文件均要求实施职业教育质量年度报告制度。通过编制和发布全国首本中等职业教育、专科高等职业教育和本科职业教育贯穿的一体化质量报告，来回应党、政府和社会对职业教育事业的关切，服务于职业教育现代化，是江苏省职业教育战线在新时代、新要求下的职责所在和创新举措。根据教育部、江苏省教育厅的文件精神和编制要求，《江苏省职业教育质量年度报告》编写组以江苏职业教育办学成果和国家、江苏省最新文件精神要求与表彰成果等为主要依据，对江苏职业教育投入质量、过程质量和结果质量进行了定性和定量分析，从基本情况、学校党建、学生发展、质量保障、校企合作、信息化、社会贡献、政府履责、特色做法、挑战与展望等方面，用翔实数据和典型案例，全面回答一年来江苏职业教育的整体质量状况和特色亮点，为社会全面了解江苏职业教育，为政府决策、职业院校改革和社会监督提供了专业化参考。

4.坚持构建校企命运共同体，推进产教深度融合。2020年，江苏省教育厅会同相关行业主管部门和行业组织成立了交通运输、现代农业、机械、机电、电子信息、财经商贸、建设、纺织服装、文化旅游、石油化工

① 国务院.国务院关于印发国家职业教育改革实施方案的通知(国发〔2019〕4号)[EB/OL].(2019-02-13)[2021-09-16].http://www.gov.cn/zhengce/content/2019-02/13/content_5365341.html.

和卫生健康等11个省级职业教育行业指导委员会。各行业指导委员会依靠行业相关专业优势，充分发挥行业在人才供需、职业教育发展规划、专业布局、课程体系、评价标准、教材建设、实习实训、师资队伍、企业参与、集团办学等方面的指导作用，积极为各级教育行政部门和行业主管部门提供咨询和建议，成为职业教育政策制定的“智囊团”、校企合作的“连心桥”和职业院校高质量发展的“助推器”，全过程指导行业人才培养。

完善校企合作育人机制，提升校企协同育人水平。江苏省积极做好产教融合型企业和产教融合型城市建设试点有关工作，遴选出81家企业作为江苏省首批产教融合型试点企业。推动落实《江苏省职业教育校企合作促进条例》，促进职业院校和行业、企业形成命运共同体，支持职业院校以引企驻校、引校进企等方式开展合作办学，有15所院校入选全国示范性职业教育集团（联盟）培育单位，占入选院校总数的10%。跨院校、跨专业、跨区域整合教学资源，与企业联合建设一批紧密对接高端产业的学院。支持职业院校联合企业面向职工、农民、退役军人等开展职业培训，针对扩招生源的特点，加强与相关企业的合作，校企共定标准、共商方案、共开课程、共训技能，确保人才培养质量。2020年，江苏省高等职业教育产教融合集成平台36个立项项目和14个培育项目进入建设实施阶段。

吸纳行业、企业意见，完善教学标准，加强教材建设。充分发挥标准在职业教育质量提升中的基础性作用，构建主要专业领域中高等职业衔接专业人才培养方案和专业核心课程标准，推进实施人才培养方案、课程教学要求等教学标准开发工作，加快中、高等职业教育在专业教学标准、课程体系以及教学管理等方面的深度衔接。建设一批省级职业教育教材研究基地，支持校企合作开发一批活页式、工作手册式教材和配套数字化资源。2020年，江苏省高等职业院校共有454本教材入选“十三五”职业教育国家规划教材，占全国总数的16.04%，共有9本教材入选“十三五”职业教育国家规划教材，占全国总数的11.84%。

举办“百企进校园，对话促合作”活动。作为2020年江苏省职业教育活动周的系列活动之一，活动设置一个主会场和五个分会场，主会场设在南京工业职业技术大学，无锡职业技术学院等5所院校为分会场。各分会场通过线上直播方式同步参与主会场开幕式。开幕式结束后，各会场分别开展本地院校企业对接交流活动。来自江苏省内及周边地区的100多家院校和企业代表开展了热烈的交流探讨，多家院校和企业达成了初步的合作意向。

5.坚持“三教”改革，构建内涵式发展新动能。江苏省高等职业院校积极推动“课堂革命”，坚持以学生为中心，积极推广线上线下混合式教学、理论实践一体化教学等新型教学模式。综合运用讨论式、探究式、参与式等教学方法，灵活采取情境教学、项目教学、案例教学等教学模式，切实提升教学质量和效果。针对生源类型，分类组建班级，分类编制专业人才培养方案，采取适应社会人员实际的方法开展教学。2020年，江苏省高等职业院校共有11门课程被认定为国家精品在线开放课程，占全国总数的11.11%。江苏省参加全国职业院校技能大赛改革试点赛共获得一等奖7项。

加强高水平专业群建设。江苏省在继优势学科建设工程、协同创新计划、特聘教授计划、高校品牌专业建设工程等专项工作之后，于2020年发布了《省教育厅关于加强全省高等职业教育专业群建设的指导意见》，计划经过3～5年努力，立项并认定100个左右引领改革、支撑发展、特色鲜明、融合发展的高职（含职教本科和三年制高职）高水平专业群，形成国家级、省级和校级三级高水平专业群建设体系，以高水平专业群建设引领带动其他专业群协同发展，全面提升高等职业院校的办学能力和水平，推动江苏高等职业教育高质量发展。

推进1+X证书制度试点工作。根据教育部等部门关于推进1+X证书制度试点工作以及学分银行建设的有关文件精神，江苏省成立了江苏省职业院校1+X证书制度试点工作办公室，按专业大类成立江苏省职业院校1+X证书制度试点工作协作组，做好全省试点工作的统筹推进、业务指导和工作培训等工作。2020年，江苏省发布了《省教育厅关于做好1+X证书制度试点工作的通知》（苏教职函〔2020〕17号），从优选试点证书（专业）、深化1+X证书教学改革、强化师资队伍培训、强化业务指导与横向交流、合理分担成本、落实院校主体责任、成立省试点工作组织机构、加强监督管理、做好信息服务等方面进行全面部署。江苏省高等职业院校有42所院校62个专业点、65所院校167个专业点先后入选全国首批和第二批1+X证书制度试点项目，两批试点专业点总数达到229个，入选试点院校数和专业点数位于全国前列。

定制培养方案，满足社招学生个性化需求。为统筹做好江苏省高等职业院校面向社会人员开展全日制学历教育的计划安排、考试组织、招生录取、教育教学、就业服务及政策保障等工作，江苏省教育厅等六部门印发了《江苏省高等职业学校面向社会人员开展全日制学历教育实施办法》。该办法坚持标准不降、模式多元、学制灵活，坚持因材施教、按需施教，坚持宽进严出，严把毕业关口。各高等职业院校结合社会人员实际学情，推行学分制改革，单独制定人才培养方案、课程体系，实行弹性学制和弹性学期制。2020年，江苏省共确定参与面向社会人员招生院校81所，招生专业点342个，招生计划数为11580人。

6.坚持融合创新，主动应对变局。积极应对新冠肺炎疫情影响。2020年，在江苏省委省政府、省教育厅的正确领导下，江苏省高等职业院校高度重视疫情防控工作，严格落实防控责任，加强防控管理，认真做好疫情防控工作。江苏省高等职业院校在停课期间充分利用信息化教学资源和学习平台，创新教学模式，做到“教师不停教、学生不停学”；精心部署线上教学工作，协调各大课程资源平台免费提供优质教学资源，覆盖职业院校全部公共基础课程和80%以上的专业核心课程。在学生返校期间，做细做实了各项防控方案和应急预案，统筹安排好了师生开学后的学习生活，防止疫情向学校扩散，保证了教学秩序的良好稳定。

不断优化院校信息技术应用环境。江苏省有44所高等职业院校入选2019年江苏省智慧校园，5所高等职业院校被认定为智慧校园示范学校，10所高等职业院校被评为2019—2020年度江苏省高校教育信息化先进集体。

深化创新创业教育实践。举办第六届中国“互联网+”大学生创新创业大赛江苏选拔赛、江苏省职业院校创新创业大赛、江苏省第十五届大学生职业规划大赛。在全国“互联网+”大学生创新创业大赛职教赛道中获得金奖7项；在全国“挑战杯”创业大赛职教赛道中获得金奖9项。开展新一轮省级大学生创新创业示范基地建设，遴选江苏省2020年大学生创新创业训练计划项目2296个。加快建设一批有特色、可持续发展的创新创业实践基地和成果孵化基地。江苏农牧科技职业学院被认定为首批江苏省大学生职业生涯教育示范基地。

加大对外合作交流。教育部中外语言交流合作中心与南京工业职业技术大学共建全国首家“中文+职业技能”国际推广基地，进一步推动国际中文教育、职业教育走出去的深度融合。江苏省高等职业院校45门课程入选江苏高校外国留学生英文授课省级精品课程，4个项目入选江苏高校中外合作办学高水平示范性建设工程。江苏省高等职业院校在2020年度世界职教卓越奖中获3项大奖，向世界展示了江苏职业教育的综合实力。召开第八届苏台高等职业教育校长联席会议学术年会，通过云端连线，江苏50多所高等职业院校的代表与台湾20多所科技大学的代表就“后疫情时代两岸职业教育的合作创新与发展”进行了深入交流。

7.坚持服务高质量发展，实现师生双增值。2020年9月，江苏省教育厅等四部门印发了《深化新时代江苏职业教育“双师型”教师队伍建设改革实施办法》，从建立健全政府统筹管理、行业和企业与职业院校深度融合的职业教育高素质“双师型”教师队伍建设机制，健全教师培养培训体系，建立具有江苏特色的“双师型”教师认证制度、企业实践制度、继续教育制度和聘用考核制度等方面对“双师型”教师队伍建设进行了顶层设计和规划。2020年，江苏省高等职业院校教师继续选聘154位企业精英作为产业教授加盟高等职业院校人才培养，选聘规模和覆盖范围进一步扩大；有5名教师获得“江苏工匠”称号，被江苏省政府表彰；有2名教师获得政府特殊津贴；有9名教师获江苏省“有突出贡献的中青年专家”称号。继2019年13个团队入选首批国家级职业教育教师教学创新团队，数量居全国第一后，2020年有6个项目入选全国职业院校教师教学创新团队建设体系化研究项目立项名单，占比为20.69%，数量居全国第一；14个项目入选教育部首批国家级职业教育教师教学创新团队研究项目，占比为10.14%，数量居全国第一；26个团队入选首批省级职业教育教师教学创新团队。共有9所院校10个案例入选首批全国职业院校“双师型”教师队伍建设典型案例。在2020年全国职业院校技能大赛教学能力比赛中，江苏省高等职业院校教师共获得一等奖2个、二等奖3个、三等奖8个。《2019年江苏省普通高校毕业生就业质量年度报告》显示，从各学历层次毕业生就业率看，专科生初次就业率、年终就业率，两项数据均高于本科生、研究生。毕业生就业情况比较好的专业是：能源动力与材料大类（就业率98.17%）、农林牧渔大类（就业率97.86%）、生物与化工大类（就业率97.85%）。2名高等职业院校大学生获评2019江苏省大学生年度人物。

习近平总书记2020年11月在江苏考察时，对江苏提出“争当表率、争做示范、走在前列”的新要求，这也是新时代江苏职业教育发展的前进方向。江苏高等职业教育以习近平总书记关于教育工作的重要论述为引领，围绕建设现代化教育强省目标，立足于服务江苏区域经济和产业发展，致力于提升职业教育服务能力，着眼于彰显示范引领作用，改革再加力，不断提升高等职业教育内涵式发展成效，不断深化高等职业院校改革创新，不断增强产教融合能力，既要借势而上，突破困局，用好“职业教育大有可为”的历史机遇，又要顺势而为，适应变局，扛起“职业教育战线大有作为”的历史担当，努力为江苏职业教育高质量发展走在前列提供坚实保障。

完善职业教育人才培养一体化体系，提升职业教育吸引力。遵循高素质技术技能人才培养规律，改革职业教育管理与评价体系，强化类型链条建设，打破学生未来发展的“天花板”，畅通学生成长成才通道。构建中职、高职、职教本科相衔接的一体化体系，把中等职业教育作为高中教育的重要组成部分和现代职业教育体系的基础环节抓实抓好，巩固专科高等职业教育的主体地位，大力发展本科层次的职业教育，推动各层级职业教育的贯通和衔接，在各层次职业教育中力争建成一批引领全国的示范性职业院校。

深化产教融合、校企合作，推进职业教育创新发展高地建设。坚持服务发展、促进就业的导向，落实教育供给侧结构性改革新要求，主动对接现代产业体系，适应产业转型升级，融入江苏产业发展新格局。积极应对数字化转型、产业基础高级化趋势，推动教育链、人才链与产业链、创新链的有机衔接，以产业发展需求为导向、协同育人为目标，形成职业教育产教深度融合发展新生态。聚焦长三角区域一体化发展，扎实推进苏锡常都市圈职业教育高质量样板建设，为江苏以及长三角地区经济社会发展提供更有力支撑，积极服务全国职业教育改革发展大局。

全面提升人才培养水平，推进职业教育高质量发展。坚持立德树人这一根本任务，着力培养具有优良品德、强健体魄、精湛技能的新时代高素质技术技能人才。深入推进以“职业性”为核心的“三教”改革，抓住教师根本，着力教法关键，做好教材支撑。贯彻落实国家和省关于深化新时代教育评价改革的总体要求，探索建立江苏特色职业教育质量评价体系。坚持育训并举并重，推动职业院校积极开展各类职业培训和社会服务活动。积极打造“一带一路”职业教育合作高地，提升与国际职业教育的合作质量。建立开放的职业院校治理体系，不断提升职业院校治理能力。

第二章 高等职业教育质量保障体系

第一节　高等职业教育质量保障体系成效维度

本节导读：自《高等职业教育创新发展行动计划（2015—2018年）》实施以来，高等职业教育逐步形成了由政府、院校、社会三个关键主体推动，从经费保障、院校治理、质量年报、诊断改进、教师管理、理论研究六个维度构建的包含内部保证与外部评价两个系统的质量保障体系，并取得了卓越成效：各地建立并稳步落实生均拨款制度；章程制度成为保障高等职业院校建成现代大学的"保险栓"；更多地区落实对高等职业教育教师管理"放管服"，多种政策激发院校内生发展动力；质量年度报告成为高等职业教育战线展示办学成就的一张独特"名片"；教学诊改制度切实发挥了学校质量保证主体作用，效果逐步显现；职业教育理论研究不断深入，取得系列成果。

如第一章所述，2015年国家实施《高等职业教育创新发展行动计划（2015—2018年）》，包括高等职业教育在内的职业教育得到决策层和社会越来越多的关注与重视，乃至于教育部相关负责人得出"我国职业教育发展进入黄金期”[①]的论断，更让职业教育界振奋的是，国家把职业教育摆在教育改革创新和经济社会发展中更加突出的位置，做出职业教育与普通教育是两种不同教育类型，具有同等重要地位的认定[②]，并发布《国家职业教育改革实施方案》。那么，在国家大力发展现代职业教育的当下，高等职业教育的质量保障体系构建如何？成效怎样？我们将在本节从六个维度与读者一起讨论。

我们先介绍高等职业教育六维度质量保障体系。所谓体系，指“若干有关事物或某些意识互相联系而构成的一个整体”[③]，泛指一定范围内或同类的事物按照一定的秩序和内部联系组合而成的整体。

近些年来，各级政府放管结合落实管理责任，高等职业院校依法治校按章程办学，基本建立了政府依法履职、院校自主保证、社会广泛参与，涵盖经费保障、院校治理、质量年报、诊断改进、教师管理、理论研究等六个维度，院校内部质量保证体系与外部质量评价体系协调配套的高等职业教育质量保障体系。在高等职业教育六维度质量保障体系中，政府、院校、社会是推动其有效运作的三个关键主体，三者互为因果，相互制约，既各自独立发挥功能，又相互耦合发挥作用。其中，政府作为“看得见的手”配置各种资源发展高等职业教育，主要体现在经费保障和政策引领两个方面；高等职业院校作为高等职业教育办学主体，发挥办学内生动力并建立内部质量保证系统；社会（也可理解为市场）是高等职业教育的重要受益方，一直用“看不见的手”对高等职业教育起到激励、监督及调适作用。对该体系而言，经费保障、院校治理、质量年报、诊断改进、教师管理、理论研究是其六个重要方面，亦可视之为衡量其成效的六个维度，这六个方面构成一个大环，形成一套循环运行的质量保障体系，其大体运作机制如图2-1所示。

---

① 焦以璇.我国职业教育发展进入黄金期[N].中国教育报,2018-11-10(01).

② 国务院.关于印发国家职业教育改革实施方案的通知[EB/OL].(2019-02-13)[2021-06-16].http://www.gov.cn/zhengce/content/2019-02/13/content_5365341.htm.

③ 中国社会科学院语言研究所词典编辑室.现代汉语词典[M].7版.北京:商务印书馆,2016:1288.

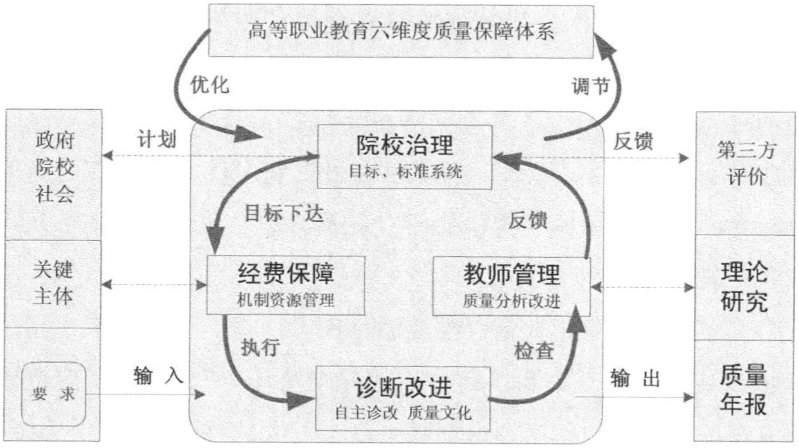

图2-1 高等职业教育六维度质量保障体系运行机制图

我们先从经费保障维度看高等职业教育质量保障体系运行的成效。

经费之于教育，好比水源之于生命，没有充裕的经费保障办不好教育，职业教育更不能建立在一穷二白的基础之上。相较于基础教育，职业教育办学经费法定保障渠道不稳定；相较于普通高等教育，职业教育办学经费来源单一。在我国现行高校管理体制下，来自各级政府的财政性生均拨款经费（含学费收入），是公办高等职业院校的一个极其重要的经费来源。为提高职业教育经费保障力度，2014年10月，财政部、教育部联合发布《关于建立完善以改革和绩效为导向的生均拨款制度 加快发展现代高等职业教育的意见》，要求以地方（省级政府）为主建立完善高等职业院校生均财政拨款制度，中央财政建立“以奖代补”机制，激励和引导各地提高生均拨款水平，以期于2017年底实现各地高等职业院校年生均财政拨款水平不低于12000元的目标，促进高等职业教育改革发展。

高等职业院校生均财政拨款已有制度保障。在两部委关于生均财政拨款制度文件引领下，各地财政为保障高等职业教育经费投入做出了积极努力，截至2015年底，除北京、江苏、西藏、内蒙古已在每年度的省级财政预算中对高等职业教育生均财政拨款做出相应安排外，有27个省份均专门出台了高等职业教育生均拨款文件，如表2-1所示。

表2-1 各省出台高等职业教育生均拨款政策

地区	文件名称	文件号
天津	《关于完善市属高等职业院校生均拨款制度的通知》	津财教〔2013〕66号
辽宁	《关于建立完善以改革和绩效为导向的生均拨款制度加快发展现代高等职业教育的意见》	辽财教〔2015〕843号
上海	《关于提高本市地方公办高校生均公用经费拨款定额标准的通知》	沪教委财〔2012〕121号
浙江	《关于完善省属高校预算定额制度的通知》	浙财预字〔2006〕22号
福建	《关于进一步提高省属公办高等职业院校生均拨款水平的通知》	闽财教〔2014〕58号
山东	《关于建立以改革和绩效为导向的高等职业院校生均拨款制度的意见》	鲁财教〔2015〕3号
广东	《关于建立完善我省高职院校生均拨款制度的实施意见》	粤财教〔2015〕225号
河北	《关于建立公办高等职业学校生均拨款制度的通知》	冀财教〔2014〕232号
山西	《关于建立山西省高等职业教育生均拨款制度的实施意见》	晋财教〔2014〕277号
吉林	《关于进一步提高市(州)公办高等职业学校生均拨款水平的意见》	吉财教〔2015〕417号
黑龙江	《关于建立完善以改革和绩效为导向的全省公办职业院校经费保障机制的实施意见》	黑财教〔2014〕86号
安徽	《关于建立以改革和绩效为导向的高职院校生均拨款制度的实施意见》	皖财教〔2015〕867号
江西	《关于公办高职院校生均拨款标准有关事项的通知》	赣财教〔2014〕92号
河南	《关于印发〈省属职业院校财政经费核拨机制改革方案(试行)〉的通知》	豫财教〔2015〕5号
湖北	《关于进一步提高公办高职院校生均财政拨款水平的通知》	鄂教财〔2013〕14号

续 表

地区	文件名称	文件号
湖南	《关于完善高等职业院校生均拨款制度的通知》	湘财教〔2015〕31号
海南	《关于印发〈建立海南省高等职业院校生均拨款制度的实施方案〉的通知》	琼财教〔2015〕127号
广西	《关于建立以改革和绩效为导向的高等职业教育生均拨款制度的通知》	桂财教〔2015〕188号
重庆	《关于印发〈完善提高重庆市市属公办高等职业学校生均拨款水平实施方案〉的通知》	渝财教〔2015〕210号
四川	《关于建立我省公办高等职业学校生均拨款制度的实施意见》	川财教〔2015〕94号
贵州	《关于建立以改革和绩效为导向的高等职业院校生均财政拨款制度的实施意见》	黔财教〔2015〕255号
云南	《关于建立完善以改革和绩效为导向的生均拨款制度加快发展现代高等职业教育的意见》	云财教〔2015〕136号
陕西	《陕西省人民政府关于进一步加大财政教育投入的实施意见》	陕政发〔2012〕1号
甘肃	《甘肃省人民政府办公厅关于建立以改革和绩效为导向的高等职业院校生均拨款制度的意见》	甘政办发〔2015〕157号
青海	《关于建立青海省职业教育生均拨款制度的通知》	青财教字〔2015〕1347号
宁夏	《关于建立完善以改革和绩效为导向的生均拨款制度加快发展现代高等职业教育的意见》	宁财教〔2015〕690号
新疆	《新疆维吾尔自治区人民政府关于加快发展现代职业教育的实施意见》	新政发〔2015〕75号

高等职业院校生均财政拨款不低于12000元的政策目标已达成。2014—2018年《中国教育经费统计年鉴》显示，2014—2017年全国各地高职高专院校生均公共财政预算教育经费支出的平均水平依次为：10155.61元、12751.14元、13274.17元、15455.13元，年平均增长率超过15%，总体

呈逐年递增趋势。

但在高等职业教育经费保障方面，有如下三点应引起重视。一是经费稳定增长机制仍不牢固。与2015—2018年全国公办高等职业院校生均财政拨款水平呈整体上升趋势不符的是，同期有部分省份的高等职业教育生均公共财政预算教育经费支出部分年份出现负增长，有2个省份负增长率甚至超过50%。自2017年高等职业院校生均财政拨款不低于12000元的政策目标达成后，国家层面不再设置类似"刚性"要求确保高等职业教育经费稳定增长。二是生均财政经费保障水平地区差异仍很明显。综合2015—2018年各省发布的《高等职业教育质量年度报告》数据，不论是绝对量还是相对增长速度，全国落实高等职业院校生均财政拨款的水平存在较大差异。2018年，全国27个省份生均财政拨款水平达到12000元，超过20000元的有北京、西藏等5个省份。三是地市属及行业属高等职业院校办学资源仍显不足。在2018年生均财政拨款额达到12000元的734所院校中，按属性划分，省属高等职业院校471所，地市属高等职业学校174所，行业属高等职业院校89所。生均财政拨款额低于12000元的287所公办高等职业院校中，省属高等职业院校47所，地市属高等职业院校84所，行业属高等职业院校156所。

院校治理也是衡量高等职业教育质量保障体系运行成效的重要维度。各高等职业院校不断完善以章程为核心的现代大学制度，建立以"一章三会"（即大学章程、学术委员会、教授委员会、专业建设委员会）为基本架构的内部治理体系，强调治理主体的多元性以及多元治理主体之间的平等性、民主性[①]，推进院校治理能力现代化。

推进章程制定探索，建立现代大学制度。各地、各有关高等职业院校认真落实《高等学校章程制定暂行办法》，按照"一校一章程"的要求，加快制定（修订）各具特色的学校章程，省级教育行政部门及时核准发布院校章程，指导各高等职业院校建立健全依法自主管理、民主监督、社会参与的高等职业院校治理结构，全面提高办学质量和服务经济社会发展能

① 唐世纲.我国大学治理体系现代化的价值审视[J].现代教育管理，2019(6)：18-22.

力。资料显示，截至2018年底，全国共有1157所院校制定（修订）高等职业院校章程，1093所院校的章程经省级教育主管部门核准发布。其中，江苏、天津、山东、广东等13个省份所有高等职业院校全部完成章程制定和核准工作。各省章程制定工作各具特色，福建省全面实行高等职业学校“一校一策”章程目标管理，推进高等职业院校依法制定和完善具有各自特色的学校章程；上海市各高等职业院校健全“一章三会”治理结构，制定了各具特色的章程，部分院校章程在“产教融合、校企合作、工学结合”方面进行了积极探索。

设立理（董）事会，激发利益相关方参与积极性。各高等职业院校积极吸收社会力量参与办学，明确利益相关方的权利和责任，推动高等职业院校设立有办学利益相关方代表参加的理事会或董事会机构，充分发挥校企合作理事会对院校办学重大事项的咨询审议作用。据统计，全国有26个省份专项推进高等职业院校“设立学术委员会、理（董）事会”工作，共有320所高等职业院校成立理事会，179所高等职业院校成立董事会。其中，海南、山东、江苏等19个省份超过20%的高等职业院校成立了理事会，海南、福建、重庆、上海、广东等5个省份超过20%的高等职业院校成立了董事会。黑龙江省积极吸收社会力量参与办学，建立学校、行业、企业、社区等共同参与的高等职业院校理事会或董事会，该省60%的高等职业院校实现了校、院（系）二级管理。重庆市55%的高等职业院校成立理事会，40所高等职业院校组建理事会22个，此外，该省高等职业院校另成立董事会18个。

优化内部治理结构，扩大二级院系管理自主权。各省贯彻落实《国家职业教育改革实施方案》，不断深化高等教育改革，落实和扩大高校办学自主权，落实高校独立法人地位。部分高等职业院校在如下几方面做出积极探索：如佳木斯职业学院等探索建设“混合制”、股份制二级院系与生产性实训工厂，引入社会资本和产业元素，多主体协同育人；浙江旅游职业技术学院实施“最多跑一次”改革，优化校内组织机构设置，推行院系二级管理体制，实现管理重心下移；苏州经贸职业技术学院等探索大部门制改革，优化校内管理服务流程；北京经济管理职业学院等强化二级机构目标考核和中层干部聘期考核，提升院校内部治理能力。

高质量的教师是教育质量提升的重要保障，从教师管理维度审视高等职业教育质量保障体系运行成效，是常规思路。在高等职业教育领域，各地多措并举加强高等职业院校教师管理。

完善了具有职业教育特点的专业技术职务评聘办法。各省进一步下放权力，逐步落实高等职业院校办学自主权，扎实推进“管、办、评”分离，将教师等专业技术职务评审权下发给高校，实行评聘合一。如，2017年山西省出台的《山西省高等学校教师专业技术职务评审指导条件（试行）》，专门规定高等职业院校“双师型”教师职称评审补充条件，并将高等职业院校教师专业技术职务评审单列；自2018年起，安徽、江苏等省份向全省高等职业院校下放所有序列教师职称评审权，鼓励高等职业院校制定和执行反映自身发展水平的“双师双能型”教师标准；陕西省自2016年起建立分类评价、分类管理和高等院校自主评审、政府宏观管理相结合的职称评审制度。

优化了“双师型”教师素质结构。据统计，2016—2018年，200所国家示范（骨干）高等职业院校中，制定“双师型”教师标准院校的数量逐年增加。2017年，制定“双师型”教师标准的院校数为168所，比2016年增加21所，2018年这个数据增至185所。在这批制定认定标准的院校中，学校标准高于国家标准的院校数量，亦由2016年的121所增加到2018年的158所。2016—2018年，国家示范（骨干）高等职业院校累计认定“双师型”教师总人数为1514554人。除国家示范（骨干）高等职业院校勇立潮头外，部分省份与高等职业院校制定具有区域或校本特色的“双师素质”专任教师认定标准，多途径、多渠道、多方法提升教师的“双师”能力。如，安徽省出台标准，将“双师型”教师分为初、中、高三个等级，不同等级对教学和专业实践能力的要求依次提高，并且将校外兼职教师也纳入认定范围；福建省出台《职业院校“双师型”教师认定指导性标准（试行）》，实行分类认定、动态调整、职业导向，构建职业院校“双师型”

教师队伍建设标准体系；天津渤海职业技术学院校企双方共同培育高水平“双栖制”双师素质师资团队；浙江经济职业技术学院与世界500强企业打造“双师型”教师“专业成长孵化器”。

理顺体制机制，企业教师有所增加。推动人事管理制度改革，推行按岗聘用、竞聘上岗。如，宁夏回族自治区鼓励院校在办学体制机制上创新管理，鼓励各院校引导教师按照自身特点分类发展，将专任教师逐步定位为“教学为主型”“教学科研型”“社会服务推广型”，设定不同的评聘标准分类评聘；河北省于2017年制定出台《关于深化职称制度改革的实施意见》，推进河北省高校人事制度改革；金华职业技术学院探索实施考核评价改革，建立“4+X”教师考核评价体系，促进教师专业发展，2017年，该校成为教育部教师考核评价改革示范校40所高校之一。

完善评价标准，学校用人自主权得以保障。据不完全统计，2016—2018年，全国分别有360所、339所、390所高等职业院校制定体现职业教育特色的教师绩效评价标准，同期分别有385所、368所、403所院校出台制度，规定55岁以下的教授、副教授每学期至少讲授一门课程。2017年，河南省有郑州铁路职业技术学院、河南水利与环境职业学院等20所院校根据自身实际情况制定了体现职业教育特色的教师绩效评价标准，并已实施；保定电力职业技术学院构建“工作价值量化评价体系”，细化职业资质、岗位业绩、工作创新和其他贡献四个维度积分标准；广东轻工职业技术学院探索建立“按需设岗—按岗定责—公开聘用—合同管理—绩效考评—多元激励—优上差下”的人事管理体系、常态化的绩效考核评价管理体系、人力资源竞争性配置和动态调整机制。

质量年度报告制度和教学诊改制度是构建高等职业教育质量保障体系的重要手段，也是衡量高等职业教育质量保障体系运行成效的重要维度。

2012年以来，我国逐步建立国家、省和高等职业院校定期发布高等职业教育质量年度报告制度，形成了国家、省和院校（企业）三级质量报告发布体系，高等职业教育质量年度报告成为体现“高等职业教育高质量发展的区域响应的有效表征”[①]和我国高等职业教育主动向社会展示、回应社会关切的重要渠道。

定期发布三级质量年度报告制度不断巩固。全国高职高专校长联席会每年发布《中国高等职业教育质量年度报告》，报告对全国高等职业教育的投入质量、过程质量和结果质量进行详细分析，向全社会公布了我国高等职业教育发展的基本状况。各省根据教育部要求，组织编写高水平的省级质量年度报告，并在组织辖区内职业院校报送质量年度报告的同时，对各职业院校编制的质量年度报告进行合规性审查，进一步提高质量年度报告的可读性。各职业院校把发布高等职业教育质量年度报告，作为展示办学水平、体现校务公开、回应社会关切、主动接受群众监督的重要内容和自觉行动。部分院校建立了校、二级院（系）、专业三级教育质量年度报告制度，使质量年度报告发布主体向各教学单位及专业延伸。高等职业院校中发布质量年度报告的院校逐年增加，质量与合规性也不断提高。教育部相关文件[②]通报，2015年至2018年发布质量年度报告的高等职业院校数分别为1277所、1298所、1336所、1352所，高等职业教育质量年度报告制度全面落实，高等职业院校实现了应报尽报。

企业年度报告数量不断增加，办学主体地位逐渐显现。随着国务院《关于深化产教融合的若干意见》及各省关于深化产教融合的实施意见等文件纷纷出台，企业参与职业教育人才培养的积极性不断提高，参与程度不断深入，办学主体地位逐渐显现，这点可以从发布高等职业教育人才培养工作企业年度报告数量的增长速度上得到验证。2015年参与职业院校办学并发布高等职业教育人才培养年度报告的企业为273家，2018年这个数据增长至1158家，增加了324%。在高等职业教育比较发达的江苏、山东、

① 刘任熊.高等职业教育高质量发展的区域响应:问题表征及优化策略——基于192份省级《高等职业教育质量年度报告》的文本分析[J].中国职业技术教育,2019(13):80-88.

②《关于2016年〈高等职业教育创新发展行动计划(2015—2018年)〉执行情况及有关工作完成情况的通报》《关于2017年〈高等职业教育创新发展行动计划(2015—2018年)〉执行情况及有关工作完成情况的通报》《关于〈高等职业教育创新发展行动计划(2015—2018年)〉执行情况及2018年有关工作完成情况的通报》。

广东等省份，发布企业年度报告的企业数也位居全国前列。2018年，江苏、山东两省发布人才培养年度报告的企业均超过100家，其中，江苏省413家，占2018年全国企业人才培养年度报告总数的35.66%。此外，广东、天津、河北三地发布人才培养年度报告的企业超过60家。

质量年度报告信度效度稳步提高。自2017年起，教育部建立质量年度报告“三审”制度，通过公开省级质量年度报告排名、举行质量年度报告发布会等方式，引导高等职业教育战线报送高质量的年度报告。从国家层面质量年度报告来看，高等职业教育质量年度报告的结构、体例基本稳定，包含学生发展、教学改革、政策保障、国际合作、服务贡献、面临挑战等六个部分的内容，基本涵盖高等职业教育发展的各个方面，成为教育行政管理部门进行横向比较与纵向比较的新型管理工具，为发布全国高等职业院校国际影响力50强、教学资源50强、服务贡献50强、育人成效50强等提供了定性和定量的依据。各省对所有报告实行逐级审核把关，对辖区职业院校质量年度报告进行合规性审查。山西省成立了评估数据中心，要求高等职业院校严格按照《山西省高等职业学校质量年度报告合规审核表》进行自查，以提高编写质量；湖北省将高等职业院校质量年度报告作为教学诊改复核中学校必备材料；上海市建立了“三次报送 + 三级审核”的质量年度报告制度；陕西、甘肃、宁夏、新疆等4个省份的质量年度报告经过了厅务会讨论；湖南省把质量年度报告关口前移，建立了系部或专业层面的教学质量年度报告制度；江苏省一直借助省教育科学研究院及省高等职业教育数据中心力量编写省质量年度报告并公开出版。

再来看看教学诊改制度。自2015年启动职业院校教学诊改工作以来，诊改制度作为一种创新机制，效果逐步显现，正融入职业教育战线不断提升质量的自我进化基因序列。各省相继启动该项任务，成立省级诊改工作专家委员会，制定诊改指导方案，明确诊改工作推进时间表和工作步骤。截至2018年底，有29个省份启动了诊改试点，有787所高等职业院校成立校级诊改工作领导小组，省级试点院校达252所。

健全组织机构，完善诊改机制。从2015年开始，教育部先后发布了

《关于建立职业院校教学工作诊断与改进制度的通知》《关于全面推进职业院校教学工作诊断与改进制度建设的通知》《高等职业学校内部质量保证体系诊断与改进复核工作指引（试行）》等文件，成立了由学校、行业、企业等单位中的80余位专家组成的全国职业院校教学工作诊断与改进专家委员会（以下简称全国诊改专委会），制定了全国诊改专委会章程，建立了国家和省级诊改专委会信息平台。各省份共成立31个省级诊改专委会，指导辖区内职业院校开展诊改工作，有787所高等职业院校成立了校级诊改工作领导小组，形成了国家、省和学校三级诊改工作机制。

加强培训指导，普及诊改理论。全国诊改专委会积极开展诊改研究，公开出版汇编理论文章及《高等职业学校内部质量保证体系建立与运行实务》。同时通过承办校长联席会诊改分论坛，加强宣传引导。全国诊改专委会还专门为宁夏民族职业技术学院、安顺职业技术学院等20多家单位1185名骨干，进行了诊改操作实务专项定制培训。

鼓励先行先试，开展诊改试点。各省坚持先行先试，探索诊改方法路径。陕西省确定国家试点院校3所、省级试点院校12所。浙江省确定7所高等职业院校为省级首批试点单位，推荐3所院校为全国试点院校。湖北省精选4个市州为整体区域试点，45所高等职业院校为高等职业教育试点，分三批推进。辽宁机电职业技术学院等院校引入“教学质量管理平台”项目，完善教学质量监控与评价数据库。武汉船舶职业技术学院运用ISO9000管理方法，建立了一套具有学院自身特色的质量保证体系，并于2017年在学院全面运行。新疆农业职业技术学院系统重建了学校、专业、课程、教师和学生5个层面的内部质量保证体系，二次开发诊改信息化平台。检查诊改实效，实施诊改复核。2018年11月，全国诊改专委会在陕西省率先开展省级层面复核工作，进行国家层面实验性复核。2019年4月，全国诊改专委会组织对无锡职业技术学院进行完全意义上的国家复核诊改，随后黄河水利职业技术学院等4所院校相继进行内部质量保证体系诊改试点工作现场复核。从全国诊改专委会公布的复核结果来看，大部分试点高等职业院校都制定了内部质量保证体系建设运行与实施方案，诊改内生动力机制逐渐形成[①]。

理论研究维度是高等职业教育质量保障体系运行成效的第六方面。

各级教育行政部门进一步加强了职业教育科研机构建设，形成了国家、省、市（地）、校四级研究机构体系。据不完全统计，2016—2018年，全国有19个省建立了省级研究机构，高等职业教育研究经费额度达6348.20万元，职业教育研究成果获省级以上奖励项目数量3665项。截至2018年，设立高等职业教育研究机构的院校达560所，教育专业研究机构全职工作人员为2667人。

建立健全科研机构，加强标准建设。2016年，全国有19个省份组建了省级高等职业教育研究机构，502所院校设立了校级高等职业教育研究机构，教育专业研究机构全职工作人员达到722人。2017年、2018年全国设立高等职业教育研究机构的院校数分别为547所、560所，教育专业研究机构全职工作人员分别为2515人、2667人。形成了一批有示范性的研究基地，如浙江省现代职业教育研究中心聚力打造新型专业智库，成为浙江省哲学社会科学重点研究基地；南京信息职业技术学院牵头成立《悉尼协议》协同应用研究中心；宁波卫生职业技术学院牵头完成4项国家专业教学标准制定。各级研究机构围绕标准化建设开展理论与实践研究，包括专业目录、专业教学标准、课程教学标准、顶岗实习标准、专业仪器设备装备规范在内的具有中国特色的职业教育国家标准体系框架逐步形成。

确保研究经费到位，加大研究工作支持力度。2016—2018年，全国高等职业教育研究机构各类课题立项资助总额分别为59162.23万元、17940.95万元、16376.61万元，如表2-2所示。2016年年度研究经费投入前四名的省份分别是广东（1768万元）、山东（600万元）、湖南（470万元）、广西（420万元），反映了这些省份对职业教育理论研究重视程度高。

① 全国诊改委秘书处.关于公布全国高职试点院校诊改复核结论的通知[EB/OL].(2019-03-18)[2021-10-06].http://www.zyjyzg.org/article_aWtrd2s%3D_d3dkd2Zp_aXVkd2k%3D.html.

表2-2 2016—2018年研究机构各类课题立项资助情况

单位/万元

年份	级别及金额			
	国家级	省部级	地市级	其他级别
2016年	1168.80	5687.99	6923.50	45381.94
2017年	2467.16	6355.52	3678.65	5349.62
2018年	966.71	5889.77	4277.24	5242.89

围绕热点问题研究，引领高等职业教育创新发展。各高等职业院校重点围绕专业建设、课程改革、实践教学、终身学习等方面开展研究。2016年职业教育专门研究机构承担的各类课题立项情况为：国家级170项，省部级4054项，地市级4271项，其他6533项。在各级课题中，应用型课题占主流地位，如黑龙江省教育厅针对行动计划中的重大项目、难点任务和创新任务，择优立项了64个与《高等职业教育创新发展行动计划（2015—2018年）》密切相关的重点委托项目。江苏省教育厅针对高等职业教育创新发展中的热点和难点，遴选了20项系列研究课题，部分课题列为江苏高等教育教学改革重中之重课题，课题成果成为省政府相关政策配套文本。课题研究主题与教学成果奖获奖项目相互支撑、相互印证。2018年，国家级教学成果奖获奖项目的研究主题与各省级及校级高等职业教育研究机构的研究重点趋于一致。如深圳职业技术学院于2018年获国家级教学成果奖特等奖的“深职院-华为培养信息通信技术技能人才‘课证共生共长’模式研制与实践”项目，即脱胎于该校重点教研项目。

公平与质量历来是公众对教育的孪生需求，在教育公平的前提下不断提升质量是高等职业教育改革与发展的永恒主题。如前文所述，近些年来，我国构建了具有中国特色的“三六二”高等职业教育质量保障体系，产生了一批行之有效的质量保障理论和可圈可点的成果，有力促进了我国高等职业教育的持续高质量发展。

但与满足人民对美好生活的需要、办人民满意的高等职业教育还存在差距的是，我国高等职业教育质量保障体系尚不够完善，还存在主体发力不均等、保障维度效度不匹配、内外保障系统有“温差”等缺陷。简言之，该系统至少可从三个方面加以改进：一是政府、院校、企业三大主体同心协力，进一步提高统筹高等职业教育改革与发展的政府协调机构位阶，在高等职业教育领域进一步落实“放管服”，优化职业教育办学环境，在充分保障院校办学自主权的同时，大力吸纳社会企业参与，激发企业的办学主体地位，统筹配置社会各种资源兴办高等职业教育；二是坚持六个维度同向发力，以经费保障强基、凭院校治理铸魂，用质量年报显内涵、借诊断改进促规范，向教师管理要效益、靠理论研究提层次，核心要义都指向质量；三是推进内外保障系统同频施力，优化职业教育评价体系与机制，建立健全职业教育质量评价和督导评估制度，组建由政府教育督导部门、教育研究机构、行业、企业和第三方机构组成的权威的、具有公信力的职业教育质量监测评价机构与评价体系，定期开展学校办学水平评估，发布职业教育质量报告、专业建设水平评价报告等，让全社会了解职业教育办学状况和办学质量，推动职业院校办学质量的提高。

第二节　高等职业教育质量保障体系构建举措

本节导读：在我国职业教育发展进入黄金期之际，我国高等职业教育质量保障体系还存在主体发力不均等、保障维度效度不匹配、内外保障系统有“温差”等问题，尚不能完全保障高等职业教育充分满足人民群众需要。因此，本书提出安稳经费保障这根“定海针”，以经费保障强基；锁牢院校治理这把“保险栓”，凭院校治理铸魂；擦亮质量年报这张“金名片”，用质量年报显内涵；用好诊断改进这张“新处方”，借诊断改进促规范；揪准教师管理这个“杠杆器”，向教师管理要效益；用足理论研究这个“助推器”，靠理论研究提层次等六条举措。

就如我们在前言里所说，高等职业教育是相对弱势的教育，我们写作本书的主要目的是抛砖引玉，让更多的人来关心关注高等职业教育。话虽如此，但我们不能否认高等职业教育的发展环境变得越来越好。自党的十八大以来，职业教育得到决策层和社会越来越多的关注与重视。2016年12月，李克强总理对推进职业教育现代化做出批示，要求切实把职业教育摆在教育改革创新和经济社会发展中更加突出的位置。2019年2月，《国家职业教育改革方案》做出“职业教育与普通教育是两种不同教育类型，具有同等重要地位”的重大论断。2019年12月，教育部研究制定的《中华人民共和国职业教育法修订草案（征求意见稿）》中再次阐明：职业教育是国民教育体系和人力资源开发的重要组成部分……与普通教育是不同教育类型，具有同等重要地位。《2021年全国教育事业统计主要结果》显示，2021年全国共有高等院校3012所，其中，普通本科院校1238所；本科层次职业院校32所；高等职业（专科）院校1486所。2020年5月22日，李克强总理在政府工作报告中宣布，“今明两年职业技能培训3500万人次以上，高等职业学校扩招200万人，要使更多劳动者长技能、好就业”。上述多种迹象表明“我国职业教育发展进入黄金期”[①]。

近些年来，各级政府放管结合落实管理责任，高等职业院校依法治校按章程办学，基本建立了院校自治、行业自律、政府监管、社会监督的院校内部质量保证与外部质量评价相协调的高等职业教育质量保障体系。

当下正是高等职业教育大有作为的新时代，如何进一步完善高等职业教育质量保障体系，为我国高等职业教育持续高质量发展护航？我们认为，可以从经费保障、院校治理、质量年报、诊断改进、教师管理、理论研究等六个方面施力，构建更加完善的高等职业教育质量保障体系。

安稳经费保障这根“定海针”，以经费保障强基。相较于基础教育，职业教育办学经费法定保障渠道不稳定；相较于普通高等教育，职业教育办学经费来源单一。在我国现行高校管理体制下，来自各级政府的财政性生均拨款经费（含学费收入），是公办高等职业院校极其重要的经费来源，

① 焦以璇.我国职业教育发展进入黄金期[N].中国教育报,2018-11-10(01).

换言之，职业教育经费来源结构多元化，但财政性教育经费仍占主导[①]。在增强职业教育经费保障力度上，2014年10月，《财政部 教育部关于建立完善以改革和绩效为导向的生均拨款制度加快发展现代高等职业教育的意见》起了很好的导向和约束作用。自2015年以来，全国有31个省份和新疆生产建设兵团出台了高等职业教育生均财政拨款政策文件，在每年度的省级财政预算中对高等职业教育生均财政拨款做出安排，建立了高等职业院校生均财政拨款保障制度。《中国教育经费统计年鉴》显示，全国各地高职高专院校生均公共财政预算教育经费支出，总体呈逐年递增趋势，已由2014年的10155.61元增长到2017年的15455.13元，年平均增长率超过15%，高等职业院校生均财政拨款不低于12000元的政策目标已达成。[②]

虽是如此，仍需从三点着手，进一步提高高等职业教育经费保障能力。一是建立经费稳定增长机制。一方面，确保全国公办高等职业院校生均财政拨款水平继续保持整体上升趋势，防止高等职业教育生均公共财政预算教育经费支出出现动荡甚至出现负增长。另一方面，在高等职业教育生均财政拨款不低于12000元的政策目标达成后，在国家层面再设置更高的“刚性”要求，确保高等职业教育经费随国民生产总值的增加同步增长。二是继续采用“奖励+激励”的政策“组合拳”，按投入高等职业教育的资金占本省国民生产总值比例进行排名，对高等职业教育投入力度大的省份，加大中央财政转移支付力度，从相对增长速度和绝对量两个层面，逐渐缩小不同省份之间生均财政经费保障水平的地区差异。三是加大省级统筹力度。在同一省域内，由省级政府统筹，指导各设区市督促相关厅局委办，按隶属关系督促院校主办或主管部门参照省（教育厅）属高等职业院校标准，逐步提升地市属及行业属高等职业院校拨款水平，逐步消除不同院校之间因隶属关系的身份差异而导致的拨款水平不均等现象。

---

① 韩凤芹，王胜华，张宇暄．中国职业教育财政发展七十年演变与启示[J]．地方财政研究，2019(10)：33-44.

② 童卫军，池云霞，庄榕霞，等．高职创新发展有作为：《高等职业教育创新发展行动计划（2015—2018年）》绩效评价报告[M]．北京：高等教育出版社，2019：204-225.

锁牢院校治理这把“保险栓”，凭院校治理铸魂。近年来，各高等职业院校不断完善以章程为核心的现代大学制度，建立以“一章三会”为基本架构的内部治理体系，强调治理主体的多元性以及多元治理主体之间的平等性、民主性，推进院校治理能力现代化。十九届四中全会审议通过的《中共中央关于坚持和完善中国特色社会主义制度推进国家治理体系和治理能力现代化若干重大问题的决定》，为未来中国的治理体系和治理能力现代化规划了一个蓝图。高等职业院校要充分发挥身处中国特色社会主义制度和国家治理体系中的显著优势，坚持改革创新、与时俱进，善于自我完善、自我发展，坚持社会主义办学方向。

锁牢院校治理这把“保险栓”，不能一蹴而就，需久久为功。一是深入推进章程制定，探索建立现代大学制度。各地、各有关高等职业院校要认真落实《高等学校章程制定暂行办法》，按照“一校一章程”的要求，加快制定（修订）各具特色的学校章程，省级教育行政部门及时核准发布院校章程，指导各高等职业院校建立健全依法自主管理、民主监督、社会参与的高等职业院校治理结构，全面提高办学质量和服务经济社会发展的能力。二是设立理（董）事会，激发利益相关方的参与积极性。高等职业院校要积极吸收社会力量参与办学，明确利益相关方的权利和责任，设立有办学利益相关方代表参加的理事会或董事会机构，充分发挥校企合作理事会对院校办学重大事项的咨询审议作用。三是优化内部治理结构，扩大二级院系管理自主权，逐步实现校、院（系）二级管理。各省应认真贯彻落实《国家职业教育改革实施方案》，不断深化高等教育改革，落实和扩大高校办学自主权，落实高校独立法人地位。高等职业院校可从以下几个方面做出探索：探索建设“混合制”、股份制二级院系与生产型实训工厂，引入社会资本和产业元素，吸纳企业、社团等多主体协同育人；实施“最多跑一次”“不见面审批”等改革，优化校内组织机构设置，遵循分布式领导理念①，推行校、院（系）二级管理体制，实现管理重心下沉；探索

① 吉明明，马金平．分布式领导理念下的二级学院治理路径探究[J]．现代教育管理，2020(1)：44-49.

大部门制改革，梳理优化合并部门职责，优化校内管理服务流程，提高管理工作效率与效益；强化校内二级机构目标考核和中层干部聘期考核，提升院校内部治理能力和治理水平。

擦亮质量年报这张“金名片”，用质量年报显内涵。2011年以来，我国逐步建立了国家、省、高等职业院校定期发布高等职业教育质量年度报告制度，形成了国家、省和院校（企业）三级质量年度报告发布体系，高等职业教育质量年度报告成为体现高等职业教育高质量发展区域响应的有效表征①和我国高等职业教育主动向社会展示、回应社会关切的重要渠道。近些年来，高等职业教育质量年度报告制度全面落实，全国高职高专校长联席会每年发布《中国高等职业教育质量年度报告》，向全社会公布我国高等职业教育发展的基本状况，对全国高等职业教育的投入质量、过程质量和结果质量进行详细分析，并以50强的形式对全国高等职业院校进行单项排名。各省教育行政部门根据教育部要求，组织编写高水平的省级质量年度报告，进一步提高质量年度报告的可读性。各职业院校把发布高等职业教育质量年报，作为展示办学水平、回应社会关切、主动接受群众监督的重要内容和自觉行动。②教育部相关文件通报，公开编制报送院校质量年度报告的高等职业院校，从2015年的1277所增加到2018年的1352所。2019年，全国高等职业院校质量年度报告实现了应报尽报。

为了让质量年度报告这张“金名片”含金量更高，还有多招可用。一是大力鼓励企业编制企业年度报告，发挥企业的重要办学主体地位③。国务院出台的《关于深化产教融合的若干意见》及各省出台的关于深化产教融合的实施意见等文件，均要求不断提高企业参与职业教育人才培养的积极性，不断显现企业的办学主体地位。可对编制的企业年度报告数量和质

---

① 刘任熊.高等职业教育高质量发展的区域响应：问题表征及优化策略——基于192份省级《高等职业教育质量年度报告》的文本分析[J].中国职业技术教育，2019(13)：80-88.

② 刘任熊，李畅，吉国庆.从履职到履责：关于高职教育质量年报科学规范发展的十点思考——写在高职质量年报制度实施五周年之际[J].中国职业技术教育，2016(24)：22-26.

③ 谢琪，丁金昌.基于“双高”建设的高职教育校企“双元”育人体系构建[J].教育与职业，2019(24)：12-18.

量做出明确规定，要求规模以上企业对组织职工教育培训、对接职业院校、设立学生实习和教师实践岗位等做法和成效予以描述，引导企业重点从企业资源投入、参与高等职业教育教学等方面编制企业年度报告。二是稳步提高质量年度报告的信度效度。保持国家质量年度报告结构与体例基本稳定，保证其所包含的“学生发展、教学改革、政策保障、国际合作、服务贡献、面临挑战”等六个部分的内容基本涵盖高等职业教育发展的各个方面；固化“计分卡”“学生反馈表”“资源表”“服务贡献表”“落实政策表”“国际影响表”等六张数据表指标，使之成为教育行政管理部门进行横向比较与纵向比较的新型管理工具，为展示高等职业教育质量提供定性和定量的依据；建立完善质量年度报告“三审”制度，通过公开省级报告排名、举行质量年度报告发布会等方式，引导各省编制报送高质量的省级质量年度报告，借助省级教育科学研究院、评估数据中心等类智库机构，对辖区内的院校报告和企业报告实行逐级审核把关，进行合规性审查。三是把高等职业院校质量年度报告关口前移。省级教育行政部门可以将质量测量口径与范畴再缩小，探究编制所辖市、县、区一级高等职业教育质量年度报告，总结展示本省不同地区高等职业教育质量发展成果；高等职业院校可尝试建立校、二级院（系）乃至专业层面的三级教育质量年度报告制度，使年度报告发布主体及质量报告内容向各教学单位及办学专业延伸。

用好诊断与改进这张“新处方”，借诊断与改进促规范。自2015年启动职业院校教学诊改工作以来，诊改制度作为一种创新机制的效果逐步显现，正融入职业教育战线不断提升质量的自我进化基因序列。各省相继成立省级诊改工作专家委员会，制定诊改运行实施方案，明确诊改工作推进时间表和工作步骤。截至2018年底，全国已成立31个省级诊改专委会，共有29个省份启动了诊改试点，省级试点院校达252所，成立校级诊改工作领导小组的高等职业院校有787所，形成了国家、省和学校三级诊改工作机制。

“新处方”是不是“好处方”？见仁见智。新时代经济社会发展需求呼唤高等教育高质量发展①，借诊断与改进促规范，提升治理水平，当是诊断与改进工作的应有之义，也是任重而道远的质量自治工作。一是健全组织机构，进一步完善诊改机制。深入落实《教育部办公厅关于建立职业院校教学工作诊断与改进制度的通知》《高等职业院校内部质量保证体系诊断与改进复核工作指引（试行）》等文件，充分发挥全国职业院校教学工作诊改专家委员会的中枢作用和学校、机关、企业等不同领域专家的作用。二是加强培训指导，进一步普及诊改理论。在前些年成功实操运行的基础上，积极开展诊改研究，汇编理论文章，公开出版专著，形成诊改系列理论。同时，通过承办全国高职高专校长联席会诊改分论坛、开展专题培训等，加强宣传引导。三是鼓励先行先试，进一步推广诊改成功经验。全面总结梳理全国诊改试点院校成功案例，总结推广成功经验，制定高等职业院校内部质量保证体系建设运行与实施方案，逐渐形成诊改内生动力机制。

揪准教师管理这个“杠杆器”，向教师管理要效益。教师、学生是校园的两大主体，高水平师资队伍是培育高素质技术技能人才、提升高等职业教育质量的重要保障。揪准了教师管理这个“杠杆器”，多措并举提升师资队伍建设水平，提升人才培养质量、提高办学效益就能事半功倍。一是继续完善具有职业教育特点的专业技术职务评聘办法。省级层面进一步下放权力，制定科学的评价标准②，将教师等专业技术职务评审权下发给高校，逐步落实高等职业院校办学自主权，建立教师分类评价、分类管理和高等院校自主评审、政府宏观管理相结合的职称评审制度，将“双师型”作为高等职业院校教师系列专业技术职务评审的必备条件，鼓励高等职业院校制定和执行反映自身发展水平的“双师双能型”教师标准。二是不断优化“双师型”教师素质结构。国家优质高等专科院校和“双高计划”建设单位要勇立潮头，制定高于国家标准的认定标准。有条件的省份与高等职业院校制定具有区域或校本特色的“双师素质”专任教师认定标

① 钟晓敏.新时代高等教育高质量发展论析[J].中国高教研究，2020(5)：90-94.

② 赵映川.浅析地方高校教师职称评审权下放[J].中国高校科技，2019(9)：38-41.

准，多途径、多渠道、多方法提升教师“双师”能力。将“双师型”教师按初、中、高三个等级分类，实行分类认定、动态调整、职业导向，不同等级对教学和专业实践能力的要求依次提高，并且将校外兼职教师也纳入认定范围。三是理顺体制机制，增加企业教师来源。推动人事管理制度改革，推行按岗聘用、竞聘上岗。鼓励院校在办学体制机制上创新管理，鼓励各院校引导教师按照自身特点分类发展，将专任教师逐步定位为“教学为主型”“教学科研并重型”“科研为主型”，设定不同的评聘标准分类评聘。四是完善评价标准，保障学校用人自主权。制定体现职业教育特色的教师绩效评价标准，实施“工作价值量化评价体系”，细化职业资质、岗位业绩、工作创新和其他贡献四个维度的积分标准，探索建立“按需设岗—按岗定责—公开聘用—合同管理—绩效考评—多元激励—优上差下”的人事管理体系。

用足理论研究这个“助推器”，靠理论研究提层次。近些年来，各级教育行政部门进一步加强了职业教育科研机构建设，形成了国家、省、市（地）、校四级研究机构体系。截至2018年底，设立高等职业教育研究机构的院校达560所，教育专业研究机构全职工作人员为2667人。2016—2018年，全国有19个省建立了省级研究机构，高等职业教育研究经费额度达6348.20万元[①]，职业教育研究成果获省级以上奖励项目数量为3665项。

与普通高等教育理论研究相比，国内高等职业教育研究起步和形成规模的时间都略晚[②]，高等职业教育研究还存在队伍弱、层次低、成果少等不足，靠理论研究提层次，任重而道远。一是建立健全科研机构，加强标准建设。据统计，2017年、2018年全国设立高等职业教育研究机构的院校数分别为547所、560所，教育专业研究机构全职工作人员数分别为2515人、2667人。然而，高等职业教育领域从事理论研究的人员大多处于“散

① 童卫军，池云霞，庄榕霞，等.高职创新发展有作为：《高等职业教育创新发展行动计划（2015—2018年）》绩效评价报告[M].北京：高等教育出版社，2019：204-225.

② 崔鹤.1976—2017年高等职业教育研究的引文脉络分析——基于WoS核心合集及中国引文数据库的研究[J].中国高教研究，2018（1）：104-108.

兵游勇”状态，缺少平台和团队，单兵作战多，协同研究少。因此，需要组建更多的像浙江省现代职业教育研究中心这样的省级高等职业教育研究机构，形成一批示范性研究基地，打造新型专业智库，形成集聚效应。二是围绕热点问题开展应用研究，引领高等职业教育创新发展。高等职业教育理论研究应重点围绕专业（群）建设、课程改革、实践教学、终身学习等方面，聚焦专业目录、专业教学标准、课程教学标准、顶岗实习标准、专业仪器设备装备规范，逐步形成中国特色的职业教育国家标准体系框架。在这方面，宁波卫生职业技术学院牵头完成4项国家专业教学标准的制定，是个很好的尝试。

高等职业教育系统内部运行状态受多重因素影响，其办学最终成效亦取决于院校、政府、企业、师生、社会等诸多利益相关方的态度与行为，办学成效或外在质量在不同时期不同评判标准里，又有不同表现。因此，要构建超越时空、放之四海而皆准的质量保障体系，就目前而言，仍有较大难度。若前述六条举措并举，将对构建完善高等职业教育质量保障体系有所裨益。

第三节　省域高等职业教育质量监测体系

本节导读：强化省级统筹背景下，在高等职业教育领域树立质量文化意识、构建省级质量监测体系被寄予多重希望。如江苏省在实践中归纳构建出一套以状态数据平台、质量年度报告为“两纵”，以校级、省级队伍为“两横”的“两纵两横”省级高等职业教育质量监测体系工作模式，该体系有助于破解高等职业教育发展质量难以管理与监测、高等职业院校内部治理机制难以突破与提升、高等职业学校教学改革难以推进与奏效三大难题，在展示江苏高等职业教育发展成就、提升职业教育吸引力、巩固数据引导决策理念、构建省域智能化决策机制、推进江苏教育现代化建设服务“两个率先”发展战略等方面发挥了作用。本节就该体系效能提出质量衡量粒度由学校向学生转变、运作模式专业团队由闭环向开源转变、监测定位由事后记录向总结指导转变、诚信体系由不做要求向明确约束转变四条改进策略。

在本书中，读者可能会注意到，我们阐述一些观点和事例时，会有全国和省级两个视角。那是因为，省级统筹是我国高等教育治理体系的重要环节，在中央“顶层设计”和高校“基层创新”之间担当承上启下的重要责任。高等职业教育领域按属地管理原则强化省级统筹，从2006年启动国家示范性高等职业院校计划，到2010年进一步推进“国家示范性高等职业院校建设计划”实施国家骨干高等职业院校建设项目，再到2015年高等职业教育创新发展行动计划和2019年“双高计划”的实施，均将“地方为主，落实分担”“地方为主、中央引导”等作为主要建设原则，这是教育部创新高等职业教育管理的新尝试，旨在加快形成“部级规划管理、省级统筹保障、校级自主实施”的新模式。在此背景下，以质量保障的技术与方法为起点，以构建省级区域高等职业教育质量监测体系为手段，遵循从质量保障走向质量文化的构建路径，完善质量保障体系，提高人才培养质量和办学水平，被寄予多重希冀。

树立质量发展意识是新时代高等职业教育发展的内在要求。质量发展是兴国之道、强国之策。我国高度重视质量工作，将每年的9月设为全国“质量月”。第一次全国“质量月”广播电视动员大会于1978年8月31日在全国政协礼堂召开。目前，全国“质量月”活动在国家质量工作行政主管部门的倡导和部署下，发动广大企业和全社会积极参与，以多种形式在全国范围组织开展为期一个月的质量专题活动，旨在提高全民的质量意识和质量水平。

2012年，国务院发布《质量发展纲要（2011—2020年）》，提出到2020年建设质量强国取得明显成效，质量基础进一步夯实，质量总体水平显著提升，质量发展成果惠及全体人民。2017年9月，中共中央、国务院发布《关于开展质量提升行动的指导意见》，强调提高供给质量是供给侧结构性改革的主攻方向，全面提高产品和服务质量是提升供给体系的中心任务①。习近平总书记对质量工作高度重视，提出“标准决定质量，有什么样的标准就有什么样的质量，只有高标准才有高质量”，要提高有效供给能力，可通过创造新供给、提高供给质量，来扩大消费需求。

一直以来，我国教育领域高度重视质量，将保公平、提质量视为教育办学的出发点和落脚点。2010—2021来，我国更是出台系列政策文件（见表2-3、表2-4所示），将高等教育领域的质量要求显性化。

表2-3　2010年以来我国高等职业教育领域对质量的相关文件要求

文件名称	年份	对质量的表述②
《国家中长期教育改革和发展规划纲要(2010—2020年)》	2010年	建立高等院校质量年度报告发布制度
《教育部关于推进高等职业教育改革创新引领职业教育科学发展的若干意见》(教职成〔2011〕12号)	2011年	各地和各高等职业院校都要建立人才培养质量年度报告发布制度,不断完善人才培养质量监测体系
《国家教育事业发展第十二个五年规划》	2012年	建立教育质量年度报告发布制度
《全面提高高等教育质量的若干意见》(教高〔2012〕4号)	2012年	建立以高校自我评估为基础,以教学基本状态数据常态监测、院校评估、专业认证及评估、国际评估为主要内容,政府、学校、专门机构和社会多元评价相结合的教学评估制度
《教育部关于印发〈高等教育专题规划〉的通知》(教高〔2012〕5号)	2012年	建立高等院校质量年度报告发布制度
《教育部职业教育与成人教育司2012年工作要点》	2012年	完善高等职业院校人才培养状态数据采集系统,建立职业教育人才培养质量年度报告制度

① 新华社.中共中央 国务院关于开展质量提升行动的指导意见[EB/OL].(2017-09-05)[2017-09-12].http://www.gov.cn/zhengce/2017-09/12/content_5224580.htm.

② 表中内容是对相应文件内容的概述。

续　表

文件名称	年份	对质量的表述[①]
时任教育部副部长鲁昕在全国高职高专校长联席会议上的批示	2013年	每年都要发一份年度发展报告
《高等职业教育创新发展行动计划（2015—2018年）》	2015年	完善质量年度报告制度。巩固学校、省和国家三级高等职业教育质量年度报告制度，进一步提高质量年度报告的量化程度、可比性和可读性。专科高等职业院校和省级教育行政部门每年发布质量报告；支持第三方撰写发布国家高等职业教育质量年度报告；强化对报告发布情况和撰写质量的监督管理。稳步推进高等职业院校人才培养工作状态数据管理系统的建设、部署与应用，逐步加强状态数据在宏观管理、行政决策、院校治理、教学改革、年度报告中的基础性作用
《国家教育事业发展第十三个五年规划》	2017年	完善职业教育质量年度报告制度。高校本科教学评估报告、专业评估报告、教学质量年度报告、就业质量年度报告、教学质量常态监测数据、学业质量监测结果向社会公开
《深化新时代教育评价改革总体方案》	2020年	扭转不科学的教育评价导向，坚决克服唯分数、唯升学、唯文凭、唯论文、唯帽子的顽瘴痼疾；健全学校内部质量保障制度；构建政府、学校、社会等多元参与的评价体系，建立健全教育督导部门统一负责的教育评估监测机制，发挥专业机构和社会组织作用

表2-4　我国高等职业教育领域发布质量年度报告典型事件

时间节点	典型事件
2011年	筹划建立年度报告发布制度，组织编写质量年度报告
2012年	以《中国高等职业教育人才培养质量年度报告（2012）》的发布为标志，我国高等职业教育战线质量意识发轫
2013年	完善质量年度报告发布制度，质量年度报告发布覆盖面扩大

续 表

时间节点	典型事件
2014年	召开新闻发布会,发布中国高等职业教育质量年度报告形成惯例
2015年	首次开展“合规性评价”,发布区域质量年度报告的排名情况
2016年	除院校年度报告外,需要提交企业年度报告,首次引入“服务贡献50强”排名
2017年	在继续发布“服务贡献50强”的同时,首次引入“国际影响力50强”排名
2018年	逐步形成了由学生成长成才、学校办学实力、政策发展环境、国际影响力和服务贡献力构成的“五维质量观”,增加“教学资源50强”榜单
2019年	报告首次发布了各地区政策落实评价结果,增加“育人成效50强”榜单
2020年	中国教育科学研究院与新锦成研究院对原报告写作框架与内容布局进行调整,紧扣办学条件、教育教学、学生发展、服务贡献、职教吸引力5个维度,基本形成全面覆盖、立体贯通、多点联动的职业教育质量评价体系
2021年	突出职业教育“类型”特色,分为职业高等教育篇和职业中等教育篇。职业高等教育篇从服务贡献、学生发展、教育教学、政府责任和国际合作5个维度,职业中等教育篇从服务贡献、学生发展、教育教学和政府责任4个维度,向社会展示2020年中国职业教育的发展面貌

国际上教育领域有独特的质量观：通过公布指标数据为高等院校提供信息服务已经成为国际高等教育质量保障的通行做法。德国通过职业教育数据收集、分析与发布体系指导就业，并为政府制定劳动市场政策、职业院校调整专业设置等提供依据。澳大利亚还将统计数据作为联邦政府进行宏观管理的重要职能之一。

自2000年左右始，以一大批老牌中专学校升格办高等职业教育为标志，中国高等职业教育经过20多年的发展，已经完成规模扩张，现向内涵发展转变。我们认为，在此转变过程中，以往的粗放式管理模式已不适应现阶段高等职业教育发展的需要，必须走精细化、特色化、质量发展之道。中国高等职业教育要适应建设具有中国特色社会主义各项人才的需要，服务创新驱动发展战略，进行技术技能人才供给侧结构性改革，必须树立牢固的质量文化意识。在以人工智能为代表的第四次工业革命来临之际，要适应当今世界发展潮流，中国目前的人力资源市场更需要的是劳动队伍的质量而不是数量，关键是新一代劳动者是否有适应新经济、新业态的技能，这对以培养技术技能型人才为己任的高等职业教育提出了更高的质量要求。

江苏省是高等职业教育大省，职业教育起步早发展快，经历了快速扩张的发展阶段，取得了突破性的进展和显著性的成效。根据2021年“高职数据中心”的数据，截至2021年8月31日，江苏省独立设置的高等职业院校有90所，在校生数达到688967人，2020年计划招生332762人。在规模与内涵同步发展过程中，江苏省以强化省级统筹为策略、以践行质量文化为路径，构建省级高等职业教育质量监测体系，优化高等职业院校布局，弥补结构性短缺，建立专业生态的自进化机制，不断提升办学水平，为社会培养出大批的高素质劳动力和各类实用人才，为江苏省的经济发展作出了重要贡献。

构建省域高等职业教育质量监测体系有三个现实需求。

首先，高等职业院校教育发展质量难以管理与监测。随着高等职业教育办学规模不断扩大、办学元素日益丰富精细，依靠传统方式对高等职业院校教育质量施行管理与监测也日益困难。江苏省建立网络版高等职业院校人才培养工作状态数据采集与管理平台、动态管理仪表盘，开发教育现代化建设监测管理平台、数据分析平台等，利用现代信息技术，有效解决数据采集、审核、汇总与上报环节中存在的问题，同时与学校教学、学生、师资等信息管理系统保留良好的数据交换接口，使高等职业院校人才培养工作状态、数据采集和高等职业教育发展管理工作更加便捷、高效、稳定、安全。

其次，高等职业学校内部治理机制难以突破与提升。当前我国高等职业教育总体上具有结构体量大、发展历程短、质量意识弱、办学主体单一等特点，亟需构建内部质量保障体系。江苏省高等职业教育质量监测体系在明确利益相关者类别及其对高等职业教育质量主要诉求基础上，促进高等职业院校创新构建内部保障体系与外部保障体系，推进治理能力现代化建设进程。

最后，高等职业院校教学改革难以推进与奏效。现有高等职业教育评价体系与人才培养目标并不相符，很难适应改革发展。教育教学改革的落实与推进难以切中要害、形成力量，亟需构建一套体系评价省、校两级高等职业教育人才培养质量，向高等职业教育管理者、办学者提出政策建议，帮助学校发现自身问题，促使学校采取措施提高人才培养质量。

2012年，我国高等职业教育人才培养质量年度报告第一次发布，江苏省紧跟国家要求，当年开始逐步要求各高等职业院校编写发布高等职业教育质量年度报告，历经十年四个阶段的发展，从试点到推广、由线到面直至全部覆盖，至今已建立起相对完善的“两纵两横”架构的高等职业教育质量监测体系，如图2-2。

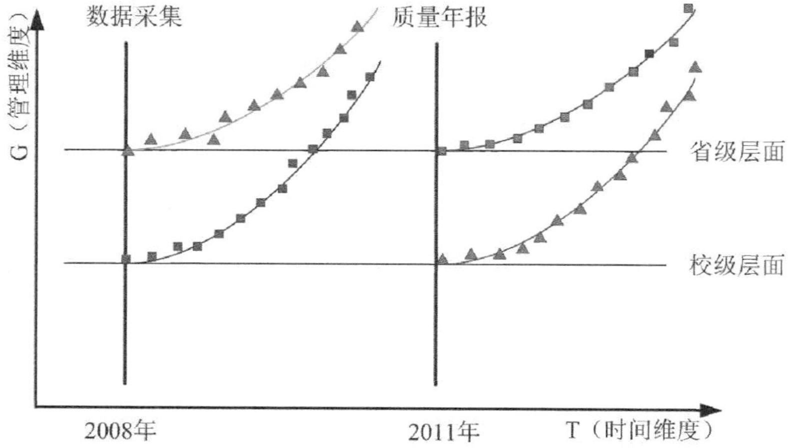

图2-2　江苏省高等职业教育“两纵两横”质量监测体系框架

第一阶段（2011—2012年），要求国家示范性（骨干）高等职业院校报送。2011年是江苏省高等职业教育质量年度报告编写的元年，要求“国家示范（骨干）高职建设院校、省级示范高职建设院校”编报发布，当年共计35所院校报送，其中国家示范（骨干）高等职业院校14所，省级示范高等职业学校21所。由于缺乏相应的经验，各院校报告编写体例各不相同，一方面努力呼应教育部关于质量年度报告的通知，满足通知中对于报告六个方面的内容要求；另一方面，在内容表现形式上，院校自评报告、人才培养工作状态数据平台分析报告的痕迹较重。

第二阶段（2013—2014年），所有独立设置的公办高等职业院校报送。2013年，江苏省要求各独立设置的公办高等职业院校必须报送，独立设置的民办高等职业院校可以报送。当年共计79所院校报送，除所有公办院校之外，民办高等职业院校也自发进行了报送。这一阶段的质量年度报告主要有三个方面的特征。首先，对照国家层面发布的质量报告及省级层面的质量报告，各院校能积极呼应质量报告的编制目的。其次，表现形式丰富，结合案例，以数据作支撑。最后，部分高等职业院校和第三方合作，如江苏农牧科技职业学院和相关教育咨询公司合作，共同发布质量年度报告。这些特征表明，江苏省高等职业院校已经认识到质量年度报告的作用和意义，将其作为提升高等职业教育质量、服务地方经济发展的重要展示平台。

第三阶段（2014—2015年），所有高等职业院校全口径报送。2014年，江苏省发布《省教育厅关于做好〈高等职业教育质量年度报告（2015）〉编制和发布工作的通知》，要求全省所有独立设置的高等职业院校均需报送。此外，结合教育部相关工作要求，通知还第一次对质量年度报告的编写内容从“学生发展、学校教学、服务地方、主办方履职、现代职教体系构建情况、问题与展望”六个方面作出了具体要求。当年共计81所院校报送了质量年度报告，这也标志着江苏高等职业教育质量年度报告制度正式形成。这一阶段各高等职业院校已能够自发报送质量年度报告，并将其内化为自身的常规履职行为。

第四阶段（2016年至今），鼓励相关企业报送企业年度报告。从2015年开始，按照《国务院关于加快发展现代职业教育的决定》提出的“发挥企业重要办学主体作用”的要求，江苏省还鼓励各校尤其是国家示范性（骨干）高等职业院校，主动联系推动一批实际参与人才培养的企业面向社会发布《企业参与高等职业教育人才培养年度报告》。至今，《企业参与高等职业教育人才培养年度报告》已实施多年，根据高等职业教育具有职业性和教育性两个特点，企业在合作中应该发挥自身的主观能动性，将自身发展和高等职业教育发展形成良性互动。

江苏省建立省域高等职业教育质量监测体系的先行先试举措可以形成几条经验，依次是：

创新工作模式，管办评写分离。随着经济和社会的发展，政府的执政理念也开始发生变化，国家倡导改革基本公共服务提供方式，引入竞争机制，扩大购买服务，实现提供主体和提供方式多元化，加快形成党委领导、政府负责、社会协同、公众参与、法治保障的社会管理体制。江苏高等职业教育质量年度报告由江苏省教育厅负责，提供资金支持，组织社会多方专业力量共同参与报告的编制工作，以保证报告的全面性、科学性和代表性，是政府工作模式创新的成功举措。

设置牵头机构，统筹监测工作。江苏高等职业教育质量年度报告的编写由江苏省高等职业院校数据采集分析中心牵头，设立专项资金资助报告的编制工作，为报告的编写提供了有力的组织和经费保障。该中心在年度报告编制和发布的整个过程中，负责组织年度报告的启动、编写、研讨、论证及审稿等，邀请“政校行企”相关专家对报告进行针对性研讨和论证，此外，该中心在全省高等职业院校人才培养状态数据采集与管理平台的基础上，通过专业化的数据分析技术，从数据的具体使用层面进行个性化统计分析，进一步提高质量年度报告的量化程度。

组建专业团队，多方协同推进。江苏高等职业教育数据采集及质量年度报告编制离不开专业团队，江苏已经形成了政府教育行政部门主导、教育科学研究院等第三方机构主持、南京大学等“985”高校教育学院专家指导、省内专业团队负责的质量监测体系团队①。团队成员主要为省内高等职业教育研究和教育教学的资深专家，他们从事高等职业教育工作多年，对高等职业教育的现状及发展具有较深入的研究，具有较深厚的高等职业教育理论和实践积淀，能够很好地把握社会各界对于报告的现实需求，为报告的有效编写提供了质量保障。江苏省在院校一级建立了由办公

① 刘任熊，李畅，吉国庆，等.从履职到履责：关于高职教育质量年报科学规范发展的十点思考——写在高职质量年报制度实施五周年之际[J].中国职业技术教育，2016(24)：22-26.

室、教务处等牵头，教务处、办公室、质量办等负责数据采集，质量办、教务处、办公室等负责质量年报的质量监测队伍。

参与文件起草，旁听相关会议。为深入了解江苏高等职业教育的发展，切实发挥数据平台及质量年度报告在高等职业教育发展中的引领作用。从2012年至今，质量监测团队旁听江苏省教育厅一系列会议，参与多个省级政策文本的起草工作，深度见证和领会高等职业教育决策的生成，深化对政策科学性和严谨性的理解。一方面为报告的编写确立了科学严谨的指导理念，另一方面，也将报告迁移到政策文件中推动高等职业教育的发展，深化了江苏高等职业教育质量年度报告的反哺效能。

严格三审制度，确保质量。三审责任制度是出版社保证图书质量的中心环节，要求对作者提交的稿件切实做好初审、复审和终审工作。江苏省在高等职业教育质量监测工作中借鉴推行“三审”制度。即在发布状态数据及质量年度报告前，校级层面流程为执笔部门初审—学校业务部门会审—校长终审，省级层面流程为报告研制团队初审—教育厅各相关处室会审—教育厅分管厅领导终审。

从2011年至今，江苏省高等职业教育质量监测体系经过十余年的积淀和发展，已取得了较好的阶段性成效，高等职业院校人才培养工作状态数据采集平台、《江苏省高等职业教育质量年度报告》在全国高等职业教育质量年度报告评议中连续多年名列第一，报告中的分析数据以及发展建议在全省政府工作会议上、全省教育工作会议上、全省职业教育高质量发展论坛上被厅级以上领导多次引用批示。

展示江苏高等职业教育发展成就，提升职业教育吸引力。通过建立省级、校级高等职业教育人才培养质量年度报告编写体例及框架，建立省级、校级高等职业教育人才培养质量年度报告编写工作体系，建立具有江苏特色的高等职业教育人才培养质量年度报告发布模式，解决高等职业院校发布人才培养质量年度报告的能效问题，促进人才培养质量年度报告在高等职业院校办学过程中发挥积极作用。同时，为教育行政部门、用人单位衡量高等职业教育人才培养质量提供参考坐标，进一步提升职业教育的吸引力，增强社会公众对于办好职业教育的信心，实现提高高等职业教育人才培养质量、促进高等职业教育良性发展的目标。

巩固数据引导决策的理念，构建省域智能化决策机制。服务江苏高等职业教育优质发展战略、基于大数据的人才培养质量监测体系的建立，一方面，可发挥数据导向作用，推动全省高等职业院校适时促进院校科学化、精细化管理，优化治理结构，提升治理能力；另一方面，可服务江苏高等职业教育优质发展战略，探索优质发展路径，支持优质发展决策，展示发展质量与绩效，推动江苏高等职业教育实现从“高原”向“高峰”的跨越。

推进江苏教育现代化建设，服务“两争一前列”[①]光荣使命。江苏省级高等职业教育质量监测体系在构建过程中，积极贯彻江苏省政府办公厅发布的《关于推进教育现代化建设的实施意见》，开发完成江苏教育现代化建设监测管理信息系统、数据分析中心、问卷调查系统，建立监测、指导和督促全省各地各校教育现代化建设工作机制，撰写并发布监测报告、问卷调查报告，为质量年度报告提供有效数据支撑，为不断提升各级各类教育现代化水平，努力办好人民满意的教育，服务“两争一先”光荣使命提供了坚强的技术和智力保障。

建立省级高等职业教育质量监测体系改进策略。

首先，质量衡量粒度由学校向学生转变。从目前质量年度报告的编制情况来看，编写的视角还是以学校为主的传统质量观，质量衡量粒度较大，没有突出以学生为主体。报告的编写基本是围绕过去一年高等职业教育的投入、建设以及相应成效进行的。目前质量年度报告的内容主要包括政策与经费投入、改革与成效、服务与贡献等。学生成长与发展虽包含其中，但也只是报告中的一个独立组件，与其他内容部分的紧密度不够。

学生是高等职业教育的培养对象，将学生作为开展高等职业教育各项

① “两争一前列”即“争当表率、争做示范、走在前列”，其完整表述为“在改革创新、推动高质量发展上争当表率，在服务全国构建新发展格局上争做示范，在率先实现社会主义现代化走在前列”，这是习近平总书记于2020年11月12日至3日，在江苏考察时提出的。

工作、推进教育教学改革的出发点和落脚点，以学生的成长与发展为中心推动高等职业教育改革和发展，才能真正将高等职业教育的成效落到实处，真正体现高等职业教育改革与发展的目标和宗旨。

其次，运作模式专业团队由闭环向开源转变。截至2022年，江苏高等职业教育质量年度报告已发布十年，负责编制的专业团队也日趋成熟，无疑为质量年度报告的编制提供了稳定的智力保障。但从长远角度来看，专业团队闭环运作的模式也会存在一些局限性，主要表现为潜在的视域瓶颈以及能否满足社会不同利益群体的不同需求。

在软件开发应用领域，开放源代码越来越受到软件开发者的青睐：把程序的源代码公开，便于他人学习和使用，软件进而得到不断的升级和优化。质量年度报告的编制，也可以借鉴“开源”的思想，信息公开，借助社会群体的力量让质量年度报告更开放。编制前，向社会征集相关议题，以便将高等职业教育服务的相关主体（政府部门、企业、行业、社会大众等）最关注的内容在报告中呈现出来。编制过程中，及时开展相关调研，面向不同社会群体开展论证，及时诊断可能存在的问题。发布后，积极向社会各界征询相关反馈，对报告进行系统客观的评价，通过这种“开源”模式，不断优化，提高报告质量。

再次，监测定位由事后记录向总结指导转变。从目前质量年度报告的编制、发布情况来看，报告主要表现为展示高等职业教育办学现状，共享高等职业教育办学成果，因此表现上更多侧重于描述现状，展示成效，报告主要表现为事后记录总结型。

如今，质量年度报告已经形成国家—省—校三层结构，高等职业教育质量年度报告制度已经建立，质量年度报告的编制应在向社会履职和履责的基础上，更注重与社会形成双向互动关系，借助社会力量监督、指导并参与办学行为，以提高高等职业教育人才培养质量，提升高等职业教育服务经济社会发展的能力，进而建立质量年度报告“总结成效—指导改进—发展提升”的互动循环。在行文上，报告应从记录总结型不断向总结指导型转变，真正发挥高等职业教育质量年度报告的效能。

最后，诚信体系由不做要求向明确约束转变。采集分析状态数据与编写发布质量年度报告的根本目的，是提升高等职业教育人才培养质量，更好地服务于区域经济社会发展。质量年度报告发布后，社会公众对数据的效度、对内容的认可度如何？这些问题须重新审视。可以从以下四个方面做出尝试：首先，注重数据源头采集，以保证数据真实和客观。如对于相关的“满意度”指标，如何真实、有效采集要在报告中标识指标数据的获取方法，增强数据获取的真实性和可信度，可以借助第三方调研机构，做出真实、准确、专业的调查报告。其次，引入社会监督机制。坚持实事求是、客观公正、公开透明的原则，对报告主体引入社会监督，将状态数据及质量年度报告纳入信息公开工作，促进公民、法人和其他组织依法获取公开信息，不断提高政府及学校工作的透明度。再次，全网公开并做排序比较。适当引入一定的竞争机制，让各高等职业院校能够真正关注报告整体质量，将报告全网公开并做排序比较。在积累相关经验及稳妥处理相关数据的前提下，可编制发布高等职业教育战线的专业或综合排行榜。最后，建立违信惩戒机制。可以考虑采用“政府监管、市场调节、院校主体、行业自律、社会参与”模式，建立违信惩戒机制，对违规发布状态数据及质量年度报告的主体予以责任处理。

第三章 职业教育产教融合

第一节 职业教育产教融合制度演进脉络

本节导读：基于职业教育类型教育逻辑起点，辨析产教融合的概念及其要义，概括产教融合制度在办学机制、办学主体、教育教学、资源建设等方面的预期靶向效应。以我国职业教育发展历程中重要事件发生和政策文件发布为时间节点，利用文本分析法，分段复原职业教育产教融合、校企合作制度的历史渊源与嬗变进程，评析不同阶段产教融合制度在打通职业教育与产业界内循环方面的能力限度，反思新时代我国职业教育凭借产教融合实现进一步高质量发展之路径，在服务经济社会发展、应对“百年未有之大变局”进程中的职责与担当。

作为类型教育的职业教育，其理想办学格局应当是：纳入基本公共服务范畴，由政府统筹配置资源，院校作为办学主体，企业发挥重要作用，社会各界广泛参与，办学成效达到“多重协奏曲”效应。而现实情况是，职业院校常常陷入演“独角戏”的窘境。基于此，有必要在职业教育领域大力推行产教融合、校企合作。职业教育需要高质量发展，产教融合、校企合作是核心路径和有力措施，也是衡量职业教育质量的关键指标和量度，是职业教育区别于普通教育的本质特征之一。科学可行的产教融合制度能充分发挥行业、企业的重要办学主体作用，促进产教融合、校企“双元”育人。

在本节，读者们会看到，我们将职业教育是类型教育作为逻辑起点，以我国职业教育发展历程中重要事件发生和政策文件发布为时间节点，复原职业教育产教融合、校企合作制度的历史渊源与嬗变进程，反思我国职业教育在服务高质量发展，应对“百年未有之大变局”中的职责与担当。

产教融合的概念及其要义。在我国教育领域，与就业衔接的各类教育均追求与产业融合，如普通高等教育提倡“产学研合作”，职业教育注重“产教融合”。对职业教育领域而言，产教融合的“产”是指产业界、企业，“教”是指职业教育，更多时候特指实施职业教育的院校和机构。“制度”一词，在辞海中有多种解释，本节中取“要求成员共同遵守的规章或准则”一义。为进一步探究职业教育产教融合，本节中所说的产教融合制度，既指诞生或作用于我国职业教育领域、要求职业教育利益相关方共同遵守的规章或准则之和，也包含相关法规、政策文件、专门会议以及由政策文件衍生的重大项目等。

不论中文还是英译，“职业教育”都是个合成词。在中文里，“职业教育”为偏正结构的合成词，“教育”是中心词，“职业”是定语。通过中国知网搜索“职业教育”一词的英文翻译，排名前三的译法分别是“vocational education”“professional education”“occupational education”。中国职业教育重要的开拓者之一蔡元培先生在其所著的《普通教育和职业教育》中述及：“故对于职业教育，我们关注的是专业技能或知识，有时研究得非常微妙的，可能有些情况与日常生活毫无关系。”正是基于一直以来的共识，《中华人民共和国职业教育法修订草案（征求意见稿）》认为，“职业教育”是为了使受教育者具备从事某种职业或者职业发展所需要的职业道德、专业知识、技术技能和能力素质而实施的教育活动，包括各级各类职业院校教育和各种形式的职业培训，该界定可谓精准全面。

产业与职业教育作为社会再生产链中的两个独立的领域和环节，社会职能不同，组织形式和行为模式也不同，然而，经济社会的生产与发展离不开两者的紧密协作。产教融合，是指职业教育实施单位根据所设专业，积极创办相应专业服务业，紧密结合教学与产业，相互支持、相互促进，形成集人才培养、科研和社会服务为一体的产业经营实体，形成校企合作办学模式。借此手段和载体，职业教育、科技研究和社会服务等领域共同开展活动，教育与产业相交叉的新型组织形式由此形成。集教育、生产和服务于一体的崭新的组织顺理成章地培养适应市场需求的人才。它是教育与产业的深度合作，是高等职业院校与企业为提高人才培养质量而进行的深度合作。

未实施产教融合或产教融合度不深的职业教育，其培养的人才规格也大多不能完全满足产业界的需求。产教融合有如桥梁，打通人才需求侧和供给侧的通道，使高素质劳动者及技术技能人才培养、选聘、使用环节的各种信息与资源互通无阻。理想状态下，产教融合这座“桥梁”要充分发挥衔接沟通作用，还必须承担担保人和监管人的角色，这个主要由政府承担，主要体现在政府制定相关政策和制度上，并以国家力量保障政策实施，替产教融合清除障碍。产教融合这座“立交桥”的组织结构，呈“政府—企业—学校”三重螺旋式①，换言之，即“政府—企业—学校”三方组成三角形的职业教育人才培养稳定结构。可以分别从宏观、中观和微观三个不同视角来理解其内涵。从宏观上看，职业教育（尤其是高等职业教育）的发展之路，与国家和地区经济社会的产业需求、趋势和战略息息相关；从中观上看，职业教育（尤其是高等职业教育）的发展规划与产业需求、趋势和战略密不可分，职业院校要与相关行业密切联系；从微观上看，职业教育（尤其是高等职业教育）的专业设置、课程改革，要与工业企业的生产工艺、专业标准和岗位要求相衔接。

产教融合制度的预期靶向效应。无论是对于国民教育体系还是对于人力资源开发而言，职业教育都是不可或缺的。在传承技能、培养多元化人才、促进就业创业、促进经济社会发展等方面，职业教育功不可没。职业

① 周凯，宋嘉．产教融合协同创新与区域经济高质量发展路径研究［J］．中国市场，2020（8）：23-24.

院校建立产学研结合的体制，希望在办学机制、办学主体、教育教学、资源建设等四个方面有明显靶向预期效果。

在办学机制上体现产教融合。产教深度融合是职业教育可持续发展的必由之路，应紧紧围绕创新驱动发展战略，加大应用型技术人才对产业转型升级的支持力度，走产教融合、校企合作的道路，在办学中发挥企业主体作用。政府所取得的成绩有目共睹：首先，贯彻多方参与、资源整合、优势互补、合作共赢的理念，在多主体、跨区域的前提下建立职业教育集团化联合办学机制；其次，推动校企一体化建设，广泛开展现代学徒制试点和订单式培养，探索建立招生即招工、校企联合培养、双主体协同育人的长效机制，积极推进专业教学进车间、校企师徒结对的有效举措；最后，制定激励政策，整合现有资源，建设校企共建产品研发中心、生产性培训基地和大学科技园，为专业教师与企业技术人员提供产学研合作交流及临时性岗位交流的平台，促进校企联合办学模式的形成。

在办学主体上体现产教融合。随着经济社会的进步和职业教育的发展，企业参与职业教育活动的积极性和主动性越来越高，在职业教育（尤其是高等职业教育）的发展过程中发挥的作用日益重要。高等职业院校产教一体化，离不开企业的加入和配合。校企资源整合所体现的积极意义不言而喻。经过多年的磨合，企业主动参加职业教育活动的意识逐渐加强。在产教融合的过程中，不仅更多的学校和企业实现双赢，还有更多主体实现共赢。

企业与高等职业院校携手在专业、课程、师资、实训基地、技术研发以及顶岗实习等方面推进产教融合。当然，这些合作项目并未平衡发展，这与企业的态度有关。企业具有较强的参加校内外实训基地和师资队伍建设的意愿，却缺乏足够的参与技术研发的动力。校内外实训基地和师资队伍建设作为产教融合的重要内容，不仅得到高等职业院校的重视，也获得企业的青睐。在加强校内外实训基地及师资队伍建设的同时，可以对学生进行专业培训。企业与高等职业院校进行技术研发的积极性不高，主要有三个原因：一是技术研究这项工作复杂、创新性强、成本高、见效慢；二是大多数高等职业院校的前身是中等职业学校，发展历史较短，研究能力不足，技术难题和问题短期内难以解决；三是产学研一体化运行机制不完善，不能妥善解决技术研发成果的所有权问题，加上缺乏激励机制和制度，所以难以提高企业参与技术研究的积极性。

如果说产教融合是个“跷跷板”，那么位于两端的产业（企业）与教育投入度还不对等，教育处于“跷跷板”重头。两者主要在专业与课程建设、师资队伍建设、实训基地建设等内部教育环节展开合作。除了合作领域比较狭窄外，合作链条也不够长。两者主要在学生实习、就业阶段集中进行终端合作，缺乏前期的招生和培训环节的合作。在内外部培训基地和师资队伍建设方面，企业主导作用依然明显；企业工程师作为职业院校外聘的兼职教师，是产教融合的重要力量和教师队伍建设的主要环节。应完善实践实习指导标准，加强企业对实践实习的高等职业院校学生的规范化指导和管理。但让人欣慰的是，总体而言，在校企合作方面企业的参与力度有所加强，校企合作的方向是全方位化、全程化的，产教融合的“天平”趋于平衡趋势。

在教育教学上体现产教融合。在教育教学方面，产教融合主要体现为职业院校所培养的人才在数量和质量上满足产业需求。首先是标准对接。将行业标准、职业准入要求等产业对人才规格和质量的需求，融入学校人才培养方案、教学标准等人才培养实施标准中。其次是资源交融。行业、企业和高等职业院校都有自己独特的优质资源。各办学主体共建、共享资源，进而实施人才共育机制。最后是管理交互。有些企业与高等职业院校共同制定多学科协同管理的教学管理机制，共同进行日常教学管理。校企两大主体围绕教学目标、内容、方法、考核等内容，相互协商，调整和创新教学管理的内容和机制。此外，企业逐渐参与学生管理，将员工日常考核标准转化为日常教学目标，高校、企业、行业同步实施的学生管理机制由此形成。

在实习和就业方面，实行校企“双责”。双方应共同努力，合理安排学生的实习企业、岗位和工作内容，确保学生所学知识与实习、就业的内容相联系，做到学以致用。

在资源建设上体现产教融合。产教融合的关键在于“融合”，优势也在于“融合”，教育资源的建设情况是学校和企业融合的重要体现。因此，在教育资源建设方面，可以拓宽职业教育原有单一的资源投入渠道，更有效地增加企业的资源供给，实现教育资源的共建、共享与共赢。企业参与职业教育资源建设具有多种路径：第一，企业可以直接投入资金进行资源建设；第二，企业可以通过奖学金或助学金的形式支持职业教育的人才培养；第三，企业还可以投入现成设备，弥补职业教育硬件设施的短板。此外，企业与学校还可以采取共建共享的方式：校址、企业设备共建共享，校企共建师资队伍，校企联合研发课程标准，学校为企业提供专业培训和社会服务。总之，产教融合为职业院校的资源建设提供了更丰富的供给主体，提高了资源的利用率，促进了经济效益和社会效益的双提升。

大力促进产教融合、校企合作，是历年来党和国家在出台制定职业教育政策时一脉相承的关注重点之一。我们搜集整理新中国成立以来党和国家所制定的职业教育政策、召开的重要会议以及实施的重要项目（三类统称为产教融合行动，见表3-1、表3-2、表3-3），大体可见：在产教融合行动数量上有波浪状上升趋势，并于2019年达到高峰；产教融合行动主体和下发对象涉及较广，以教育部门为主；产教融合行动从宏观、中观、微观多层次全覆盖，介入职业教育越来越深。

表3-1　新中国成立以来推进职业教育产教融合的重要文件节选

序	时间	名称	实施（发布）主体
1	1958年9月	《中共中央、国务院关于教育工作的指示》	中共中央、国务院
2	1985年5月	《中共中央关于教育体制改革的决定》	中共中央
3	1991年10月	《国务院关于大力发展职业技术教育的决定》	国务院

续　表

序	时间	名称	实施(发布)主体
4	1996年9月	《中华人民共和国职业教育法》	第八届全国人民代表大会常务委员会第十九次会议
5	1998年8月	《中华人民共和国高等教育法》	第九届全国人民代表大会常务委员会第四次会议
6	1998年12月	《面向21世纪教育振兴行动计划》	教育部(国务院批转)
7	1999年6月	《关于深化教育改革全面推进素质教育的决定》	中共中央、国务院
8	2002年8月	《关于大力推进职业教育改革与发展的决定》	国务院
9	2004年9月	《教育部等七部门关于进一步加强职业教育工作的若干意见》	教育部、国家发改委、财政部、人事部、劳动保障部、农业部、国务院扶贫办
10	2005年2月	《教育部关于加快发展中等职业教育的意见》	教育部
11	2005年10月	《国务院关于大力发展职业教育的决定》	国务院
12	2010年7月	《国家中长期教育改革与发展规划纲要(2010—2020)年》	中共中央政治局会议
13	2011年6月	《教育部关于充分发挥行业指导作用推进职业教育改革发展的意见》	教育部
14	2011年8月	《教育部关于推进中等和高等职业教育协调发展的指导意见》	教育部
15	2011年9月	《教育部关于推进高等职业教育改革创新引领职业教育科学发展的若干意见》	教育部
16	2014年5月	《国务院关于加快发展现代职业教育的决定》	国务院

续 表

序	时间	名称	实施(发布)主体
17	2014年6月	《现代职业教育体系建设规划(2014—2020年)》	教育部、国家发改委、财政部、人力资源和社会保障部、农业部、国务院扶贫办
18	2006年11月	《教育部关于全面提高高等职业教育教学质量的若干意见》	教育部
19	2017年12月	《关于深化产教融合的若干意见》	国务院办公厅
20	2018年2月	《职业学校校企合作促进办法》	教育部、国家发改委、工业和信息化部、财政部、人力资源和社会保障部、国家税务总局
21	2019年1月	《国家职业教育改革实施方案》	国务院
22	2019年2月	《中国教育现代化2025》	中共中央、国务院
23	2019年12月	《中华人民共和国职业教育法修订草案(征求意见稿)》	教育部
24	2020年1月	《教育部 山东省人民政府关于整省推进提质培优建设职业教育创新发展高地的意见》	教育部、山东省人民政府
25	2022年4月	《中华人民共和国职业教育法》	第十三届全国人民代表大会常务委员会第三十四次会议

表3-2 新中国成立以来推进职业教育产教融合的重要会议节选

序	时间	名称	实施(发布)主体
1	1986年7月	首次全国职业教育工作会议	国家教委、国家计委、国家经委、劳动人事部
2	1991年1月	第二次全国职业教育工作会议	国家教委、国家计委、劳动部、人事部、财政部
3	1994年6月	第二次全国教育工作会议	中共中央、国务院
4	1996年6月	第三次全国职业教育工作会议	国家教委、国家经委、劳动部

续　表

序	时间	名称	实施(发布)主体
5	2002年7月	第四次全国职业教育工作会议(21世纪首次)	国务院
6	2004年6月	第五次全国职业教育工作会议	教育部、国家发改委、财政部、人事部、劳动和社会保障部、农业部、国务院扶贫办
7	2005年11月	第六次全国职业教育工作会议	国务院
8	2014年6月	第七全国职业教育工作会议	国务院
9	2021年4月	全国职业教育大会	国务院

表3-3　新中国成立以来推进职业教育产教融合重要项目文件节选

序	时间	名称	实施(发布)主体
1	2006年11月	《关于实施国家示范性高等职业院校建设计划加快高等职业教育改革与发展的意见》	教育部、财政部
2	2010年6月	《关于实施国家中等职业教育改革发展示范学校建设计划的意见》	教育部、人力资源和社会保障部、财政部
3	2010年7月	《关于进一步推进“国家示范性高等职业院校建设计划”实施工作的通知》	教育部、财政部
4	2014年8月	《教育部关于开展现代学徒制试点工作的意见》	教育部
5	2014年10月	《关于建立完善以改革和绩效为导向的生均拨款制度加快发展现代高等职业教育的意见》	教育部、财政部
6	2015年10月	《高等职业教育创新发展行动计划(2015—2018年)》	教育部
7	2019年1月	《国家职业教育改革实施方案》	国务院

续 表

序	时间	名称	实施(发布)主体
8	2019年3月	《建设产教融合型企业实施办法(试行)》	国家发改委、教育部
9	2019年5月	《高职扩招专项工作实施方案》	教育部、国家发改委、财政部、人力资源和社会保障部、农业农村部、退役军人部
10	2019年5月	《职业技能提升行动方案(2019—2021年)》	国务院办公厅
11	2019年9月	《国家产教融合建设试点实施方案》	国家发改委、教育部、工业和信息化部、财政部、人力资源和社会保障部、国资委
12	2019年10月	《试点建设培育国家产教融合型企业工作方案》	国家发改委办公厅、教育部办公厅
13	2020年7月	《现代产业学院建设指南(试行)》	教育部办公厅、工业和信息化部办公厅

在上述基础上，重点分析其中产教融合相关表述，以我国职业教育发展历程中重要事件发生和政策文件发布为时间节点，形成六道分水岭，分段复原职业教育产教融合、校企合作制度的历史渊源与嬗变进程，评析不同阶段产教融合制度在打通职业教育与产业界内循环方面的能力限度[①]。

半工半读：产教融合意识发轫阶段（1949—1977年）。新中国成立伊始，经济建设快速发展，计划经济逐步完善，作为经济建设的主力军，工人的数量和质量必须得以保证，教育改革势在必行。在教育与劳动相结合的教育思想和教育方针的指导下，职业教育以工学结合、半工半读的形式进行实践探索，党和国家领导人针对职业教育模式，提出建立“两种劳动制度”与“两种教育制度”的模式。1958年5月30日，刘少奇在中共中央政治局扩大会议上的讲话中提出“中等技术学校更可以半工半读，某些大学也可以半工半读。可以有全部半工半读的大学，也可以在现有的大学里

① 袁振国.教育政策学[M].南京:江苏教育出版社,2005:89.

面办几个半工半读的班。要把这也当成一种正规的学校制度”的构想。1958年9月，中共中央、国务院正式颁布了《中共中央、国务院关于教育工作的指示》：首先肯定了新中国成立以来教育工作取得的巨大成绩，同时指出“教育工作在一定时期内曾犯过教育脱离生产劳动、脱离实际”等错误，提出了六条改进教育工作的任务。其中第四条，为实现教育目标，对办学形式做出国家办学与厂矿、企业、农业合作社办学并举等“六个并举”规划，并明确规定国家的学校有三种，第一种是全日制学校，第二种是半工半读学校，第三种是以各种形式试验办学的业余学校。

新中国成立后，我国长时期实施计划经济体制，中央政府以指示的形式，对我国教育改革进行调节和控制，以政府干预行为设计半工半读的职业教育制度，解决了分散、落后的个体经济难以满足国家工业化建设需要的难题，为我国提供了大量工业化建设人才，加快了我国实现工业化的建设速度。统计数据显示，1958年半工半读学校的在校学生为200万人，到1965年在校学生比1958年翻了一番还要多，达到443.3万人，这些毕业生就业能力强，基本能够“零距离”适应学校培养和生产岗位的需求。

从校办企业到引企入校：产教融合初步探索阶段（1978—2005年）。1978年是改革开放元年，在中国教育发展史上，这年也是一个十分微妙和关键的年份，在当年3月召开的全国科学大会上，邓小平提出了“科学技术是第一生产力”的论断，并明显加快了科研和教育方面的改革速度。为了弥补“文革”时期教学活动的不足，在很长一段时间内，高校减少了学生的实践和生产活动时间，代之以理论课，由此逐渐形成重视理论教学、忽视实践教学的风气。为提高教育服务国家经济社会发展的水平，1985年5月27日，中共中央会议上通过了教育改革文件《中共中央关于教育体制改革的决定》，该决定明确提出高等院校要增强服务经济社会发展的能力，加强与生产科研机构和社会其他方面的联系。基于职业技术教育是当时我国整个教育事业最薄弱的环节这一现实，《国务院关于大力发展职业教育的决定》认为，社会主义现代化建设不仅需要高级的科学技术专家，也迫切需要数量众多的接受过职业技术教育的初级和中级的技术技能和管理人员[①]。如果没有一批以百万计的劳动技术大军，先进科学技术和装备转化为实际社会生产力就难以实现。职业技术教育的发展不仅需要职业技术教育本身的努力，同时还需要来自企事业单位和政府部门的支持，同时应该积极吸纳集体和私人等社会力量。自此以后，各单位和部门自办、联办或与教育部门合办各种职业技术院校成为职业教育的一种办学模式。

由于合作办学的契机，高等教育管理体制进行了相应的改革，同时还带动了人才培养模式的变革，这在职业技术教育领域的体现尤为突出。1949年，苏联的几所空军学院就与我国的6所航空院校进行合作办学，苏联派出900多名专家到中国，从学校的选址到教学活动的开展，这些专家都全程参与，这次合作办学不仅引进了苏联先进的仪器和经验，还为我国培养了空军及相关专业的技术人才，可谓一次成功的合作办学。与苏联的合作办学让国家意识到国家经济社会的发展离不开庞大规模的技术技能人才，因此教育部高度重视职业教育的发展，并出台文件要求职业院校将实践教育放在教学环节的突出位置。1986年，国家劳动人事部、国家教育委员会联合颁发《技工学校工作条例》，指出技工学校需要培养合格的中级技术工人；1989年，劳动部出台《关于技工学校深化改革的意见》，提出技工学校需要加强生产实习教学，突出技能操作训练；1990年10月，在深圳大学召开了全国首次教育与生产劳动相结合（主题为合作教育）研讨会。1991年10月17日，国务院发布《关于大力发展职业技术教育的决定》，该决定着重指出职业院校需要重视产教结合、工学合作，主动办好生产实习基地，积极开办校办产业；1992年，中国共产党第十四次全国代表大会在北京召开，会议提出要将教育摆在优先发展的战略地位，并将教育视为实现国家现代化的根本大计。1993年，中共中央、国务院印发《中国教育改革和发展纲要》，1998年相继出台《中华人民共和国高等教育法》《面向21世纪教育振兴行动计划》，这些政策文件的颁发为高等教育的发展提供了良好的政策环境。随着高等教育自治权的下放，越来越多的社会力量涌入高等教育领域，逐渐形成多元化的办学格局。随着产教融合、校

① 刘海峰，史静寰.高等教育史[M].北京：高等教育出版社，2010：208.

企合作的不断深化，教育教学水平不断提高，人才培养质量也有很大提升。

1996年，第八届全国人民代表大会常务委员会第十九次会议通过《中华人民共和国职业教育法》，职业教育法建议政府和行业举办或者联合举办职业院校、职业培训机构，并积极参与协调、指导和组织相关职业院校和培训机构运用现代化的教学手段去发展职业教育。职业教育与企业和地方经济发展有着密切的关系，因此，职业院校在发展过程中需要依靠政府部门、行业、企业人员参与专业设置、培养目标、招生就业、教学文件、教学内容等决策咨询，并筹集资金，建立完善产教融合联动工作机制。职业教育需要满足社会、行业和企业对技术技能人才的需求，所以在培养过程中要注意培养学生的实际操作能力，以便能够快速适应实际工作。

2005年，北京召开全国职业教育工作会议，会议明确职业教育需要发展中国特色，确定培养高技能人才和高素质劳动者为职业教育的目标。此次会议的主要任务是部署贯彻《国务院关于大力发展职业教育的决定》，该决定指出社会已形成职业教育需要以就业为导向的共识，虽然职业教育的规模已经扩大，服务经济社会的能力也有效增强，但职业教育仍然处于教育事业的劣势地位，和普通高等教育相比，其发展、投入和办学条件仍有较大差距。职业教育人才培养的数量、质量和结构也还不能够完全适应行业、企业和经济社会发展的需要。

进入21世纪，国家先后实施了“211工程”“985工程”，有效推动了高等教育整体水平的提升，促进了经济社会的发展。21世纪以来，一大批高等院校积极进行产学研合作，将诸多先进的科研成果转化为实际生产力。

2004年，教育部明确要深化产教融合，确定职业教育以就业为导向，实施“高等学校教学质量和教学改革工程”，大力发展以就业为导向的高等职业教育，促进产学研结合，培养应用型技术人才[①]。在实施该工程以后，一大批职业院校获得了有关部门和行业企业的支持，获得了学校发展

① 何东昌.中华人民共和国教育史[M].海口:海南出版社,2007:698.

所需要的教育教学设备并产生了一批“校中厂”“厂中校”等产教融合办学实体，促进了职业院校育人模式的变革。除了育人模式变革之外，高等职业教育领域还通过创办大学科技园，孵化科技企业，有力推动国家创新体系建设，加速新兴技术产业的发展①。与此同时，一些诸如“大工程观”、“回归工程”、CDIO（Conceive构思、Design设计、Implement实现、Operate运作）工程等教育理念浪潮，将高等工程教育人才培养推向产教深度融合的道路。

创设工学结合人才培养模式：产教融合萌芽成型阶段（2006—2010年）。截至2005年底，我国职业教育已达到相当规模：中等职业院校有12430所，高等职业（专科）院校有1147所。但规模掩盖不了这样一个事实：中等职业教育的发展仍不尽如人意，它担负着为社会培养技能型人才的任务，但是其培养的人才数量、质量都还不能满足经济社会发展的需求，在很多方面都还存在着欠缺，诸如中等职业教育的办学模式、人才培养方式、发展方向等②；高等职业院校的办学条件相对于本科院校来说，还有一定的差距，质量保障体系还不够完善，“双师型”教师数量缺乏等都是阻碍高等职业教育发展的约束条件③。

为了解决上述问题，这一阶段我国在职业教育领域实施了两大计划。2005年2月，在中等职业教育领域，教育部发布《关于加快发展中等职业教育的意见》，通过充分依靠行业和企业发展中等职业教育，积极支持行业、企业与职业院校联合招生合作办学，实行产教结合等多项措施，希望解决“普通高中教育和中等职业教育发展‘一条腿长、一条腿短’的不协

① 科技部，教育部.关于促进国家大学科技园创新发展的指导意见[EB/OL].(2019-04-15)[2020-06-19].http//www.most.gov.cn/mostinfo/xinxifenlei/fgzc/gfxwj/gfxwj2019/201904/t20190415_146090.htm.

② 教育部，人力资源社会保障部，财政部.国家中等职业教育改革发展示范学校建设计划项目管理暂行办法[EB/OL].(2011-07-06)[2019-06-05].http://www.moe.gov.cn/srcsite/A07/zcs_zhgg/201107/t20110706_122441.html.

③ 教育部.关于全面提高高等职业教育教学质量的若干意见(教高〔2006〕16号)[EB/OL].(2006-11-16)[2019-05-17].http://old.moe.gov.cn/publicfiles/business/htmlfiles/moe/moe_737/201001/xxgk_79649.html.

调现象”，推动中等职业教育快速健康持续发展。订单式培养、校中厂、厂中校、现代学徒制、校企深度合作项目等成为中等职业院校产教融合的实践样态，企业深度参与课程开发、教材编写和教学实施，校企共建校外实习实训基地，企业为学校输送兼职教师，接收中等职业院校毕业生，基本形成了校企共同育人格局。如南京金陵高等职业技术学校于2005年与宝马集团紧密对接，共建“宝马BEST售后英才培育”项目，建立校企联合招生、共同培养、资源共建共享、一体化育人的长效机制，创建“学生、学徒、准员工、员工”四位一体的人才培养模式，该项目每年培养200多名机电技师、服务顾问、钣金技师和喷漆技师，输送到江浙沪皖50多家宝马经销商，大部分毕业生成为企业营销骨干。

2006年11月，在高等职业教育领域，教育部与财政部联合出台《关于实施国家示范性高等职业院校建设计划加快高等职业教育改革与发展的意见》，该意见决定在“十一五”期间实施“国家示范性高等职业院校建设计划”，选择一部分办学基础较好的高等职业院校给予资助，大力支持这些基础较好的职业院校进行教育教学改革，鼓励其进行人才培养模式的创新，有效提升师资队伍建设水平及其服务社会的能力，发挥引领示范作用。教育部启动的“百所示范性高等职业学校建设工程”计划在2006—2011年分三批确立示范性高等职业院校建设名单，并完成终期验收。从项目组织、项目实施与管理、经费使用、质量效益四个方面进行验收，从验收结果来看，各所示范性高等职业院校在项目实施过程中都在尝试建设具有学校特色或行业特色的人才培养模式，注重校企合作、工学结合。以浙江金融职业学院为例，该校大力推行校企双元订单式和现代学徒制人才培养模式，在金融专业开设一种“岗证单一体化”培养模式，该模式可以帮助学生实现从毕业到上岗的平稳过渡。徐州建筑职业技术学院在工学结合方面也进行了人才培养模式的改革，根据建筑工程专业的特殊性，学校建立“一年三学期工学交替”的培养模式，建筑工程专业的学生每年有三个学期，在三个学期里，学生至少要用一个学期的时间进行岗位锻炼，通过岗位锻炼可以减少学生存在的学习动力不足、目的不明的情况，学生在毕业后也能更好地适应工作岗位。

根据《关于实施国家示范性高等职业院校建设计划加快高等职业教育改革与发展的意见》精神，结合当时高等职业教育发展的实际状况，当时许多研究者都认为，国家示范性高等职业院校建设工程的目标就是建设有特色的职业技术技能人才的培养模式，“工学结合”是示范性院校建设的重点，也是示范性专业建设的关键和突破点[①]。更有研究者进一步指出，示范性高等职业院校建设的着力点就在于工学结合，所谓特色建设也即有工学结合特点的人才培养方案的制定[②]。“工学结合”成为当时高等职业教育研究与实践的高频词，通过在中国知网的检索，我们发现以“工学结合”为主题词的有关文章在2006年之前年均不足百篇，2007年之后有关“工学结合”的文章数量急剧增长，有关文章在2011年至2013年达到一个峰值，年均约2400篇。

高等职业教育示范院校的建设以校企合作、工学结合为改革主线，在人才培养模式改革和建设等方面取得了突出成果，初步确立了一条符合我国国情、适应我国社会经济可持续发展需要的高等职业院校建设发展之路[③]，高等职业教育也从这个阶段开始从规模扩张转向内涵发展，教学也不再禁锢于传统的学科教学体系，同时“工学结合”的人才培养模式确立了区别于普通高等教育的类型办学特色方向。

内涵发展，协同育人：产教融合丰富形式阶段（2011—2015年）。随着2010年卓越工程师教育培养计划的实施，产教融合在高等教育领域占据了突出地位。在此基础上，产学研一体化、校企合作、协同育人，教育界与产业界被大力重视，相关政策的不断出台，极大地推动了全国包括实践基地建设、培训项目和课程教材联合开发等内容的产教融合的发展。

2010年7月，教育部、财政部联合发布《关于进一步推进“国家示范性高等职业院校建设计划”实施工作的通知》，2010—2012年，先后有100

---

① 李敏.高职示范校建设内涵浅议[J].辽宁省交通高等专科学校学报,2009(2):101-103.

② 罗海滨.建设高职示范校之管见[J].职业,2011(14):151-153.

③ 木易.加强示范性高职院校建设 引领高等职业教育发展[J].中国职业技术教育,2009(8):13.

所国家骨干高等职业院校建设项目获得审批并开始启动建设，在2013年至2015年期间进行了终期验收。国家骨干高等职业院校建设有三个主要目标：一是增强办学活力，二是提高人才培养质量和办学水平，三是增强服务区域经济社会发展的能力。这三个目标分别以创新办学体制机制，深化教育教学改革，深化内部管理运行机制改革为实现途径。实践证明，相对于示范院校建设来说，骨干院校建设是其延续与深化，两者既一脉相承，又有不同侧重和创新，骨干院校在实践中解决了在示范院校建设期间尚未解决的在办学体制机制创新、专业服务产业发展等方面的深层次问题。也有学者认为，骨干院校建设比示范院校建设更加深入，解决的问题更为复杂，综合性也更强，最大的差异在于骨干院校的建设重点为校企合作体制机制的创新，不再仅局限于人才培养模式①。“以体制机制创新提升校企合作水平，全面带动专业建设，增强社会影响力和吸引力”②是骨干院校建设的特点。

“工学结合”与“校企合作”可以分别作为示范院校、骨干院校建设的标志性关键词。骨干院校的建设即以校企合作为改革发展方向，通过深化校企合作的体制机制建设，出现了一批体现内涵建设的产教融合新模式。以常州机电职业技术学院为例，该校通过创新校企合作的体制机制作为学校发展的内生动力，与政府、行业、企业合作牵头成立了由200多家单位组成的校企合作理事会，在校外设立8个校企合作工作站，牵头建立多家职业教育集团，建立产业学院，形成“内园外站、四维一体”的校企合作模式。又如，山东职业学院构建具有特色的“四方四层多边”（政府主导、学校主体、产业引导、企业参与）校企合作平台，成立校企合作办学理事会、山东轨道交通职业教育集团、6个校企合作委员会和21个专业建设委员会。再如，成都职业技术学院在校企合作的体制机制上，依据不同行业的人才培养特点进行差异化探索，校企共同打造“职业软件教育

① 崔发周.国家骨干高职院校建设的战略选择[J].职教论坛,2012(22):16-18.

② 闫宁,徐彦平.课程切入与体制机制创新贯穿:国家骨干高职院校建设逻辑[J].职教论坛,2012(6):27-30.

园”、成都旅游职业教育集团、成都创业学院，通过多种方式创设“企业+教育”的创业孵化平台。

骨干院校建设在示范院校建设的基础上不再仅着眼于学校内部的人才培养模式，而是开始解决更深层次的问题，以高等职业教育体制和机制的顶层设计为重点，以“校企合作关系”的建立和运行为重点，进一步强化了校企深度互动的基本特征，高等职业院校与工业企业、高等职业教育与区域经济相互促进，从而引领和推动我国高等职业教育发展的步伐。

在中等职业教育领域，教育部、人力资源和社会保障部、财政部三部委联合发布《关于实施国家中等职业教育改革发展示范学校建设计划的意见》，计划用3年时间，重点支持1000所中等职业院校建设，该意见指出中等职业教育的重要建设任务之一是“以经常性对话协商机制为载体，建立教育部门与行业、企业教产合作新机制”。

关于“产教融合、校企合作”的论述多次被提及。2013年11月审议通过的《中共中央关于全面深化改革若干重大问题的决定》中就对现代职业教育提出“深化产教融合、校企合作”的要求。2014年5月，党中央、国务院作出重大战略部署，指出要加快发展现代职业教育，并印发了《国务院关于加快发展现代职业教育的决定》。2014年6月，全国职业教育工作会议召开，这次职业教育工作会议是第七次会议。在会议上，习近平总书记强调，职业教育需要加快发展，并指明职业教育的发展方向为“坚持产教融合、校企合作，坚持工学结合、知行合一”。这次会议明确了产教融合在职业教育领域的主体地位，对推动职业教育产教融合发展具有里程碑意义。

省级统筹，协同治理：产教融合创新发展阶段（2016—2018年）。为贯彻落实《国务院关于加快发展现代职业教育的决定》和全国人大常委会职业教育法执法检查有关要求，推动高等职业教育创新发展，2015年10月，教育部印发了《高等职业教育创新发展行动计划（2015—2018年）》，明确提出，创新管理模式，强化省级统筹功能，鼓励各省高等职业学校通过对接行业领先企业开展混合制办学、引导行业参与职业教育、发挥企业办学主体作用等，增强院校办学活力。

在绩效评价方面，教育部丰富了高等职业教育质量年度报告的种类，在院校年度报告、省级年度报告之外，要求高等职业院校联系企业编制企业年度报告，重点从企业资源投入、参与高等职业教育教学（做法、成效和问题）等方面展示企业与院校间的校企合作或产教融合等相关工作开展的具体措施与成效，充分体现“发挥企业重要办学主体作用”的落实情况。此外，教育部专项绩效评价组“对253所具有混合所有制特征的二级学院合作企业分析发现，合作企业多为行业内具有一定影响力的领军型企业，或行业内骨干型企业”①。如石家庄职业技术学院与河北新龙科技集团（科技部认定的“国家火炬计划软件产业基地骨干企业”）举办软件学院。江西应用技术职业学院与深圳市讯方技术股份有限公司合作举办华为信息与网络技术学院，其中讯方公司是国家高新企业，并于2015年在新三板成功上市。

2015年12月，为全面提升职业教育服务经济社会发展的能力，国家发改委、教育部等四部门联合启动职业教育产教融合发展工程规划项目。财政支持力度空前，充分体现国家对实现产教融合、深化职业教育改革的期待。

产教融合也成为这一时期各省建设优质校的重点任务。江苏、广东、浙江、湖南等省率先启动省级优质校建设计划，均将探索推进“产教融合”列为其建设重点。事实上，全国31个省份和新疆生产建设兵团实际启动建设的490所省级优质校（占2018年全国高等职业院校总数的34.56%）都沿袭了这一惯例。如浙江省于2016年9月在全省高等职业院校中遴选认定20所优质高等职业院校，规定这20所“优质高等职业院校有五项建设任务，其中前四项任务主要涉及产教融合的内容、方法和机制，分别是创新管理体制机制、建设优势特色专业群、建设双师型教师队伍、促进技术技能积累与服务，第五项任务为推进国际交流与合作。

① 童卫军，池云霞，庄榕霞，等.高职创新发展有作为：《高等职业教育创新发展行动计划（2015—2018年）》绩效评价报告[M].北京：高等教育出版社，2019：127.

增值赋能：产教融合新期许阶段（2019年至今）。进入新时代，党和国家以产教融合、校企合作促进职业教育大发展，以高质量的职业教育满足人民日益增长的美好生活需要。十九大报告和《国家职业教育改革实施方案》绘出职业教育发展蓝图：鼓励和支持社会各界特别是企业积极支持职业教育；经过5～10年时间，职业教育由参照普通教育办学模式向企业社会参与、专业特色鲜明的类型教育转变。

2019年1月，《国家职业教育改革实施方案》印发，此后不久“双高计划”落地，标志着我国职业教育进入“双高”时代。《国家职业教育改革实施方案》再次强调职业院校应主动与具备条件的企业在人才培养、技术创新、就业创业等多领域开展合作，共同指导与开展高水平实训基地和“双师型”教师队伍的建设，全面深化校企合作。2019年3月，科技部、教育部联合印发《关于促进国家大学科技园创新发展的指导意见》，明确大学科技园是“校企资源融合共享的枢纽平台，是支撑创新驱动发展的重要力量”[①]，建设大学科技园成为职业院校推行产教融合的更高层次追求。2019年9月，国家发改委、教育部等六部委联合印发《关于印发〈国家产教融合建设试点实施方案〉的通知》，指出“深化产教融合，促进教育链、人才链与产业链、创新链有机衔接，是推动教育优先发展、人才引领发展、产业创新发展、经济高质量发展相互贯通、相互协同、相互促进的战略性举措”。

从省级层面看，据统计到的数据，有超过24个省份以单独成文或综合文件颁布实施本省的产教融合深化意见，以深入推进产教融合为职业教育增值赋能。如广东省于2019年2月发布《广东省职业教育“扩容、提质、强服务”三年行动计划（2019—2021年）》，提出“对接省重点产业、龙头企业，服务区域人才需求，建设省级高水平高等职业学校，分类打造产教深度融合、社会认可度高的专业（群）。建设一批校企深度合作、示范

① 科技部，教育部．关于促进国家大学科技园创新发展的指导意见[EB/OL].(2019-04-15)[2019-08-12].http://www.most.gov.cn/mostinfo/xinxifenlei/fgzc/gfxwj/gfxwj2019/201904/t20190415_146090.htm.

引领的省级高水平中职学校和‘校企精准对接、精准育人’示范专业，服务区域重点产业发展”。江苏省于2019年5月正式实施《江苏省职业教育校企合作促进条例》，这是首部内容清晰且具有很强操作性的省级层面校企合作地方性法规。该条例具有三大特点：一是结合江苏职业教育校企合作的实际情况进行战略性部署与规划；二是法律层面上保障职业教育校企合作；三是发展层面上优化职业教育校企合作。山东省于2020年1月10日正式印发《教育部山东省人民政府关于整省推进提质培优建设职业教育创新发展高地的意见》，将“在办学形式方面，实现产教深度融合，校企紧密合作，探索多种办学体制”列为总体思想之一。2020年7月，浙江省就《浙江省深化产教融合推进职业教育高质量发展的实施方案（2020—2025年）》征求意见，意图坚持类型教育定位，以深化产教融合为主线，不断完善职业教育和培训体系，深化办学体制和育人机制改革，在浙江省基本形成职业教育产教融合的发展生态。如此等等，不一而足。

综上可知，新中国成立以来我国职业教育产教融合制度体系的建立完善呈波浪式发展态势，并非一蹴而就。为适应新中国成立初期的经济发展，高校学习苏联经验，把参与企业生产实践摆在重要位置，产教融合的发展态势逐渐形成。20世纪50年代末到70年代中期，生产劳动的主体地位超越了教学活动，产教融合并未真正实现。改革开放以来，政府积极引导，校企双方积极寻求合作，一定程度上形成三角形稳定机制，产教融合迈入新阶段。进入21世纪特别是2018年以来，职业教育产教融合制度的制定出现制定主体位阶高、出台制度频次高的“双高”特点，产教融合规模及质量都有较大进步，职业教育的产业化、市场化将会使产教融合发挥出更大的社会效应。

当前，我国处于“百年未有之大变局”，新的国际格局正在形成，新的现代化模式得到承认，新的工业革命正在到来，新的全球问题正在出现，随着我国综合实力日益增强以及伴随而来的责任与挑战日益增多，国家对职业教育寄予更高期望，以实现职业教育现代化来完善教育现代化，为实现新时代中国特色社会主义发展的奋斗目标提供有力支撑。职业教育作为基本公共服务内容的组成部分，其发展必须综合运用计划和市场手段，充分调动产业企业的积极性和主动性，做到产教深度融合，让职业教育与产业企业精准对接，课堂同工作领域精密衔接，培养社会主义合格建设者和可靠接班人。

第二节　高等职业院校产教融合有效运行机制

本节导读：面对当前高等职业教育产教融合意愿高涨、产教融合效果堪忧的现实困境，创新体制为体，畅通机制为用是必然路径，具体策略有：高等职业院校在探索深化产教融合发展的实践中，积极探索体制机制的创新，改革以往校企松散式合作模式，创新产教深度融合办学体制，构建以“利益契合”为纽带的治理结构和运行机制，形成利益共同体，实现传统“管理”向教学“治理”的转变。

前面一节，我们讨论了职业教育产教融合制度的演进脉络，从中我们得知，加强校企合作、推进产教融合是当前高等职业教育发展的必由之路。并且，我们了解到，在意愿层面，校企双方对职业教育校企合作认同度很高，校企合作前景广阔。但在实践层面仍存在着利益主体相关度有差异、合作质量不高、合作深度不够等特点①。2016年，江苏省73份企业参与高等职业教育人才培养工作年度报告显示②，当前校企合作仍存在产教融合意愿高涨、产教融合效果堪忧的困境，存在企业捐赠设备缺乏政策支持、企业参与办学激励政策不完善、企业参与教育教学的工作机制不够等瓶颈。统计江苏省15所国家示范（骨干）高等职业院校质量年度报告的

① 潘海生，王世斌，龙德毅，等．中国高职教育校企合作现状及影响因素分析[J]．高等工程教育研究，2013(3)：143-148.

② 教育部职业教育与成人教育司．中国高职高专网高等职业教育质量年度报告专栏[EB/OL]．(2017-02-24)[2019-5-26].https://www.tech.net.cn/web/rcpy/index.aspx.

"服务贡献表"数据发现[①]，高等职业院校从行业、企业获取的"横向技术服务到款额"低于从政府部门获得的"纵向科研经费到款额"。

由于校企合作是一种多主体、多要素相互交织的复杂育人模式，其高质量运行必是多元因素良性互动合力的结果，同理，其出现育人质量不高、效果堪忧也非单一不良因素引起的。

1.合作关系不紧密，缺乏牢固、黏合性高的组织平台作为合作阵地。合作关系不紧密是校企合作、产教融合育人质量不高的原因之一。这主要是指高等职业院校与企业合作关系松散、随机性大、可持续性不强，或因为某些突发性事件就会使得这种关系破裂，没有预定的处理修复方案，从而导致共同的人才培养活动虎头蛇尾、有始无终，预定的人才实践培养方案无所适从，人才培养质量大打折扣。归结原因，主要是校企双方没有高度重视建立校企合作关系，没有以体制化模式将两者关系牢牢锁定。

2."权责利效"不对等，缺乏基于"契约"约束的利益均衡保障机制。校企合作涉及高等职业院校、企业、行业、政府及其他社会团体组织等多元主体，各主体在其中的权利、职责、目标追求、育人理念都不尽相同，都以自己的价值取向与行动影响着人才培养的质量。现实校企合作中，就有一些合作主体"权责利效"不清晰、利益诉求不对等现象出现，进而引发合作关系中权利争夺、责任推卸、自己利益唯大等不良行为，出现矛盾纠缠不清，合作育人无法进行或敷衍了事。这就需要合作主体之间要以"契约"的形式将合作中的"权责利效"明晰列出，按约行事，依规办事，依章理事。

3.合作运行效度低，缺乏高效的运行约束与保障机制。现实中很多校企合作育人效果低，多半是缺乏高效的合作约束与保障激励机制。院校对合作诚信度低的企业识别能力不高，没有科学有效的选拔标准，也很少采取"优胜劣汰"的去留管理模式，只着眼于多多益善，以与多少家企业合作来标榜本校校企合作的成绩；对优秀企业奖励力度并不明显，不足以充

① 教育部职业教育与成人教育司.中国高职高专网高等职业教育质量年度报告专栏[EB/OL].(2017-02-24)[2019-05-25].https://www.tech.net.cn/web/rcpy/index.aspx.

分调动企业合作高质量育人的积极性，无法形成以点带面的整体优化育人效应。

4.合作模式陈旧，缺乏创新性、前瞻性的系统化整体发展规划。创新是社会发展的动力，在固有的校企合作、产教融合育人模式中同样需要创新，需要不断创新、优化其中的各要素、各环节，使之形成系统化的整体性的体制化育人模式，并且要有把握时代脉搏、前瞻社会发展的规划力，以不断完善的育人模式培养适应现代社会发展需求与将来发展挑战的具有终身学习能力的人才。而当今一些高等职业院校在校企合作、产教融合上，恰恰最缺这种开拓创新、高瞻远瞩的能力，墨守成规，不能形成自己独有的特色，培养出来的人才也缺乏创新与迁移能力，从而失去了社会竞争力。

后面的内容，我们聚焦一个学校案例，探讨高等职业教育办学机构如何在产教融合上以创新体制为体，以畅通机制为用。江苏经贸职业技术学院作为一所位于我国经济和高等教育都比较发达的省份的财经类高等职业院校，在办学过程中也曾存在校内生产性实践教学资源不足、学生实践能力培养方式单一等难题。在宏观层面也面临着管理体制有待改进、行业组织作用有待加强、法律制度有待完善、院校市场意识有待提高等体制性问题。

为探索商贸与现代服务业类高等职业院校产教融合、校企合作的有效路径，江苏经贸职业技术学院从2010年建设“大学科教园区”伊始，就积极探索体制机制的创新，改革以往校企松散式合作模式，在发挥校区空间资源和区位优势的同时，以“契约”方式保障校企合作双方权益，探索基于校内产教园区的实践教学管理改革，构建以“利益契合”为纽带的治理结构和运行机制，形成利益共同体，实现传统“管理”向教学“治理”的转变。体制机制的创新实践，吸引了教学资源向产教园区的聚集，形成了实训基地生产化、教学环境工厂化、教学内容项目化、教学评价社会化的“大学科教园区”建设特色，提升了实践教学效果和人才培养的质量。

一体两翼三园，创新办学体制机制。在办学过程中，江苏经贸职业技术学院创新体制机制，以合作办学联盟理事会为“一体”，以江苏现代服务业职教集团、江苏商务职教联盟为“两翼”，整合汇聚行业、企业、兄弟院校、政府机关资源办职业教育，带动学校全面发展，形成了校企合作办学新体制。学校发挥专业和地域优势，与南京市秦淮区人民政府及中国互联网协会合作共建“科技园”（61280 m²），与苏果超市有限公司合作共建“产教园”（26720 m²），在南京市政府、江宁区政府及南京江宁高新园区管理委员会的支持下，政府、行业、企业、学校共建“创业园”（3000 m²）。产教园、科技园、创业园即“三园”，覆盖商贸流通、信息技术、物联网等产业链，对接学校电子商务、物流管理、连锁经营管理等专业（群）人才培养，服务育人与服务企业并重，着力推动学校专业设置与产业需求的对接，提升专业设置与地方产业结构的契合度，“平台共建、过程共管、资源共用、成果共享”，实现校企合作育人机制以及合作办学体制机制的创新。见图3-1、图3-2。

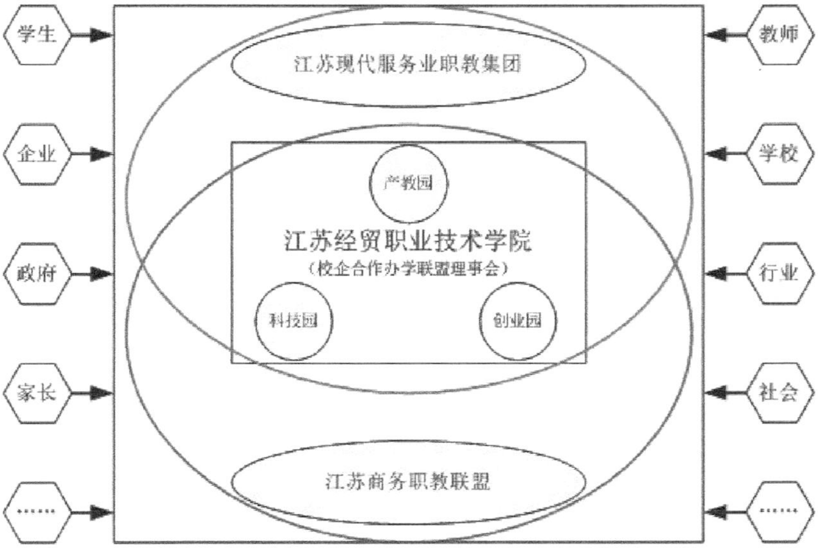

图3-1　“一体两翼三园”协同的多方受益校企合作模式

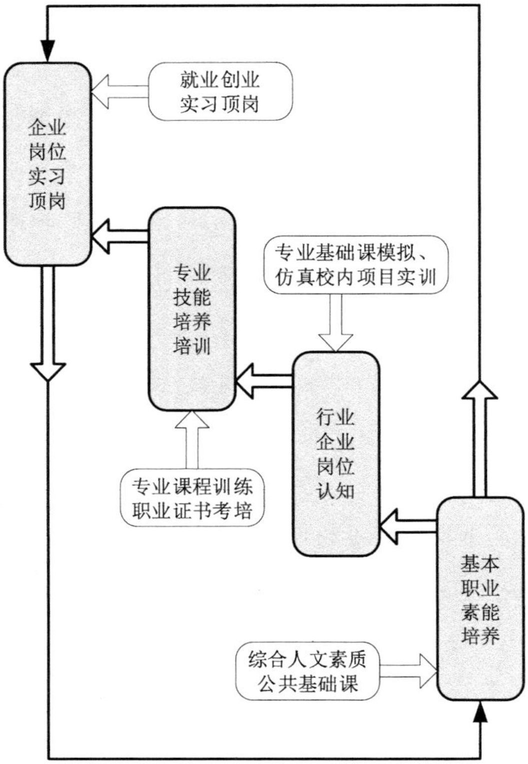

图3-2　四阶循环的产教融合育人模式

构建六大运行机制，保障校企合作有效运转。江苏经贸职业技术学院利用其光华校区的教育资源，通过引企入校方式，共建“大学科教园区”，以契约方式构建产教融合运行模式，搭建了学生实训与创业、教师成长与提升以及企业发展的校企共赢式发展平台。在园区运营过程中，围绕学生实践技能持续提升这一主线，着力创新提升产教融合有效性的运行机制，形成了六大运行机制：

1.梯级入园门槛运行机制。在园区运行的初级阶段，选择与学校办学定位和专业发展规划相符合的企业，设置入门门槛，并制定优惠政策，以吸引企业入园的积极性，在较短的时间内形成园区经营规模和社会影响。当园区运营步入正轨后，根据社会需求和学校专业发展的需要，以市场运行规则逐年提高入园门槛，不断优化入园企业的结构，为园区可持续发展夯实基础。

2. 资源配置契约约束机制。学校在大学科教园区设立学生宿舍、食堂、运动娱乐场所，为学生在园区的实践性教学活动提供生活和安全保障；企业须提供专门的培训教育场所、实训的设施设备及必要的耗材和学校所需的实训工位。校企双方商讨确定有资质的校内外实训教师，共同指导学生生产性实训活动。园区内校企双方的上述行为，均以契约的方式加以约束，以确保学生生产性实训及教师社会实践活动的有效开展。

3. 入园企业淘汰退出机制。坚持园区电子商务和互联网技术开发与应用的产业定位，依据专业群对接产业链原则，借助市场行为逐年淘汰一批与学校专业群不相适应的企业。坚持入园企业须提供对接学生职业技能训练要求的层次化实训岗位，配置能胜任学生技能提升的能工巧匠做指导老师。对已入园的企业，当其主营业务变动或企业所提供的技能岗位不能满足学生实训要求或在校企合作中违反契约者，运用市场运行机制，建立淘汰退出机制。

4. 学生技能训练递进机制。根据企业人才实际需求，将实训岗位技能特征分成若干个递进等级，对学生进行分类训练和激励。结合实训计划安排，分阶段、分层次、递进式持续提升学生的工作技能，并颁发给学生技能等级证书。

5. 产教融合评价考核机制。逐年对入园企业所提供实训岗位技能等级、企业指导教师资质和指导能力、企业参与学生实训融合度、校企共同申报横纵向课题等产教融合要素进行综合评价。其中，重点是考核评价企业指导教师对学生在生产性实训中的工作技能和职业素养养成的过程考核记录的完整性和客观性。

6. 校企合作主体激励机制。园区专门设立专项奖励基金，用于奖励在指导学生技能训练和职业素质培养方面作出突出贡献的企业指导教师和顶岗实习学生。同时，对在产教融合方面发挥积极作用的入园企业，在房屋使用费等方面给予优惠，在联合申报政府项目方面给予重点帮扶，并在资金方面给予扶持。

现实成效：产教协同育人，校企共同发展。江苏经贸职业技术学院坚持“面向产业、结合专业、择企入校、教学相长”的发展思路，以服务地方经济发展和提升人才培养质量为总目标，以现代服务业为产业的发展方向，与地方政府紧密合作，重点打造“180创意产业园”和“光华科技产业园”。以产业园区建设为载体，依托专业办产业，依托大学科技产业园办专业，实现地方现代服务业发展与学校专业群建设相互促进。通过有效的市场化运作，让科技产业园区形成相对独立的管理体系和管理机制，科技产业园区的建设与发展成为学校的重要办学特色。

江苏经贸职业技术学院科教园区在创新创业人才培养、推进科技创业、促进区域经济发展方面积极努力，吸纳100多家科技创新型企业进驻，建立各类创业实体近50个，提供实训岗位400多个，发布横向课题20余项，提供指导教师80多人，提供就业岗位300多个，授权（申报）专利100多项，年均利税总额近1500万元[①]。2012年以来，学校科教园区先后被教育部、科技部认定为“全国大学生科技创业实习基地”，被江苏省经济和信息化委员会确立为“江苏省重点培育小企业创业基地”和“江苏省重点示范小企业创业基地”，被江苏省人力资源和社会保障厅确立为“江苏省大学生创业孵化基地”；被南京市科学技术委员会列为“南京市科技公共技术平台专项计划”“大学科技园综合孵化器”和“180文化创意专业孵化器”。

实现了与合作企业的相生相伴。政行校企共建的“科技园”积极为企业提供科技政策咨询服务，为企业做好法律、工商、税务等相关咨询服务。园区建立企业诊断与服务中心，帮助企业分析生产、经营中存在的问题并提出解决方案；进行技术诊断、管理诊断和经营策略诊断；提供技术供求对接、产学研结合等中介服务；帮助企业开展与风险投资和金融机构的对接；为企业提供律师事务、财会审计对接服务等。园区为街道提供办事场所，合作建立行政审批服务中心，为企业提供行政审批服务，包括企

① 上海市教育科学研究院，麦可思研究.2015中国高等职业教育质量年度报告[M].北京：高等教育出版社，2015：17-18.

业建立、工商登记变更及咨询代办服务、企业特种许可证咨询及代办服务等。

江苏经贸职业技术学院与驻地政府（南京市秦淮区人民政府）合作共建“科技园”（光华科技产业园）。该园覆盖电子商务、物联网等产业链，集自主创新、设计研发、成果转化和人才培养于一体，成为服务地方经济增长的高科技园区。“科技园”由政校联手成立管委会，吸纳百家科技创新型企业进驻，同时提供适应学生实训、就业的岗位。学校与企业共同管理、考核互派教师在实习实训指导、员工培训、业务咨询、产品开发、课题研究等方面的工作业绩。

形成良性循环的协同育人模式。江苏经贸职业技术学院与知名连锁企业合作共建“产教园”（江苏经贸·华润苏果生产性实训基地），搭建学生实践、教师成长以及企业发展的校企共赢式发展平台。“产教园”推行涵盖“岗位认知、课程学习、顶岗实训、毕业实习”的实训教学运行模式，探索共建“校企一体型”管理团队，完善实践教学体系、管理保障体系建设。每年提供实训岗位150个，可按教学计划的安排，接受整班建制学生的顶岗实训。

江苏经贸职业技术学院与苏果超市有限公司共建“江苏经贸·苏果学院”，开设“店长班”，开展定向式培养。校企双方共同制定人才培养方案，共同研究课程开设与开发，共同指导学生实习实训，企业全过程、全方位参与学生培养，定向培养门店店长。学生在3年内除完成正常学业内容外，还需接受企业实操性培训课程的考核，符合毕业条件即可聘任上岗。

江苏经贸职业技术学院科教园区的建设实践，在创新体制机制的同时，也产生了一系列重要的标志性成果：“基于校内产教园区商贸类专业实践教学管理改革与创新”获国家级教学成果奖二等奖（2014年9月）；“依托园区，高职商贸类专业产教融合实践教学模式的改革与创新”获江苏省高等教育教学成果奖特等奖；2012—2015年，累计获得江苏省高等教育教学成果奖4项；“改革培养模式，突出实践教学，育人功能不断提升”

被收录为《2012中国高等职业教育人才培养质量年度报告》典型案例；“推进产教深度融合，实现校企协同育人”被收录为《2015中国高等职业教育质量年度报告》典型案例。由于校企协同育人体制机制创新中的突出成就，2015年10月在教育部、财政部组织的国家示范（骨干）高等职业院校项目验收评审中，江苏经贸职业技术学院成为全国8所验收“优秀”院校之一。

深化超越：从细小实着眼，放大创新红利。落实创新发展行动计划，实施高等职业教育卓越发展。2015年10月，教育部印发了《高等职业教育创新发展行动计划（2015—2018年）》，同时为贯彻落实国务院《关于加快发展现代职业教育的决定》精神，于2016年3月确定了《高等职业教育创新发展行动计划（2015—2018年）》任务（项目）承接单位。“十三五”期间，高等职业教育迎来又一重要发展机遇，将继续服务“中国制造2025”“一带一路”和新一轮“走出去”等重大战略，助力企业、城市、人才“三个国际化”。国内优质高等职业院校应夯实国家示范（骨干）高等职业院校建设基础，放眼国际舞台，树立一流标杆，进一步开发优质资源，搭建更加合理的人才培养结构，努力实现从“高原”向“高峰”的集聚和跨越。

激活体制机制创新活力，加快构建现代职业教育体系。“互联网+”战略的影响方兴未艾，不仅冲击传统产业格局，更颠覆人们的思维模式。在“互联网+”背景下，教育战线特别是高等职业教育战线的办学体制、高等职业院校的运行机制均要破旧求新。高等职业教育还需承上启下担当现代职业教育体系主体责任。一是继续构建以人才培养目标和课程体系衔接为核心的现代职业教育体系，拓宽中、高等职业院校学生升学渠道，提升中、高等职业院校学生升学比例，形成系统培养理念和健全接续培养制度。二是积极探索招生考试制度改革，构建技术技能人才培养立交桥，给予学生更多的选择权，逐步改变职业院校生源基础，提高职业教育培养质量，扭转人们的传统观念，增强职业教育的吸引力。三是积极探索本科层次职业教育实现形式和培养模式，探索专科高等职业学位教育。

服务“中国制造2025”战略，创建人才培养新格局。“中国制造2025”，对高等职业教育人才培养提出了新的更高的要求。以现代化、自动化的装备提升传统产业，推动技术红利替代人口红利，将成为中国制造产业优化升级和经济持续增长的必然之选，原有的人才培养标准难以满足新的要求。高等职业教育有必要在现有人才培养标准基础上，研制与“中国制造2025”相适应的人才培养新标准，建立专业设置与改革紧跟产业结构调整、课程改革紧随产业技术进步的机制。培养一大批能适应产业转型升级的高技能人才，以创新驱动再次放大人口红利。

第三节 大学科技园是高等职业院校产教融合的“顶配”

本节导读：在高校办学职能不断成型和丰富过程中，产教融合内生为高校科学研究和社会服务两大职能混合体中的天然基因。通过追溯职业技术教育（尤其是高等职业教育）领域产教融合政策的渊源及变迁历程发现，半工半读教育形式、推进产业部门与教育部门联合办学、产教结合进入法律规范层面、校政行企协同推进、凸显企业主体性地位依次成为我国不同阶段产教融合的特征。从产教融合校企合作视角审视大学科技园的发展历程，我国大学科技园在起步较迟的背景下，历经缘起探索、稳步发展、逐步壮大、拓展深化发展等历程，已经颇具规模。本节将结合南京市三家高等职业院校大学科技园实证案例，归纳高等职业院校建设大学科技园推进路径及其经验。

从前面章节看，在职业教育领域大力推行产教融合、校企合作，呼声强烈，行动迅速。国务院办公厅于2017年12月发布《关于深化产教融合的若干意见》，教育部于2018年2月联合国家发改委等五部门发布《职业学校校企合作促进办法》。2019年，国家层面专项文件密集出台，3月，国家发展和改革委员会、教育部颁布《建设产教融合型企业实施办法（试行）》；9月，国家发展和改革委员会、教育部颁布《国家产教融合建设试点实施方案》；10月，国家发展和改革委员会办公厅、教育部办公厅颁布《试点建设培育国家产教融合型企业工作方案》……之后，各省结合本地实际纷纷出台地方落实意见。截至2019年底，全国超过27个省份发布了本地落实文件或地方意见。除此以外，国家关于职业教育改革的综合方案中，也对产教融合着墨颇多，如：国务院于2019年1月发布《国家职业教育改革实施方案》，将“促进产教融合，校企‘双元’育人”作为重点突破口之一；教育部和山东省人民政府于2020年1月发布《关于整省推进提质培优建设职业教育创新发展高地的意见》，提出“建设产教深度融合的校企命运共同体”；教育部与甘肃省人民政府于2020年8月发布《关于整省推进职业教育发展 打造“技能甘肃”的意见》，策划“开创产教融合发展新局面”。

大学科技园作为高等职业院校产教融合、校企合作的高层次集成载体，是高校联结产学研、提高社会服务和“双创”人才培养质量的不可或缺的平台。大学科技园已然成为衡量产教融合深入度的显性指标，并且将进而成为中国特色高等教育体系的组成部分。产教融合之于高等院校意义何在？我国职业教育产教融合政策渊源若何？高等职业院校建设大学科技园有无规律可循？我们将在本节中，结合实证案例，与读者一起梳理探讨。

产教融合是内生于大学职能的天然基因。大学职能的发展在实践中逐渐丰富，其单职能发轫于纽曼式大学，到洪堡式大学其职能已发展为两个，大学发展到范海斯式大学时，职能已由一变三，大学也已走出自己的“象牙塔”。直至第四个时期（即克尔式巨型大学时期），在满足社会日益增多的需求的同时，大学职能在数量上呈爆发式增长。早期希腊的“自由教育”精神一直影响着近代大学，故而在人才培养上，近代大学矢志不渝地进行“通识”或“综合”教育，这些课程统称为古典课程。此后在大学不断发展和开放的过程中，社会应用性需求冲击着大学，致使这些应用性需求逐渐形成学科体系，并且不断从“学术的边缘地带”产生出来。新的应用性学科由“边缘”加入了大学学科的行列①。因而社会服务之所以能作为大学的一项职能，最主要的就是让原本在大学内发生的人才培养、科学研究职能，适时地回应社会需求，实现向校园外的延伸和拓展。

我国大学职能的发展具有自身独特的脉络与线索，但也大体遵循国际惯例，其间交叠演变，职能与重要使命实现了从单纯的人才培养到“人才培养、科学研究、社会服务、文化传承创新、国际交流合作”的共荣升华。新中国成立初期，我国政府对发展国家科技、增强国力有强烈的需求，虽也意识到科学研究的重要作用，但大学主要承担教学（人才培养）的职能，这在很大程度上是受学习苏联办教育的影响。当时的科学研究活动主要集中于专门的科研机构，这些机构独立于高校之外，可见科学研究职能还不属于大学职能。1956年7月，《1956—1967年科学技术发展远景规划（草案）》由国务院领导成立的专项委员会推出，要求高等学校重视科学研究，在确有必要的情况下设立单独的研究室，并把规模较小的研究机构（原先归属产业部门及科学院）归入母体大学之中，由此开了科学研究职能归入大学职能的先河。1961年9月，中共中央印发《高教六十条（试行）》，明确高等学校在科学研究领域的重要使命。概言之，大学科学研究工作的重要性得到普遍认可，大学的科学研究能力得到较大提升，但一直到20世纪60年代末，大学的科学研究活动仍集中于少数重点大学与优势学科领域之内。

改革开放对教育事业提出新的时代要求，中央政府很快作出回应，对教育事业进行部署调整。1977年8月，邓小平号召：“高等院校，特别是重点高等院校，应当是科研的一个重要方面军。”1985年5月，中共中央发布《关于教育体制改革的决定》。20世纪90年代伊始，高校不但加大了对科学研究的投入，而且日益重视理论知识、研究成果的转化，纷纷设立具有专门职能的机构，致力于将知识转化为现实生产力。1991年9月，国务院通过批转《关于加强高等学校科学技术工作的意见》，指出高等学校在科学技术上的非凡表现。1998年8月制定的《中华人民共和国高等教育

① 冯向东.大学职能的演变与大学的开放性[J].中国高等教育,2007(10):25-27.

法》指出高等学校的主要职能：以培养人才为中心，开展教学、科学研究和社会服务，保证教育教学质量达到国家规定的标准。

2011年4月，在清华大学建校100周年庆祝大会上，胡锦涛强调："高等教育是优秀文化传承的重要载体和思想文化创新的重要源泉。"在胡锦涛的这次重要讲话中，大学、创新与文化传承三者的密切关系首次被点明，学界将文化传承创新作为大学第四职能的呼吁之声得到共鸣，大学的第四项重要使命得以明确。至此，高等教育又添一项新职能——文化传承创新。2017年出台的《关于加强和改进新形势下高校思想政治工作的意见》进一步明确，高校的重要使命除了有人才培养、科学研究、社会服务、文化传承创新，还有国际交流合作①。以习近平同志为核心的党中央高度重视大学建设，提出建设世界一流大学和一流学科（简称"双一流"）的目标，在坚持以创新的理念扎根本土办大学的同时，把国际交流合作作为大学的"第五项职能"，增强国家核心竞争力。

由此可知，不论国内外，现代大学的重要职能既包括人才培养，也包括科学研究和社会服务，而产教融合则是科学研究和社会服务职能交叉体的天然基因。在我国，自从大学职能和使命由人才培养功能延伸到科学研究，大学便纷纷将可供转化的基础研究成果作为公共产品提供给社会，不但满足了社会经济发展的需要，而且树立了品牌，提高了声誉②。自改革开放以来，大学为经济发展所作的贡献不容小觑，主要表现为三点：其一，直接将科研成果交给行业；其二，与行业合作，转化科研成果；其三，尝试建立产业发展基地（有的已经初具规模）。基于此，大学可谓"时代弄潮儿"。教育、学术、产业的壁垒逐渐消除，盘错交叉的现象日益盛行。一方面，大学的科研机构、教育机构以及科学院，除了与产业界合作，还自主创办产业；另一方面，产业界加大对工业试验室的投入，无论

① 中华人民共和国中央人民政府.中共中央国务院印发《关于加强和改进新形势下高校思想政治工作的意见》[EB/OL].(2017-02-27)[2019-05-25].http://www.gov.cn/xinwen/2017-02/27/content_5182502.htm.

② 彭宜新，邹珊刚.从研究到创业——大学职能的演变[J].自然辩证法研究，2003(4):44-49.

是产品开发还是重要的基础研究，均成果斐然。作为与产业衔接最紧密的职业教育，产教融合是称其为类型教育的安身立命诀窍，校企合作更是成为应用型高校和职业类院校的办学特色、办学模式和办学方向。

通过对职业教育产教融合政策形成及发展渊源的探索，可发现新中国成立以来，职业教育产教融合政策大体经历过初步探索、恢复重建、巩固发展、多样化创新和不断深化等五个阶段。可以说我国重视职业教育、重视产教融合的政策是一以贯之。

1.初步探索阶段（1949—1977年）："半工半读"教育形式。新中国成立初，我国政府将总路线确立为"社会主义工业化和社会主义改造并举"。在总路线的指引下，我国确立了"为工农服务，为生产建设服务"的教育方针，学习苏联的教育模式，接管旧中国职业院校进行社会主义改造，推进旧教育体制机制变革，改称为技术教育，初步建立起新中国的职业教育，培养技能型劳动者。在此政策前提条件下，我国方才踏上职业教育发展之路和产教融合探索之旅。1952年出台《中央人民政府政务院关于整顿和发展中等技术教育的指示》，提出应坚持教学和生产劳动相结合。1955年出台《第一次全国工人技术学校校长会议关于提高教学工作质量的决议》等文件。随之，校办农场（或工厂）的产教结合新形式等成为一种政策表述方式。刘少奇于1958年5月在中共中央政治局扩大会议上发表题为《我国应有两种教育制度、两种劳动制度》的重要讲话，提出要两条腿走路、多种形式办学，具体做法是"全日制与半日制并举，普通教育与职业教育并举"[①]。自此，全国范围内掀起教育改革浪潮，产教合作的萌芽有了合适的土壤，工厂办学校，学校办工厂，学生半工半读、勤工俭学，工厂、学校、学生均自给自足。令人遗憾的是，随着"文化大革命"的到来，刚萌发生机的办学方式未能持续欣欣向荣，产教结合戛然而止。

2.恢复重建阶段（1978—1990年）：推进产业部门与教育部门联合办学。经历"文化大革命"的青壮年的科学技术水平低是当时的普遍现象，

① 周应中.新中国70年职业教育产教融合政策变迁逻辑——历史制度主义的视角[J].职业技术教育,2019,40(33):12-17.

所以通过政策手段恢复职业教育，是摆在当时国家面前的一项紧急且重大的战略任务，帮助广大青年劳动者补上文化课和技术课，目的就是要让适龄劳动人群的技术水平满足社会主义建设的需要。十一届三中全会以后，“四个现代化”建设成为党和国家的工作重心。改革开放序幕的拉开，逐步推动着文化教育事业恢复发展。《技工学校工作条例（试行）》（1979年）指出技工学校办学的方向和目标，要求技工学校将教学与生产相结合，培养社会主义觉悟高、现代生产技能强的技术工人。原国家劳动总局颁布的这一条例，明确了产教密不可分的关系，提出教学与生产相依相成的职业教育理念，并首次以法规性条文、国家意志的形式，初步勾勒出职业教育产教融合政策的雏形。

20世纪80年代中期，职业教育与经济社会发展之间的联系，伴随商品经济体制的实行日渐密切。1985年，《中共中央关于教育体制改革的决定》倡导各单位和部门自办、联办或与教育部门合办各种职业技术院校。不久，在1979年试行条例的基础上连续出台一系列文件，包括1986年的《技工学校工作条例》《关于经济部门和教育部门加强合作促进就业前职业技术教育发展的意见》和1989年的《关于技工学校深化改革的意见》。这些文件明确了隶属人社部门或劳动部门的技工学校的办学行为规范。在文件的约束和激励下，对口企业为师生安排生产实习和实践的岗位。在此基础之上，职业教育的现实需求得到满足，产教融合的内涵得以深化，具体表现为：技工学校实行“专业教育和生产实习相结合”的教育方式，办学层次从“生产与教学结合”一跃成为“产业部门与教育部门联合办学”。

3. 巩固发展阶段（1991—1998年）：产教结合进入法律规范层面。党的十四大拉开了社会主义市场经济体制改革的序幕，邓小平中国特色社会主义理论在全党的指导地位得以确立。随着生产力得到解放和发展，国家进一步对职业教育展开宏观规划。1991年颁发《国务院关于大力发展职业技术教育的决定》，要求在发展职业技术教育过程中提倡产教结合、工学结合。1995年颁发《国家教育委员会关于推动职业大学改革与建设的几点意见》，号召加强高等职业技术学校与产业部门的联合，积极实行校企结合。这一系列政策表达了国家支持职业教育产教融合内涵发展的坚定决心。

职业院校的办学主体不唯一，在1996年出台的首部《中华人民共和国职业教育法》里得到明确。基于市场经济建设的需要以及理论研究者的呼吁，我国以法律形式明确了职业教育产教结合的地位。

为适应市场经济发展的趋势，在职业教育领域亟须为产教融合的制度建设寻找法律依据，法制化成为该阶段职业教育发展的重点①。从政策提倡到法律规范，在一定程度上意味着职业教育产教融合的深入。

4. 多样化创新阶段（1999—2013年）：学校、政府、行业、企业协同推进。世纪之交，我国经济社会发展需要大量的高素质高技能人才，现代化建设进入关键阶段，现有的职业教育无法满足日益增长的社会需求，其规模有待拓展，其结构有待完善，其改革有待深化。《中华人民共和国职业教育法》颁布实施后初见成效。在此基础之上，于2002年颁布的《国务院关于大力推进职业教育改革与发展的决定》，明确只有“政府主导、依靠企业”，行业积极发光发热，社会力量主动介入，办学格局多元化，才能推进职业教育办学体制改革，同时提出学校、政府、行业、企业协同深化产教融合的组织布局。2004年，《教育部关于以就业为导向深化高等职业教育改革的若干意见》要求：大力开展订单式培养，充分发挥企业和用人单位的作用，探索校企全程合作、产教结合人才培养的新途径。2005年，《国务院关于大力发展职业教育的决定》提出，为培养适应需求的职业技术人才，应当着重推广“工学结合、校企合作”模式。2005年，《教育部关于加快发展中等职业教育的意见》提出联合、连锁、集团化等令人耳目一新的办学模式。2011年，《教育部关于推进中等和高等职业教育协调发展的指导意见》强调“行业组织在产教合作中的指导作用”。2013年，《中共中央关于全面深化改革若干重大问题的决定》要求“深化产教融合、校企合作，培养高素质劳动者和技能型人才”。这一系列逻辑环环相扣、

① 祁占勇，王羽菲．改革开放40年来我国职业教育产教融合政策的变迁与展望[J]．中国高教研究，2018(5)：40-45，76.

延续性强的政策文件都直指职业教育办学体制要依靠“政府主导、行业指导、企业参与”，凸显企业的主体性地位，完善职业教育与产业对话机制。

5.不断深化阶段（2014年至今）：凸显企业主体性地位。党的十八大是我国经济从“高速增长”到“高质量发展”的重要转折点。在资源配置中，市场所起的决定性作用进一步彰显。中、高等职业教育已经分别占据高中阶段教育和高等教育“半壁江山”，现代职业教育也应顺势而为，及时停止“外延式规模和数量扩张”，转而开启“内涵式提质增效”新模式和产教融合新阶段。

最早指明“企业的办学主体作用”的是《现代职业教育体系建设规划（2014—2020年）》。从此，企业在职业教育人才培养过程中的地位得以确认。企业从“配角”向“主角”华丽变身，校企双方不但携手探索教学方法、模式的创新，而且更进一层在育人、治理的制度化层面加强合作[①]。2014年出台的《国务院关于加快发展现代职业教育的决定》和2016年出台的《教育部关于开展现代学徒制试点工作的意见》具有一定的承接性，标志着职业教育产教融合纵深发展的新切入点。值得一提的是，这两份文件提出了推动校企共同培育专业化师资的必要性和可行性。同时，为响应在党的十九大报告中提出的“完善职业教育和培训体系，深化产教融合、校企合作”号召，《国务院办公厅关于深化产教融合的若干意见》强调合理分配教育资源，构建多层次、立体化的校行企共同办学、主体联动、协同育人、多元治理的教育和产业统筹融合发展格局。2018年出台的《职业学校校企合作促进办法》，明确支持产教融合型企业的具体政策。2019年出台的《国家职业教育改革实施方案》，提出通过认证给予相关企业一定的叠加优惠（“金融+财政+土地+信用”），并确定三年后的奋斗目标——所培育的产教融合型企业以万为计量单位。

2019年，我国高等职业院校实际扩招116.45万人，顺利完成“百万扩招”任务目标。2020年政府工作报告再次提出“（今明两年）高等职业学

① 彭莉洁.职业教育产教融合的历史演进、逻辑起点与战略要点[J].教育与职业，2019(6)：19–25.

校扩招200万人”，生源的扩张和校内教学资源的相对紧张对高等职业教育既是机遇更是挑战。应用型高校深化产教融合、加快课程建设、内部质量保证体系的诊改等一系列改革，正是适应从《国家职业教育改革实施方案》的颁布实施到职业教育学院“百万扩招”，在招生进口多样化的情况下，因材施教提高人才培养质量。因而在当前产业深度转型背景下，行业、地方经济发展对职业教育的必然要求就是产教融合。职业教育的内涵发展和产业的技术进步，既是现代职业教育体系的重要组成部分，也是职业院校人才培养的当务之急。两者的融合，是我国职业教育的必由之路。

大学科技园，是产教融合、校企合作的高度集成平台，或者说是高等职业院校产教融合的“顶配”。

1951年，世界上第一所大学科技园——美国斯坦福研究园诞生，随后西方主要发达国家开始建立行业科技园区，充分发挥高校在围绕城市产业发展方面提供技术服务的集聚效应。我国从20世纪70年代实施改革开放以来，重视科技在经济发展中的关键作用，至此大学科技园在全国范围内蓬勃兴起，发展历程大体可划分为四个阶段。

第一阶段，大学科技园建设缘起探索（1978—1995年）。党的十一届三中全会的召开，开启了我国经济建设的新时期，也为我国高校办学模式改革迎来了春天。部分高校先驱者从美国硅谷、英国剑桥科技园等得到启发，开始积极探索，尝试学习西方国家高校办学的先进经验。1990年，我国首个大学科技园——东北大学科技园宣告成立，此时距美国斯坦福研究园诞生已近40年。此后，北京大学科技园、清华大学科技园、东南大学科技园和哈尔滨工业大学科技园等相继诞生。1995年，国家科学技术委员会和教育委员会联合召开了中国大学科技园工作座谈会，更多高校积极投身于大学科技园建设的探索之列。不过，在这一时期，我国大学科技园基本为大学主导型，创建主体比较单一，主要是由单所大学根据其自身强大的科学研究能力优势而规划创建，并且由于受当时建设环境与政策局限，很难取得规模化发展，因而大学科技园的建设并未取得较大的科技成就和广泛的社会影响力。

第二阶段，大学科技园建设稳步发展（1996—1999年）。从1996年开始，大学科技园被纳入国家火炬计划统计序列，这标志着我国大学科技园开始进入稳步发展阶段。1999年8月，中共中央、国务院发布《关于加强技术创新，发展高科技，实现产业化的决定》，要求支持发展高等学校科技园区，充分发挥高校在人才、技术、信息等方面的优势，使产学研得以更加紧密结合[①]。同年，科学技术部和教育部决定，把发展大学科技园列入国家攻关计划、技术创新计划和面向21世纪教育振兴行动计划，通过两个部门的联合来进一步推动大学科技园的建设与发展，这一决定得到了各地方政府、高等学校以及社会各方面的积极响应和大力支持。这一时期，多所高校开始整合高校、政府及社会资源，注重引进各类创新创业资源，着手入驻科技企业的资产重组，组建园内集团企业，在国家政策的支持下，大学科技园孵化出了北大方正、清华紫光、清华同方等具有代表性的高新技术企业，我国大学科技园的发展取得了稳步发展的阶段性成果。但在发展过程中仍存在一些不利于其发展壮大的因素，比如在大学科技园建设中，部分地方政府管理部门或高校对其在人才培养模式上的认识不足，在制定和落实相关政策方面不到位等。

第三阶段，大学科技园建设逐步壮大（2000—2014年）。从2000年起，在科学技术部和教育部的积极倡导与推动下，大学科技园建设展现出了蓬勃发展的趋势。这一时期，大学科技园的建设主要为典型的政府主导型，政府为营造激励自主创新的环境，促进大学科技园健康发展和区域经济持续发展，开始配套出台系列相关政策与文件来合理规范大学科技园的布局。2001年，科学技术部和教育部再度联合发布《国家大学科技园“十五”发展规划纲要》，进一步促进了大学科技园的发展，此后十余年间陆续进行了十一个批次建设（见表3-4），建成并认定的国家级大学科技园数量达141家。国家大学科技园在高新技术成果转化、高新技术企业孵化、战略性新兴产业培育和高校师生创业基地建设方面尤为突出。各地方政府和普通高校自建的大学科技园在区域经济发展和产教融合方面也发挥了重

① 张辉.产教融合的方法学研究：机理与逻辑[J].中国职业技术教育，2019(31)：30-35.

要的作用。但是部分大学科技园在建设时，没有充分认识到借助科技园深化产教融合、优化高素质高技能型人才培养手段的作用，过分注重科技园区硬件条件的投入，游离了校企协同创新长效机制体制的建设，对成果的孵化与产业化产生了一定的影响。

表3-4　国家大学科技园建设批次及数量

批次	文件名	认定时间	数量
1	《科学技术部 教育部关于认定首批国家大学科技园的通知》(国科发高字〔2001〕139号)	2001年5月	22*(名单略)
2	《科学技术部 教育部关于认定第二批国家大学科技园的通知》(国科发高字〔2003〕336号)	2003年10月	14(名单略)
3	《关于认定第三批国家大学科技园的通知》(国科发高字〔2004〕528号)	2004年12月	6(名单略)
4	《科学技术部 教育部关于认定北京科技大学科技园等8个大学科技园为国家大学科技园的通知》(国科发高字〔2005〕501号)	2005年12月	8(名单略)
5	《关于认定国家大学科技园的通知》(国科发高字〔2006〕425号)	2006年10月	12(名单略)
6	《关于认定中国人民大学科技园等7个大学科技园为国家大学科技园的通知》(国科发高〔2009〕84号)	2009年2月	7(名单略)
7	《科技部和教育部联合认定2009年度国家大学科技园》	2010年1月	7(名单略)
8	《关于认定湖南大学科技园等10家大学科技园为国家大学科技园的通知》(国科发高〔2010〕629号)	2010年10月	10(名单略)
9	《科技部 教育部关于认定长春理工大学科技园等9家大学科技园为第九批国家大学科技园的通知》(国科发高〔2013〕12号)	2013年1月	9(名单略)

续 表

批次	文件名	认定时间	数量
10	《科技部 教育部关于认定北京林业大学科技园等21家大学科技园为第十批国家大学科技园的通知》(国科发高〔2014〕248号)	2014年9月	21(名单略)
11	《科技部 教育部关于公布第十一批国家大学科技园认定结果的通知》(国科发区〔2021〕127号)	2021年5月	25(名单略)

注：*当年公布23家，其中西南科技大学国家大学科技园（筹）处于筹建状态，2003年被认定为国家大学科技园。

第四阶段，大学科技园建设拓展深化（2015年至今）。以国务院发布《关于大力推进大众创业万众创新若干政策措施的意见》（2015年）为标志，大学科技园迎来了创新创业的新时代。2017年，国务院办公室发布《关于深化产教融合的若干意见》，强调要健全高校与行业骨干企业、中小微创业型企业紧密协同创新机制，推进产教融合人才培养改革，深化产教融合。2019年，科学技术部、教育部再度联合发文，指出大学科技园是“校企资源融合共享的枢纽平台”，在促进区域经济发展、提升地区影响力和深化产教融合等方面都发挥着极为重要的作用。在国家“大众创业、万众创新”的“双创”时代大背景下，大学科技园的服务模式与结构不断得到优化，开始注重在“互联网+”思维下以产业为导向，发展适合大学科技园发展的主导产业，聚集相关行业和企业资源，完善校企协同育人机制。在此期间，塑造新型的“众创空间”成为大学科技园建设的重要发力点，以此打造更高级别版本的研发、孵化和创新载体，构建孵化器、加速器和产学研用合作基地等，形成科技成果转化基地，搭建人才培育和产业创新合作平台，进行深度产教融合，成为当前我国大学科技园的最新发展趋势。

从立项层级来看，我国大学科技园主要分为两类：一是起步较早、体量较大、层次较高的国家级大学科技园，绝大部分由本科高校建设与运营；二是园区体量及社会影响力稍次的省级、市级、校级等大学科技园，由高等职业院校建设与运营。如表3-4所列国家大学科技园中，除2009年2月认定的常州市国家大学科技园（由南京大学联合5所本科院校和常州市5所高等职业院校申报）、2010年1月认定的宁波市国家大学科技园（由宁波大学联合1所本科院校和宁波市1所高等职业院校申报）、2013年1月认定的温州市大学科技园（由温州大学联合1所本科院校和温州市3所高等职业院校申报）等3家国家大学科技园外，其余均以本科院校为申报及运营主体。

在高等职业院校大学科技园建设发展过程中，宏观层面的“三元（大学、企业、政府）参与论”与微观层面的“产业集群理论”为其提供了运作法理规则，综合型、研究型本科高校大学科技园成功范式和广泛影响又为其提供发展蓝本。大学科技园作为高等职业学校推进产教融合的有效载体之一[①]，毫无疑问已然发展成为我国职业教育的鲜明特色。

从管理模式上看，高等职业院校建设大学科技园有政府主导型、大学主导型、企业主导型、混合型等四种模式可供选择，由于高等职业院校整体科研水平及创新能力不强，高等职业院校主导或参与建设的大学科技园管理模式大都为政府主导型，也即政府相关部门在科技园的发展中占据着重要位置，科技园区的发展方向、重要决策方针等都需要经过省、市等各个层级组成的领导小组决定或同意。也有少数采用混合型管理模式，也即政府、企业和大学等多个主体都在科技园的管理中发挥自己的优势，履行自己的职责，共同促进其发展。

江苏省高度重视大学科技园建设，据江苏省科学技术厅相关数据，截至目前，江苏省建有20家国家大学科技园，16家省级大学科技园，筹建6家省级大学科技园。其中，高等职业院校负责或参与建设运营的省级大学科技园有6家。南京市是中国东部地区重要的中心城市、全国重要的科研教育基地，也是高等职业教育高质量发展的样本城市。截至2020年4月，南京市内有高等职业院校17所，其中国家示范（骨干）高等职业院校4

① 刘任熊.高职院校构建产教融合有效运行机制的现实困境与路径选择——基于江苏经贸职业技术学院的实证研究[J].职业技术教育,2017(32):17-22.

所，国家“双高计划”建设单位4所。本书以江苏省南京市三家高等职业院校大学科技园为例，阐述高等职业院校建设大学科技园的概貌，再选其中一家科技园为案例，深入实证分析高等职业院校大学科技园建设的推进路径。

被选为案例的三家高等职业院校大学科技园分别由南京工业职业技术大学、江苏海事职业技术学院、江苏经贸职业技术学院参与或主导建设。三家大学科技园建设概貌如表3-5所示。

表3-5 南京市三家高等职业院校大学科技园建设概貌

园区名称	建设历程	管理模式	园区规模	园区级别
南京工业职业技术大学大学科技园	2012年4月由省科技厅、教育厅批准建设；2012年6月启动建设；2013年12月获批为省级大学科技园	混合型 建成园区“5524”平台管理系统	覆盖中山、天堂、仙林三个园区，占地面积270亩，现有建筑面积近9万平方米，规划建筑面积35万平方米	省级大学科技园（2013年）
江苏海事职业技术学院大学科技园	2012年12月由省科技厅、教育厅批准建设；2013年3月启动建设；2018年获批为省级大学科技园	企业主导型	以该校白下、板桥园区为基础，打造研发区、孵化区、产业聚集区，建筑面积8.9万平方米	省级大学科技园（2018年）
江苏经贸职业技术学院大学科技园	2010年与秦淮区政府合作共建大学科技园；2012年被认定为市级大学科技园；2017年获准筹建省级大学科技园；2019年，获批为省级大学科技园	大学主导型 设宏观指导层、中间管理层、基本服务层三层体系	覆盖该校光华、江宁两个园区，建筑总面积2.45万平方米，孵化面积约1.4万平方米	省级大学科技园（2019年）

数据来源：江苏省科技厅、江苏省教育厅官方网站，南京工业职业技术大学、江苏海事职业技术学院、江苏经贸职业技术学院三校官方网站等。

为更深入探析高等职业院校建设大学科技园的推进路径，下面对江苏经贸职业技术学院大学科技园做进一步分析。

1.确立指导思想。江苏经贸职业技术学院将以优化创新创业生态为主线，以培育经济发展新动能为目标，立足于功能拓展和服务能力提升，集自主创新、科技孵化、成果转化、人才培养和协同开发于一体，深化大众创业、万众创新，不断提升该校科技水平，助推驻地政府的经济发展。

2.设立总体目标。江苏经贸职业技术学院大学科技园瞄准“在互联网技术、物联网技术开发与商务应用等高科技领域有一定影响的科技园”发展定位，建立政府主导下多赢的运行机制，发挥驻地政府产业规划、政策扶持的优势，借助江苏经贸职业技术学院实训实习基地建设，吸纳学生就业和智力资源的优势，在互联网技术、物联网技术开发与商务应用等高科技产业领域中的高、中端，引入、培育和服务适宜定位相关产业领域的创新企业，使科技产业园在众多企业集聚的平台上，主导科技创新、技术支撑、创业运营等方面的示范作用。

3.明确建设路径。江苏经贸职业技术学院按照“政府主导，学院主体，行业、企业参与，多方共建”的建设路径，主动服务区域经济产业发展需求，深化“校企合作、工学结合”人才培养模式改革，提高人才培养质量和服务产业发展能力，以体制机制创新为突破口，以政府主导、学校主体、行业指导、企业融入为合作模式，最终实现“人才共育、过程共管、成果共享”。

4.塑造建设模式。江苏经贸职业技术学院与驻地政府、业界龙头企业共同成立科技园管理委员会，由江苏经贸职业技术学院出资500万元成立实体公司，按政府引导、学校决策、园区运作三级管理体制对科技园进行管理，负责园区日常的运营和管理。政府以宏观调控和政策扶持为主导，企业龙头注入行业、企业资源，三方合作建立高效、多赢的动力机制和运行机制，对接专业群加强专业建设，制定人才培养方案，开发创新型课程，培养“双师结构”师资队伍，提高师资科研水平，促使科研成果产业化，提高社会服务能力，实现“过程共管”。充分利用大学的科技能力优势和社会的资源优势，转化高校科技成果，孵化高新技术企业，培养创新创业人才，为产学研结合提供支撑和服务。

5.做实建设成效。2019年12月，江苏经贸职业技术学院大学科技园通过省级大学科技园建设验收，建成服务电子商务、物流管理和连锁经营管理专业，带动相关专业群发展，积极整合各类创新资源，推进产学研合作转化，依托高校科技资源优势，在驻地政府的引导支持下，大力培育以“互联网+”企业为产业主导的高新技术产业集聚区。截至2021年12月31日，江苏经贸职业技术学院大学科技园有80家科技企业，7个创业孵化基地，20个大学生就业实习基地，2家省级及以上研发机构，8家科技服务机构入驻。

体现在学校人才培养上的成效有：一是校企深度合作构建教师工作站，打造双师素质教师队伍。江苏经贸职业技术学院大学科技园内建有“教师工作站”，是学校教师和企业员工互换身份的“双向门”。一方面，学校建立专业教师入站工作制度，进一步明确教师密切联系企业的责任，将教师入站工作业绩纳入骨干教师、“双师素质”教师认定和职称评审指标。专任教师通过入站参与园区企业相关项目研发，一定程度上突破了高等职业院校教师横向课题立项难、科研环境不具备、研发成果转化难等科研瓶颈。此外，专任教师被定期以访问工程师形式派驻到入园企业一线挂职锻炼，进行全程可控化的企业挂职锻炼，提升双师素养。另一方面，企业通过“教师工作站”定期派遣企业人员到学校担任兼职教师，与学校教师共同开展课堂教学和实训指导，企业兼职教师通过入站将企业真实项目转化为教学项目，拓宽了专兼结合双师团队的培养渠道。

二是校企双向人才互动培养交流模式，创新破解学生实习实训难题。发挥课堂教学的主渠道作用，使创业教育教学覆盖高校学生在校学习的全过程，园区管理公司结合各入园企业的优势，派出优秀企业讲师为不同年级开设职业生涯规划与就业创业实务、企业设立知识与实务、大学生自主创业和创新思维与企业家精神培养等多门选修课程。融创业训练于各类专业实习实训中，打造“理实一体，创就同步”的宽口径创业实践平台。一方面，园区管理公司利用江苏经贸职业技术学院拥有的国家级“流通现代化工程实训基地”等校内实训基地的各实训室，设计不同创业背景下的多种技能训练和仿真模拟供学生体验；另一方面，依托江苏经贸职业技术学院大学科技园与50余家企业建立的紧密型合作关系，有针对性地开发实习岗位，设计实习科目，使学生在顶岗实习中不断感受创业氛围，接受创业预备训练。加快升级创业实践基地，支持学生在读期间体验和开展自主创业。江苏经贸职业技术学院大学科技园划出600平方米用于“大学生实习实训指导中心”和“创业就业素质强化培训学院”，2000平方米用于创业就业培训。学生的创业项目经审核评审后，按照项目所需面积安排进入大学科技园内孵化，同时引进一批与学院专业建设密切相关的企业和项目，实现了创业实践基地的全面升级。重视园区与高校间的招聘就业工作。江苏经贸职业技术学院大学科技园每年组织入园企业组团参加本校及周边大学等单位举办的专项招聘会，提供600个左右的就业岗位，这些岗位涉及专业范围广、待遇优，为江苏经贸职业技术学院和邻近区域范围内的各高校学生提供就业服务。

当前，高等职业院校在开展产教融合、校企合作方面普遍存在专业产业联系不紧密、企业参与热情不高、产教融合方式单一化、校企合作成效浅层化等痼疾，成立并打造成高层次的大学科技园，还只是部分高水平高等职业院校在办学中革除上述痼疾的破冰之举，从这个意义上而言，大学科技园可谓高等职业院校实施产教融合的“顶配”产品。但正如前文所述，产教融合已成为高校职能中的天然基因，大学科技园作为高等职业院校实施产教融合、校企合作的高层次集成载体，既是高等职业院校人才培养、科学研究和社会服务职能的必然和应然体现，也是行业、企业发挥重要育人主体功能的实然呈现，受到政府、企业颇多青睐，高等职业院校也在建设大学科技园过程中获益颇多。假以时日，大学科技园有可能成为高等职业院校办学行为及产品的“标配”而融入教育和产业统筹融合发展格局。

第四节　设置本科层次高等职业院校要突破产教融合壁垒

本节导读：对于是否开办职业本科教育，我国一度面临院校的冲动、学生的诉求、社会的期盼、学者的分歧、政府的顾虑等不同利益相关方观点和行为的僵持局面。全国职业教育大会确定了稳步发展职业本科教育的基调，将职业本科教育推至发展新风口。通过稳步发展职业本科教育来加快构建现代职业教育体系，确立一套科学的本科层次高等职业院校设置指标体系是当务之急，依据标准和程序遴选设置一批本科层次高等职业院校为关键一招。对《中华人民共和国高等教育法》和《中华人民共和国职业教育法》进行文本分析，基于高等职业院校人才培养状态数据对本科层次高等职业院校和普通高等院校设置指标进行比对，就已有本科层次高等职业院校办学条件进行梳理剖析，结果均显示，产教融合度是本科层次高等职业院校设置的主要壁垒，亦成为优化职业教育类型定位之主要表征。设置、兴办和评估本科层次高等职业院校，均应将产教融合视为重要突破口和关键基点。

我国职业教育发展源远流长。《孟子·滕文公》记载的“后稷教民稼穑，树艺五谷；五谷熟，而民人育”，可谓我国职业教育的开端。及至1917年，得到当时教育、实业两界知名人士鼎力支持的中华职业教育社在上海成立，并把“使无业者有业，使有业者乐业”设为结社终极目标，翌年，中华职业教育社在上海创立了我国近代教育史上第一所职业学校——中华职业学校，开启了有意识、成规模地开办职业教育的大幕。新中国成立后，职业教育一直是我国国民教育体系的组成部分，在适应经济与社会发展和全体社会成员自身全面发展需要方面发挥着重要作用。到了2019年，《国家职业教育改革实施方案》提出“开展本科层次职业教育试点”，职业本科教育开始成为一种新的职业教育办学实践样态。2020年前后，关于职业本科教育的讨论，在国家政策层面、院校操作层面、学术研讨层面都成为热点话题，甚至成为教育界乃至全社会关注的一个焦点。那么，在职业本科教育风起云涌的当下，本科层次高等职业院校作为实施职业本科教育之主要阵地，其设置何以成为可能？本科层次高等职业院校要独立为“不同类型、同等重要”之高等学校，其设置标准和普通高等学校相较，又有何差异？本节试就此予以探赜。

谁都不可否认，开办本科职业教育是利益相关方的博弈与调和的结果。如果不算1980年成立的新中国第一所职业大学——金陵职业大学，我国高等职业院校于2000年前后以专科层次高等职业院校形式集体登上历史舞台，其后我国高等职业教育历经发轫—探索—成型—提升的发展过程。在我国曾经有过的职业教育发展之辩，近年来再次兴起，所不同的是，20年前所辩的主题是专科层次高等职业院校的出现，而现在的焦点话题显然是本科层次职业教育。如果仅从职业教育办学层次上移视角去审视，这是乐观的发展趋势，因为这印证了我国经济社会的发展，不管是出于产业转型升级对劳动力这一生产要素的要求提升，还是因为社会进步，人民对美好生活的向往和马斯洛需求层次上移，这都符合事物发展规律。

自专科层次高等职业院校出现之日起，就一直有高等职业院校、学生及家长、用人单位和部分社会舆论呼吁兴办本科层次高等职业院校，但代表政府做出最终决策的教育行政部门迟迟没有放开设置闸门。一直到2018年底，国务院以建立职业教育工作部际联席会议制度为风向标，中央政府对兴办职业本科教育的态度才有所松动。是否发展职业本科教育是各利益相关方的一个博弈过程，最终形成“稳步发展职业本科教育”①的共识，既是我国为实现从人口红利向人才红利转变，不断提高全民受教育程度，提升劳动年龄人口平均受教育年限，实现《中华人民共和国国民经济和社会发展第十四个五年规划和2035年远景目标纲要》提出的“全员劳动生产率增长高于国内生产总值增长”的目标，让劳动者实现更加充分和更高质

① 新华社.习近平对职业教育工作作出重要指示[EB/OL].(2021-04-13)[2021-08-16].http://www.gov.cn/xinwen/2021-04/13/content_5599267.htm.

量就业的发展需要，也是职业教育发展在各种利益调和之后达成的新的动态平衡结果。

1.院校的冲动。我国现有绝大多数公办专科层次高等职业院校大多由优质中等职业院校单独升格或合并转设而来，这批学校在规模扩展的同时，历经高职高专人才培养工作水平评估、省级示范性高等职业院校建设、国家示范（骨干）高等职业院校建设、省高水平（卓越）高等职业院校建设、国家“双高计划”建设等内涵建设项目洗礼，在人才培养、科学研究、社会服务、文化传承创新、国际交流合作等方面，均取得不俗的办学业绩，涌现出以深圳职业技术学院等为代表的一批高水平专科层次高等职业院校，逐步形成结构合理、功能完善、质量优良的高等职业教育体系。这批院校基于对进一步提升自身办学实力、拓展学校发展空间、展示职业教育特色等多重需要，具有提升学校办学层次的浓郁情结和强烈冲动。如2013年一项针对120名高等职业院校书记、校长的调研分析显示，高等职业院校管理者有“高等职业教育不能仅仅停留在专科层次，而要培养专业学士、专业硕士和专业博士”①的期待。事实上，院校这股冲动非常强劲，以致在政府实施项目时，要有专门条款约束院校。比如，在2006年和2010年分两轮启动的国家示范（骨干）高等职业院校项目遴选时，均要求申报单位做出承诺，在立项建设后一定期限内不升格为本科。

2.学生的诉求。在我国现代职业教育体系“立交桥”还不够畅通的当下，现有高等职业院校的绝大多数毕业生，毕业时只能获得大学专科文凭，这批学生在毕业后升学就业、进编落户、考公考研时都因学历而受到诸多限制，有的甚至直接就丧失机会，造成一种隐形的机会不公平，进而导致结果不公平。即使一些发展后劲足的高等职业院校毕业生，通过自己在校期间的努力，借助自学考试、专接本、专升本等方式接受了本科教育并最终获得本科文凭，但因他们第一学历被注明是专科，在考公务员和事业单位时，面临更大的“上岸”障碍。因此，这部分学生及其背后的家

① 佛朝晖，邢晖.转型期高职院校发展的政策期待——基于对120名高职院校书记、校长的调研分析[J].职业技术教育，2013(1)：16-19.

庭，出于自身及其所在群体的切身利益，一直以来，都是高等职业院校升格本科的积极拥趸者，并因他们是这一改革举措的主要当事方和直接受益者，所阐述的观点和诉求最终成为促成改革实施的一大动因。

3.社会的期盼。如果用市场经济中的供需关系来对比，前两个职业教育利益相关者合二为一成为高素质技术技能人才供给方，包含用人单位在内的社会则作为需求方，对技术技能人才在“高素质”之外，提出了“高层次”的规格需要。改革开放40多年，我国职业教育培养了大量高素质劳动者和技术技能人才，形成了适应工业化中期需要的职业教育模式。但随着以智能化为核心的新一轮产业革命的来临，大量的操作性岗位甚至部分脑力劳动岗位会消失，产业一线更多地需要具有创新能力、智能设备维护能力、规划设计和组织管理能力的人才。特别是我国进入后工业化时代，现代服务业成为拉动国民经济增长的重要引擎，迫切需要对传统服务业进行数字化、智能化改造和提升，这进一步加剧了对高层次技术技能人才的需求。现有三年学制的高等职业院校所培养的人才还存在学生对接行业、企业的职业能力弱，综合素养工匠精神相对缺乏等缺陷。社会期盼职业教育领域落实立德树人根本任务，健全德技并修、工学结合育人机制，构建德、智、体、美、劳全面发展的人才培养体系，职业院校培养的人才能满足“支撑制造业高端攀升”和“群众高品质生活需求”两大目标。

4.学者的分歧。早在2008年，就已出现职业教育类型与层次辨[①]，有学者预判“近几年职教规模发展的重心仍然以中职和专科层次为主，估计再过六七年，重心上移将成为一个必然趋势”[②]，进而形成了发展本科层次高等职业教育是我国经济发展的需要、实现阶层良性流动的需要、高等教育市场国际竞争的需要的基本认识[③]。以“职业本科教育”“本科职业教育”等为关键词，查询中国知网、《光明日报》、《中国青年报》、《人民政

① 姜大源.职业教育:类型与层次辨[J].中国职业技术教育,2008(1):1,34.

② 马树超.对职业教育发展未来30年的展望[J].教育与职业,2008(27):9-11.

③ 梁艳清,杨朝晖,侯维芝.关于发展本科层次高等职业教育的几点思考[J].教育与职业,2010(26):5-7.

协报》等平台和媒体内容发现，近些年来，关于职业本科教育的研究文章逐渐增多。从刊发的文章观点来看，总体上学者对兴办职业本科教育的结论趋同，大多持肯定态度，争拗点在于兴办职业本科教育的主体、路径、时机和区域。如有学者基于高等职业教育“升格与升级，哪个更实际”的困惑，提出确定职业教育体系内部不同层级职业院校的发展方向、政策建议[①]。有学者认为，在职业教育中，允许升本，建立由中等职业院校、职业专科院校和职业本科院校/技术应用型本科院校构成的三级职业院校体系，可以在一定程度上缓解职业院校基本生存的“集体忧虑”[②]。有学者认为，职业教育资源的空间分布仍有改善的余地……在东部接受职业教育，这样做能够提高职业教育的总体效率[③]。有学者更进一步指出，发展职业本科教育不只是为毕业生提供一张本科文凭，更核心的是要触发培养方案、课程设置和教师发展的一系列深刻改革[④]。

5.政府的顾虑。在开办职业本科教育一事上，院校、学生、社会、学术界各有其利益诉求，他们从各自视角出发，大体持积极开放态度，并在一定程度上视为共同目标。而政府因拥有社会资源配置权，出台教育领域的公共政策时，既要考虑教育领域现有办学基础条件达标情况和院校发展诉求，更要兼顾国家经济发展、人才类型结构、科技社会服务等综合因素。也正因为如此，政府对是否放开职业本科教育，在更深层面综合评估后，一直存有多重顾虑，态度审慎。

2018年之前，政府对发展职业本科教育总体持否定或犹疑态度，如《现代职业教育体系建设规划（2014—2020年）》和《国务院关于加快发展现代职业教育的决定》中明文规定：原则上专科高等职业院校不升格为或并入本科高等学校。这既有中央政府基于全国教育结构布局的系统考

① 邢晖.当前职业院校的定位困惑与政策建议[J].中国职业技术教育,2016(3):52-54.

② 徐国庆.职业教育实现现代化的关键是完善国家基本制度[J].华东师范大学学报(教育科学版),2021,39(2):1-14.

③ 陈钊,冯净冰.应该在哪里接受职业教育:来自教育回报空间差异的证据[J].世界经济,2015,38(8):132-149.

④ 蔡基刚.警惕职业教育“本科化”退化为“文凭化”[N].光明日报,2021-04-29(02).

虑，又和中央政府构建现代职业教育体系的构想有关。长期以来，最高为专科层次的职业教育基本满足社会需要，与人民追求更加公平而有质量的基础教育和国家建设世界一流水平大学的需求相比，职业教育领域的改革相对缓慢。在构建现代职业教育体系方面，教育部曾将引导国内地方本科高校转型作为实施本科层次职业教育的主要途径，对“地方本科高等学校转型发展”寄予厚望，并于2014年作出专门部署，试图推进600多所1998年前后设立的地方本科院校逐步转型。

从地方政府视角看，其顾虑有二。一是在我国现行管理体制下，地方政府虽然对本地高素质高层次技术技能人才需求最迫切，也最了解本地专科层次高等职业院校办学实力，但对设置本科层次高等院校，其只有推荐权或者说是动议权，最终设置与否，决定权在中央政府（以教育部代使职权）。二是地方政府在发挥省级统筹功能时更注重教育投资的收益率。对地方政府而言，设置一所本科院校，是一项重要投资决策，而教育资源对地方人力资源的影响存在滞后效应，对经济增长的影响也存在一定的滞后性[①]。从长期看，这项投资可以直接增加当地人才供给，并且根据人力资本具有正外部性的特点，可以持续放大该项投资的收益。但就短期而言，地方政府必须为举办本科高等职业院校提供发展规划、办学空间、机构和人员编制、办学经费等多方面政策支持措施，这势必影响到地方政府当年的整体行政成效。上述两重顾虑导致地方政府对兴办职业本科教育心有余而力不足。

进入新时代，面对高质量发展要求，作为对发展起至关重要作用的劳动力生产要素来说，我国正在失去人口红利，需要从人口红利转向人才红利，实现“全员劳动生产率增长高于国内生产总值增长”，这就必须不断提高全民受教育程度，提升劳动年龄人口平均受教育年限，让劳动者实现更加充分和更高质量的就业，同时也迫切需要加快构建现代职业教育体系，培养更多高素质技术技能人才、能工巧匠、大国工匠……为全面建设社会主义现代化国家、实现中华民族伟大复兴的中国梦提供有力的人才和

① 陆铭.大国大城：当代中国的统一、发展与平衡[M].上海：上海人民出版社，2016：141.

技能支撑[①]。

设置本科层次高等职业院校，是职业教育高质量发展的机遇与路径。

教育部公布的2020年全国教育事业统计主要结果显示，我国共有中等职业院校9865所，在校生1628.14万人；高等职业（专科）院校1468所，在校生1459.86万人。职业教育作为改善我国人力资源结构的一个“调节器”，成为我国培养技术技能人才、促进就业创业创新、推动中国制造和提高服务水平的重要基础。职业教育能有效提升劳动者技能，形成人力资本提升和产业转型升级的良性循环，其发展节奏和规律，与我国经济社会发展松散耦合[②]，实现“同频共振”：20世纪80年代初至90年代中期，我国处于百废待兴、人才急缺时期，以初中毕业生为生源的普通中专（以四年学制为主）为国家培养了大批拥有专业知识的人才；2000年前后，我国按世界银行标准迈入中等收入国家行列，一大批专科层次高等职业院校应运而生，为我国经济社会转型提供了大批高素质技术技能人才；而今，在我国有望跨过所谓“中等收入陷阱”，实现“人均国内生产总值达到中等发达国家水平”目标之际，本科职业教育提上日程。

聚焦2021年，我国在职业教育领域相继释放重大利好政策，职业教育发展迎来重大机遇期。先是教育部于2021年1月22日出台《本科层次职业教育专业设置管理办法（试行）》，让本科层次职业教育首次进入政府文件。继而教育部于2021年3月12日发布《职业教育专业目录（2021年）》，该目录看点颇多，在“加强职业教育国家教学标准体系建设，落实职业教育专业动态更新要求，推动专业升级和数字化改造”的功能性目的之外，让感兴趣者津津乐道的莫过于该版目录体现出的“一体化”职业教育思维，设置了“两等三层”专业：中等职业教育专业，对应中专层次职业教育；高等职业教育专科专业，对应现在绝大部分高等职业院校实施

① 新华社．习近平对职业教育工作作出重要指示[EB/OL].(2021-04-13)[2021-07-19].http://www.gov.cn/xinwen/2021-04/13/content_5599267.htm.

② 周光礼．国家工业化与现代职业教育：高等教育与社会经济的耦合分析[J].高等工程教育研究,2014(3):55-61.

的专科层次职业教育；高等职业教育本科专业，对应即将逐步扩大试点的本科层次职业教育。视野再扩大，2021年3月24日召开的国务院常务会议审议通过了《中华人民共和国职业教育法（修订草案）》，指导我国职业教育科学规范发展。2021年5月3日，代表中国优秀青年的最高荣誉、集中反映当代青年的精神品格和价值追求的“中国青年五四奖章”表彰名单（共30人）公布，包含高级技师、桥吊司机、邮政投递员、特级技师、世界技能大赛金牌获得者在内的5位技术技能人才入榜，这在一定程度上反映出社会对高素质技术技能人才贡献度的认可，也释放了国家将进一步提高技术技能人才社会地位、高度重视建设技能型社会的明确信号。

2021年4月召开的全国职业教育大会，正式宣告了职业教育发展新风口的到来。会上传来一系列让职业教育界深感振奋的信息，其中关于职业本科教育的提法尤其让现有专科层次高等职业院校兴奋。比如，习近平总书记做出的“稳步发展职业本科教育”重要指示，李克强总理关于“努力建设高水平、高层次的技术技能人才培养体系”的批示，孙春兰副总理关于“要一体化设计中职、高职、本科职业教育培养体系”的要求，以及经过大会讨论修改后待颁布的高规格文件。

事实上，职业本科教育已不仅仅存在于政策设计者构建现代职业教育体系的“蓝图”里和职业学者的笔触下。从某种程度而言，设置本科层次高等职业院校已成为各地新一轮院校设置锦标赛，在地方政府支持下，一批专科层次高等职业院校先行试点，已建成一批本科层次高等职业院校“毛坯房”，更有众多院校“摩拳擦掌”“招兵买马”“添砖加瓦”，欲跻身本科层次高等职业院校行列。据不完全统计，截至目前，全国已设置27所本科层次高等职业院校。更多专科层次高等职业院校则借各种机遇争取升格，如江苏省借独立学院转设之机，设置5所本科层次高等职业院校；湖南省实施职业教育“楚怡行动计划”，推动4所专科层次高等职业院校升格；广东、山东、江西、甘肃、浙江、福建等更多省份积极推动专科层次高等职业院校升格，打造“职教高地”；等等。

这些不同信息源都隐约指向同一个事实：在我国，发展本科层次职业教育是新时代进一步优化教育结构、深化职业教育改革发展、完善现代职业教育体系的重要战略举措，是推动职业教育发展提质扩容的关键一招。这与其说是时代需求赋予了我国职业教育提升层级的可能，不如说是职业教育领域遵循了与现阶段我国经济社会发展相符的历史发展规律。从政策设计者的意图来看，一条遵循“试点先行、稳中求进”总基调的“稳步发展职业本科教育”的路径已依稀可见：先通过让民办专科层次高等职业院校升格、公办专科层次高等职业院校升格、独立学院与专科层次高等职业院校合并转设等多种路径，从学校层面允许极少部分学校“试水”兴办职业本科教育；继而（或同时）较大面积遴选设置本科层次职业教育专业，从专业层面逐步积累我国兴办职业本科教育的经验，同时扩大本科层次职业教育举办主体“蓄水池”；待发展职业教育本科的系列政策进一步配套完善和高层次技术技能人才的需求进一步旺盛时，再有序放开本科层次高等职业院校设置工作；最后，根据前期办学实践和国民经济社会发展需要，对本科层次高等职业院校开展教学和办学水平评估，使我国本科层次高等职业院校办学模式最终定型。据此路径预判，在“十四五”期间，我国可能会出现近100所本科层次高等职业院校，届时我国现代职业教育体系将在专业层面形成纺锤体型，在学校层面形成金字塔形格局（见表3-6、表3-7）。

表3-6　“十四五”期间我国职业教育“两等三层”院校结构趋势

等次	层级	院校数
中等	中等职业院校	10000所左右
高等	专科层次高等职业院校	1400所左右
	本科层次高等职业院校	100所左右

注：本科层次高等职业院校数未包含已经省级人民政府推荐但尚未经教育部批复同意的院校。

表3-7　我国职业教育“两等三层”专业结构

等次	层级	专业数
中等	中等职业院校	358个
高等	专科层次高等职业院校	744个
	本科层次高等职业院校	247个

设置本科层次高等职业院校，必须突破产教融合的壁垒。职业本科教育的诞生、发展和壮大，必须始终坚持服务于复合型人才成长、服务于知识技能积累、服务于产业发展需求的导向。脱离这三个导向，则职业本科教育将演变为畸形的普通本科教育，尽失原有特色，甚至会彻底砸了职业教育本科这块牌子，严重影响整个职业教育的发展。职业教育需要高质量发展，产教融合、校企合作是实现这一目标的核心路径和有力措施，也是衡量这一目标的关键指标和量度，是职业教育区别于普通教育的本质特征之一[①]。在遴选设置本科层次高等职业院校过程中，应在政策导向、院校设置指标体系设计、设置专家现场考察、办学水平评估等多个环节，将产教融合设为壁垒，倒逼欲升格的专科层次高等职业院校去突破这些壁垒，改变校企合作关系浅显松散的实然状态，形成校企“双主体”育人应然格局，做大做强职业本科教育这块品牌。

锚定产教融合是本科层次高等职业院校的应然职责。职业教育与高等教育的重叠交叉不断增加[②]，高等职业教育是高等教育的重要组成部分，由专科、本科层次的高等职业院校和其他普通高等学校实施。在我国现有法律中，《中华人民共和国高等教育法》《中华人民共和国职业教育法》均为指导高等职业院校办学的法律。

《中华人民共和国高等教育法》主要用于规范我国普通高等教育领域相关事宜，将高等学历教育分为专科教育、本科教育和研究生教育，专科教育由高等专科学校实施，本科及本科以上教育由大学、独立设置的学院

① 刘任熊，冯立元，苗睿岚，等．从独角戏到双主体：职业教育产教融合制度演进脉[J]．中国职业技术教育，2021(6)：33-43。

② 马陆亭．职业教育高质量发展必须抓牢类型特征[J]．中国职业技术教育，2021(3)：5-11，18.

主要实施。该法在第一章第五条规定："高等教育的任务是培养具有社会责任感、创新精神和实践能力的高级专门人才。"本科层次普通高等学校设置遵循《普通本科学校设置暂行规定》（教发〔2006〕18号），该规定诸多条款设定的产教融合指标，对设置本科层次高等职业院校有约束作用。

《中华人民共和国职业教育法》（1996年）条款规定："实施职业教育必须贯彻国家教育方针，对受教育者进行思想政治教育和职业道德教育，传授职业知识，培养职业技能，进行职业指导，全面提高受教育者的素质。"《中华人民共和国职业教育法》（2019年征求意见稿）鼓励有条件的企业根据自身生产经营需求，利用资本、技术、知识、设施、设备和管理等要素，单独举办或者联合举办职业院校、职业培训机构，并从国家层面建立产教融合型企业认定制度。

彰显产教融合是已有本科层次高等职业院校的实然映照。据不完全统计，自2019年以来，我国审批设置本科层次高等职业院校39所（见表3-8）。2020年之前，所设置本科层次高等职业院校的性质大多为民办。国家先从民办教育领域，以小切口"试水"本科职业教育，一方面是以此举测试社会反应，另一方面也是为了更好控制事态发展趋势，从这一部署亦看出国家对开办本科职业教育的审慎态度。2020年之后，国家加快推动独立学院转设，允许优质专科层次高等职业院校与独立学院合并转设为省属公办本科层次高等职业院校，专科层次高等职业院校迎来一段难得的升格"窗口期"，这一举措既可推进独立学院转设，又可在前期试点基础上进一步推进本科职业教育试点，可获"一举两得"之功效①。

① 2020年5月，教育部印发《关于加快推进独立学院转设工作的实施方案》（教发厅〔2020〕2号），给定转为民办、转为公办、终止办学三条转设路径，推动各独立学院于2020年末全部制定转设工作方案，并同时推动一批独立学院实现转设。浙江省、江苏省、湖南省、山东省等省份积极创新，探索统筹省内高职高专教育资源合并转设本科层次高等职业院校，一批独立学院与专科层次高等职业院校尝试完成合并转设为本科层次高等职业院校前期各项工作，并于2021年上半年进入教育部公示环节，后因多种因素被叫停。

表 3–8　我国现有本科层次高等职业院校名单

序号	学校名称	性质	设置日期	序号	学校名称	性质	设置日期
1	泉州职业技术大学	民办	2019 年 5 月 29 日	23	山西工程科技职业大学	公办	2020 年 12 月 18 日
2	南昌职业大学	民办	2019 年 5 月 29 日	24	景德镇艺术职业大学	民办	2020 年 12 月 24 日
3	江西软件职业技术大学	民办	2019 年 5 月 29 日	25	河北工业职业技术大学	公办	2021 年 1 月 27 日
4	山东外国语职业技术大学	民办	2019 年 5 月 29 日	26	河北石油职业技术大学	公办	2021 年 1 月 27 日
5	山东工程职业技术大学	民办	2019 年 5 月 29 日	27	河北科技工程职业技术大学	公办	2021 年 1 月 27 日
6	山东外事职业大学	民办	2019 年 5 月 29 日	28	贵阳康养职业大学	公办	2021 年 5 月 17 日
7	河南科技职业大学	民办	2019 年 5 月 29 日	29	广西农业职业技术大学	公办	2021 年 5 月 17 日
8	广东工商职业技术大学	民办	2019 年 5 月 29 日	30	兰州资源环境职业技术大学	公办	2021 年 5 月 17 日
9	广西城市职业大学	民办	2019 年 5 月 29 日	31	兰州石化职业技术大学	公办	2021 年 5 月 17 日
10	海南科技职业大学	民办	2019 年 5 月 29 日	32	石家庄工程职业技术大学	公办	2021 年 5 月 17 日
11	重庆机电职业技术大学	民办	2019 年 5 月 29 日	33	浙江药科职业大学	公办	2021 年 5 月 17 日
12	成都艺术职业大学	民办	2019 年 5 月 29 日	34	南京经贸职业技术大学	公办	2021 年 6 月 4 日
13	广州科技职业技术大学	民办	2019 年 5 月 30 日	35	江苏农牧科技职业大学	公办	2021 年 6 月 4 日

续 表

序号	学校名称	性质	设置日期	序号	学校名称	性质	设置日期
14	西安信息职业大学	民办	2019年5月30日	36	江苏农林职业技术大学	公办	2021年6月4日
15	西安汽车职业大学	民办	2019年5月30日	37	江苏医科职业技术大学	公办	2021年6月4日
16	南京工业职业技术大学	公办	2019年12月27日	38	江苏工程职业技术大学	公办	2021年6月4日
17	辽宁理工职业大学	民办	2020年6月21日	39	山东职业技术大学	公办	2021年6月4日
18	运城职业技术大学	民办	2020年6月21日	40	湖南楚怡工业职业技术大学	公办	2021年5月6日
19	浙江广厦建设职业技术大学	民办	2020年6月21日	41	长沙民政职业技术大学	公办	2021年5月25日
20	新疆天山职业技术大学	民办	2020年6月21日	42	湖南传媒艺术职业大学	公办	2021年5月25日
21	上海中侨职业技术大学	民办	2020年6月21日	43	湖南铁道职业技术大学	公办	2021年5月25日
22	湖南软件职业大学	民办	2020年7月3日				

注：1. 以上数据统计截止时间为2021年6月4日；2. 序号28—39的12所学校，为进入教育部公示环节的省属公办本科层次高等职业院校；3. 序号40—43的4所学校均为经所在省推荐、待教育部审批的省属公办本科层次高等职业院校，校名为暂定名，设置日期为院校所在省教育厅公示日期。

对现有公办本科高等职业院校中的典型院校产教融合特性进行取样分析（见表3–9），发现在设置本科层次高等职业院校时，更加突出实验实训环境、师资队伍建设等方面的产教融合因素，已然是题中应有之义。首先，建校基础更倾向于理工类专科层次高等职业院校。现有公办本科高等职业院校中，绝大多数为理工类院校，均具备较好产教融合的基础，大都建有大学科技园、校内外实训基地等，并借助虚拟仿真等技术，大力发展实训基地尤其是重点实验室。其次，硬件考核上更加注重产教融合因子。这11所职业院校，大多是同层次同类型院校中的佼佼者，牵头成立省级及以上职业教育集团，联合企业共建企业学院，开展订单式人才培养，成立现代学徒制班。最后，内涵方面更加突出校企合作。在师资队伍建设方面，注重从企业引聘能工巧匠建立专兼职结合的“双师”团队，专任教师队伍的“双师素质”比例高。

表3-9　取样分析现有公办本科层次高等职业院校产教融合特性

院校	南京工业职业技术大学	河北工业职业技术大学	湖南楚怡工业职业技术大学
整体实力	国家示范性职业院校（2006）	国家示范性职业院校（2006）	国家示范性职业院校（2008）
办学特色	全国高等职业院校育人成效50强、教学资源50强、服务贡献50强、国际影响力50强	全国高等职业院校育人成效50强、教学资源50强、服务贡献50强	对接工程机械、电工电器、汽车零部件等湖南装备制造优势产业办专业
校企合作	建有智能工程产业研究院、人工智能工业应用产业研究院、智能控制技术产业研究院、无人机产业研究院、轨道交通产业研究院、跨境电商产业研究院等6个产业研究院	校企共建国内唯一“冶金职业教育信息化研发培训中心”和钢铁冶金VR虚拟仿真实训中心	形成政校行企合作的“联盟办学”式、以省级技术转移中心为纽带的“技术中介”式、以重点专业群为核心的“多元投入”式、“国际标准引入”式等校企合作形式

续 表

院校	南京工业职业技术大学	河北工业职业技术大学	湖南楚怡工业职业技术大学
实训基地	建有国家“十三五”产教融合发展工程规划项目、省发改委工程研究中心、省高校协同创新中心、省产教深度融合实训平台、省级大学科技园，与31家世界500强企业建立深度合作关系，与领军企业建立合作平台15个	建有3D打印中心等高水平专业化实训基地16个、国家职业教育实训基地6个、创新发展行动计划国家生产性实训基地2个，河北省材料细晶制备技术创新中心等省级技术研发平台5个	校企共建智能制造实训中心、机器人实训中心、3D打印实训中心、智能家电实训中心、数控实训中心、智能控制实训中心等校内实训室41个，在长株潭衡（长沙、株洲、湘潭、衡阳）区域内校企合作新建校外实习实训基地超过141个
职教集团	牵头成立全国机械行业现代机电技术职教集团、江苏机电职业教育集团	牵头成立全国钢铁行业职业教育联盟、河北省钢铁焦化职业教育集团、河北省新一代人工智能产教融合联盟	牵头成立机械行业先进装备制造职业教育集团、湖南机械装备制造业职教集团
师资队伍	拥有全国高校黄大年式教师团队1个、全国技术能手7人；专任教师中“双师素质”教师占比92.29%	校外兼职教师占比45.87%；专任教师中“双师素质”教师占比78.61%	聘任中国工程院院士、万人计划人才、长江学者、博导教授、技能大师、全国技术能手、劳动模范、行业和企业专家等近80人为兼职教师

数据与信息来源：1. 学校官方网站数据；2. 中国高职高专网公布的院校2019年度质量年度报告。

突出产教融合是新设本科层次高等职业院校的必然要求。现行设置本科层次高等职业院校的文件依据主要有三份（见表3-10），分别是教育部《普通本科学校设置暂行规定》（教发〔2006〕18号）、《本科层次职业学校设置标准（试行）》（教发〔2021〕1号）和《本科层次职业教育专业设置管理办法（试行）》（教职成厅〔2021〕1号）。从文件名可知，三份文件均冠以“试行”“暂行”字样，体现国家对相关工作持总体审慎态度。其中，《本科层次职业学校设置标准（试行）》侧重设置本科层次职业教育专业，具体操作时，有可能出现申报学校将本单位相关资源全部集中在某几个专业上，从而导致指标失真现象，故对设置本科层次高等职业院校实际指导意义不大。因此，我们重点比对规范普通本科院校设置的《普通本科学校设置暂行规定》和规范本科层次职业院校设置的《本科层次职业学校设置标准（试行）》，来了解两类同层次高等学校设置情况。

表3-10　本科层次职业院校与普通本科学校设置一级指标对照

《本科层次职业学校设置标准（试行）》（教发〔2021〕1号）	《普通本科学校设置暂行规定》（教发〔2006〕18号）	《本科层次职业教育专业设置管理办法（试行）》（教职成厅〔2021〕1号）
1.办学定位		1.可行性
2.治理水平	8.领导班子	
3.办学规模	1.办学规模	3.人才培养方案
4.专业设置	2.专业设置	
5.师资队伍	3.师资队伍	2.师资队伍
6.人才培养	4.人才培养	6.培养质量与社会声誉
7.科研与社会服务	5.教学科研水平	5.技术研发与社会服务
8.基础设施	6.基础设施	4.办学条件
9.办学经费	7.办学经费	

注：1.表中指标名为笔者提炼出来的；2.为便于比对，按照指标在文件里出现的先后顺序对指标予以排序，指标名称前的阿拉伯数字为该指标在对应文件中出现的顺序。

从一级指标名称看，《本科层次职业学校设置标准（试行）》和《普通本科学校设置暂行规定》具备三个共性。其一，两份文件均设定定性指标和定量指标两类指标，其中，《本科层次职业学校设置标准（试行）》

设置办学定位、治理水平、办学经费三个定性指标，《普通本科学校设置暂行规定》设置领导班子、办学经费两个定性指标。在2006年出台《普通本科学校设置暂行规定》时，我国设置普通本科院校已经积累了比较成熟的经验，这类高校的办学定位基本明确，故对该类学校的办学定位不做特别强调。而对2021年出台的《本科层次职业学校设置标准（试行）》而言，本科层次职业院校尚属新生事物，故在要求遵守法律法规之外，特意对本科层次职业院校做出“坚持面向市场、服务发展、促进就业的办学方向，坚定职业教育定位、属性和特色，培养国家和区域经济社会发展需要的高层次技术技能人才”定位要求。其二，两份文件的定量指标名称基本一致，稍有差异的是在《普通本科学校设置暂行规定》中出现的“教学科研水平”指标，在《本科层次职业学校设置标准（试行）》中以“科研与社会服务”名称出现，昭示国家更加重视本科层次职业院校的社会服务能力。其三，职业本科教育与普通本科教育一致，体现了“全人教育”思想，其实施的不仅是技能教育，注重“制器”，更注重“育人”。

但再进一步分析二级指标，两份文件的指标条目有不同，指标内涵有变化，指标量度不同，2006年出台的《普通本科学校设置暂行规定》和2021年出台的《本科层次职业学校设置标准（试行）》具有较大差异性。《本科层次职业学校设置标准（试行）》规定的指标体系融合了本科规范和职业教育特色，国家对本科层次高等职业院校赋予了与本科层次普通高等学校不一样的期望。国家在设置本科层次高等职业院校时，在专业设置、师资队伍、科研与社会服务三个主要指标中，更加注重产教融合、校企合作，充分体现了职业本科学校与普通本科学校的人才培养在“工学结合、知行合一”方面的差异性。对本科层次职业学校而言，要按照职业教育办学规律实施本科教育，其在设置时的壁垒是产教融合，办学成效突破点也是产教融合。

1. 专业设置。学科与专业建设是大学建设的根本。《普通本科学校设置暂行规定》对称为学院和大学的普通本科学校仅从覆盖面上做出规定，要求“称为学院的应拥有1个以上学科门类作为主要学科，称为大学的应拥有3个以上学科门类作为主要学科”。而在《本科层次职业学校设置标准（试行）》里，除对专业群和专业的个数做出明确规定外，还要求设置专业时要对接国家和区域主导产业、支柱产业和战略性新兴产业，并要建有专业随产业发展动态调整机制，确保学校紧密对接区域产业发展，并在专业建设过程中落实产教融合需求，达成“建设专业链对接产业链，围绕产业链部署创新链，围绕创新链培育产业链，做大产业链反哺专业链”的良性循环。唯有如此，方可完成“推动职业教育与产业发展有机衔接、深度融合”，“职业教育服务能力显著提升”①的目标。

2.师资队伍。人才培养关键在教师，教师队伍的素质直接决定着大学的办学能力和水平。努力建设一支政治素质过硬、业务能力精湛、育人水平高超的教师队伍，是办成类型特征鲜明的本科职业学校的关键。《本科层次职业学校设置标准（试行）》设置的指标，对本科职业院校师资队伍的规模、能力、结构均作出规范。在设置职业本科院校和普通本科学校时，有关文件均对兼任（兼职）教师作出25%的占比约束，不同的是，设置普通本科学校时，“兼任教师人数应当不超过本校专任教师总数的1/4（25%）”，设置职业本科院校时，“来自行业、企业一线的兼职教师占比不低于专任教师总数的25%”，并且“承担专业课教学任务授课课时占学校专业课总课时的20%以上”。另外，对专任教师队伍的“双师素质”教师比例作出“不低于50%”的约束，以此确保学校形成专兼紧密结合、理论和实操能力互补的教师队伍，切实担负起培养高层次高素质人才队伍的重任。事实上，欲升格的高等职业院校大都具备这个条件，如华东地区某高等职业院校在合并转设升本申报方案里，将专任教师“双师型”教师比例设定为85%以上，并聘请行业、企业一线的兼职教师240人左右，其中行业和企业领军人才、产业教授、大师名匠担任学校特聘教授、兼职教授的有100人左右。

3.科研与社会服务。大学职能要求职业本科院校必须面向国家战略需

① 新华社.中共中央国务院印发《中国教育现代化2035》[EB/OL].(2019-02-23)[2020-06-16].http://www.xinhuanet.com/politics/2019-02/23/c_1124154392.htm.

求和科技发展前沿，积极构建科学研究与社会服务体系，不断提升科技创新能力，努力成为区域经济社会发展和产业经济转型升级的重要技术支撑基地。设置职业本科院校，除应“近五年累计立项厅级及以上科研项目20项以上”，体现传统的学科知识创新之外，还必须注重“四技服务”和职业培训，落实学历教育与培训并举的法定职责。为此，《本科层次职业学校设置标准（试行）》从金额和培训人次两个层面设置“近5年横向技术服务与培训年均到账经费1000万元以上”“年均非学历培训人次数不低于全日制在校生数的2倍”指标。

国家“十四五”规划提出，将劳动年龄人口平均受教育年限提高到11.3年，全国常住人口城镇化率提高到65%。在这个过程中，无论是从实现教育现代化，推动经济高质量发展，全面建设社会主义现代化国家角度，还是从促进人的全面发展，创造高品质生活，改善和保障民生，增进民生福祉角度，职业教育发挥的作用都占据极大权重，亟需构建现代职业教育体系，增强职业教育适应性。发展本科层次职业教育，无疑是构建横向融通、纵向贯通的现代职业教育体系的关键一环。

稳步发展职业本科教育的必要性，简而言之，就是有助于服务区域经济发展和产业转型升级，有助于满足人民群众接受更高层次职业教育的需求，有助于构建类型特色鲜明的现代职业教育体系，有助于打造中国特色的职业教育国际品牌。换言之，强化本科层次职业教育，可以更好地满足人民群众对优质本科教育的需求，进一步完善现代职业教育体系，优化高等教育结构布局，推动职业教育走向国际舞台。将职业院校教育（对应职业培训）的层次提升至本科，是高等职业院校和职业教育的发展机遇，但同时也是挑战，从某种意义上而言，更是挑战大于机遇。反木桶原理昭示：木桶最长的一块木板决定了其特色与优势，在小范围内成为制高点。本科职业教育是现代职业教育体系中的最长的一块木板，在构建中职—高职—职业本科—专业学位研究生的完整人才培养体系中，需动态调整专业结构，增强职业教育体系与社会的匹配度，大规模培养覆盖国民经济各个领域的高素质技术技能人才[①]，包含本科层次职业院校和专业在内的本科职业教育的质量，直接决定着职业教育的质量。

设置本科层次高等职业院校，其实是对一个地区乃至全国职业教育资源的再配置。以设置本科层次高等职业院校为手段配置教育资源，应使一个地区乃至全国的职业教育资源配置达到帕累托最优或至少是在进行帕累托优化。政府要在鼓励基层创新的同时，做好顶层设计，加大制度创新、政策供给、投入力度，弘扬工匠精神，提高技术技能人才社会地位[②]。由国家教育行政部门会同地方政府，依据设置标准规定的条件和相关工作流程，考虑地方经济社会发展和人民群众需求，坚持类型教育定位，紧扣产教融合主线设置本科层次高等职业院校。企业发挥职业教育重要办学主体作用，积极参与本科层次职业教育办学活动。新成立的本科层次高等职业院校在缺乏范本的办学环境里，既要避开“职业专科教育延长版”的惯性，也要戒除办“普通本科教育照搬版”的惰性，坚守职业教育产教融合、校企合作、工学结合、知行合一特性，在开展教育教学活动时，要根据职业教育的特点，深化专业教学模式改革，更加突出实验实训实习环节，在更高办学层次、更高水平上深化产教融合，面向产业高端和高端产业培养高层次技术技能人才，更好地服务区域经济社会、服务产业转型升级。

① 张祺午.“十四五”新发展格局中的职业教育使命[J].职业技术教育.2021,42(6):1.

② 新华社.习近平对职业教育工作作出重要指示[EB/OL].(2021-04-13)[2021-08-26].http://www.gov.cn/xinwen/2021-04/13/content_5599267.htm.

第四章　高等职业教育质量评价

第一节　供给侧结构性改革背景下高等职业院校质量评价新思考

本节导读：我国高等教育向普及化阶段迈进的同时，高等职业教育存在学用壁垒，供给侧存在毕业生创新能力不强、就业质量不高、发展潜力不大等问题，不能很好地满足国家创新发展战略对高等职业教育的要求。因此，要兼顾利益相关者多主体视角，着眼高等职业教育人才培养关键要素和主要环节，在高等职业教育领域进行供给侧结构性改革。以六何分析法为建构思维，创新构建一套科学有效的具有中国特色的高等职业院校质量评价模式。

我国高等教育已由大众化阶段迅速迈入普及化阶段。据《国家中长期教育改革和发展规划纲要（2010—2020年）》，至2020年，我国高等教育大众化水平进一步提高，毛入学率将达到40%。而实际上，教育部2022年3月1日发布的2021年全国教育事业统计主要结果数据显示，我国现有普通高等学校3012所（其中本科层次职业院校32所；专科层次职业院校1486所），同期有普通本专科生3496.13万人（其中专科生1590.10万人）①，高等教育毛入学率为57.8%②，稳稳进入高等教育普及化阶段。

在高等教育规模快速发展的当下，高素质人才的需求侧有时却传来不合拍的论调：企业单位招聘难，企业难以招到满足需求的高校毕业生。高素质劳动者供给侧与需求侧出现这看似矛盾的两难，根源还在于供给侧出现学用壁垒。为破除此壁垒，要兼顾利益相关者多主体视角，着眼高等职业教育人才培养关键要素和主要环节，在高等职业教育领域进行供给侧结构性改革。着眼于中国条件、中国学生，建立具有中国特色的高等职业院校教学质量评价体系势在必行。本节结合国际经验，以六何分析法为建构基础，以利益相关者理论为理论基础，构建具有中国特色的高等职业院校教学质量评价模型，以期为科学高效开展高等职业教育教学质量评价奠定基础。

如前所述，构建质量保障体系是高等教育发展的必然选择。评价与认证是国外高等教育质量保障体系的两大支柱。美国学者奥斯丁（Astin，1991）认为：教育评价为认证提供数据支持，是认证工作的基础；教育评价履行教育问责的义务，同时服务于各种不同利益相关群体。有学者将本科人才培养规格分为学术型、应用型和职业型三类，认为不同的培养规格应该有不同的培养质量标准③。南京大学教育研究院朱铁壁等从研究型大学、教学型大学、高职高专在知识发展和学生学习方面的差异来探讨人才培养标准的差异性④。高等职业教育实行人才培养质量监控是国际惯例。厦门大学张继明总结了德国成功的职业教育人才培养质量监控系统管理经验，即建立有效的质量保障组织、引入行业协会监督、奉行宽进严出原则、实施有效国家干预，并认为这些经验值得借鉴⑤。

---

① 教育部.2021年全国教育事业统计主要结果[EB/OL].(2022-07-11)[2022-08-16].http://www.moe.gov.cn/jyb_xwfb/gzdt_gzdt/s5987/202203/t20220301_603262.html.

② 教育部.2021年全国教育事业统计主要结果[EB/OL].(2022-07-11)[2022-08-16].http://www.moe.gov.cn/jyb_xwfb/gzdt_gzdt/s5987/202203/t20220301_603262.html.

③ 周泉兴.高等教育质量标准:特征、价值取向及结构体系[J].江苏高教,2004(3):8-10.

④ 朱铁壁,张红霞.高校分类新思考:知识生产与学生学习双重视角[J].高等教育研究,2015,36(11):24-30.

⑤ 张继明.德国高等职业教育质量保障体系研究[J].石油教育,2006(5):75-78.

国内各界达成共识的观点认为，在未来，相当长的一段时间里，我国高等教育的首要任务将一直是提高教育质量，也就是人才培养质量。不过国内学界对何为人才培养质量评价要素意见不一。一种观点认为，与人才培养质量相关的过程要素，如专业、课程、教学、师资和管理等都是人才培养质量的构成部分。由于我们还没有建立质量标准，应考虑用重点评人才培养质量的内部保证体系来替代评质量①。另一种观点则认为，这些要素是保障人才培养质量的要素与机制，不是人才培养质量本身②。自2010年始，我国实施高等职业教育质量年度报告制度。杨应崧等对国内一流的高等职业院校发布的人才培养质量年度报告进行剖析，认为政府确立了人才培养质量年度报告的基本原则、结构框架和主要内容。③马树超等学者则从实践角度，在国家、省、校三个层级对高等职业院校人才培养质量年度报告进行了剖析。④

以承担人才培养任务的基层高等职业院校为切入点，我们通过对江苏、重庆、四川、陕西等4省份15所高等职业院校官方网站进行调查，各所学校都设立了单独管理机构（机构名以质量管理处或评估与督导办公室居多），或赋予教务处督导职能（教务处下设教学督导室），并有相应专职管理人员从事相关工作。从机构设置和人员配备上看，所调查高等职业院校均将教学质量评价和督导工作放在比较重要的位置。进一步调查发现，我国高等职业院校教学质量评价体系具有如下三个特点：

第一，评价体系架构呈自上而下树状结构。基本形成由教育部督导办（对外以国务院教学督导委员会办公室名义开展工作）为根节点，以省教育厅（教委）、学校、二级院系为子节点，政府、社会、学校多主体逐级

① 孙莱祥，胡秀荣，李进才，等.我国部分高校教学质量保障体系的调研报告[J].评价与管理，2012，10(3)：1-9.

② 赵伶俐.如何衡量高等教育质量与水平[J].理工高教研究，2009(2)：1-7.

③ 杨应崧，苏志刚，齐小萍，等"高职院校人才培养工作质量年度报告制度"的实践探索[J].中国高教研究，2012(3)：94-96.

④ 马树超，范唯.高职教育：为区域协调发展奠定基础的十年[J].中国高等教育，2012(18)：12-16.

延展的树状结构。工作开展过程中，借助相应咨询辅助机构，自上而下逐级实施，如表4-1所示。

表4-1 我国现有树状结构质量评价体系

工作层级	行政机构	决策咨询或辅助工作机构
国家级	国务院教学督导委员会办公室（教育部督导办）	中国教育科学研究院 职业技术教育中心研究所 高等教育教学评估中心 各种国家级教学学会等
省级	省政府教育督导委员会办公室（教育厅教育督导室、教育厅执法监督处）	省级教学科学研究院 省级教育学会等
校级	质量管理处（教学工作督导室、评估与督导办公室）	高职研究所、教务处等
院系级	督导小组	专业教研室等

信息来源：教育部、相关省份及有关高等职业院校网站。

第二，质量评价活动在高等职业院校内闭环运行。国家级督导机构有督学、督政、教育质量监测评估三大职能，从宏观方面督导检查党的教育方针、教育法律法规和国家重大教育决策部署的贯彻执行情况。与国家级督导机构职能相承，省级督导机构职能也重在督政。高等教育质量督导，很大程度上由高等学校自觉执行，如表4-2所示。

表4-2 现有质量评价体系及其作用力

运行体系	评价主体	评价方式（载体）	对高等职业教育发展作用力
内环运行系统	政府	评估、项目验收、专项检查	强
	高等职业院校	校内考核督查、数据平台、高等职业院校基本情况报表、质量年度报告	较强
	教师	教学考核	较强

续　表

运行体系	评价主体	评价方式(载体)	对高等职业教育发展作用力
外环运行系统	行业、企业	满意度调查(含口碑)	较弱
	学生及家长	知情度调查、美誉度调查	较弱
	社区及其他社会组织	公益活动	弱
	传媒、第三方评估机构	各类排行榜、各类新闻	弱

第三，质量评价范围小，焦点聚集在课堂教学环节。即便是在高等学校内自发实施的教学质量评价活动中，也存在评价维度单一，聚焦点大多在课堂教学环节等问题。狭义理解教学的内涵，将教学范畴缩小理解为课堂教学，单纯地评价某节课的教学效果，甚至只是关心教师的上课质量，而学生的课堂接受程度、课后的学习效果并没有跟踪评价。只重视第一课堂，轻视第二课堂，漠视第三课堂，没有覆盖人才培养全环节。

应该说，在我国高等教育近120年的发展历程中，具有以上特点的督导评价体系，在保证高等教育质量上发挥了一定作用：体系完备的纵向组织保证了党的教育方针、教育法律法规和国家重大教育决策部署的贯彻执行；一定程度上开展了教育评估、学校评估、教学质量评价活动，保障了高等教育发展。但总体而言，当前无论是普通高等教育还是高等职业教育，质量保障体系仍有不足。我们认为，高等职业教育更甚：

1.高等职业教育人才培养质量评价理念尚不完善，缺乏从利益相关者视角进行质量评价。所谓利益相关者，也即高等职业教育参与方及其受影响的个人和组织，又分直接利益相关者和间接利益相关者两大类。现有理论从不同学校类型或层次分别探讨教育质量问题的研究较多，对现实中的教育评价体系问题关注较少，“管、评、办”尚未有序分离。学校、政府作为质量评价的主体掌握了绝对的话语权，学生、企业及其他相关方在教育评价体系中几乎没有话语权，无法表述其中的优劣，他们的感受与评价长期被忽视，遑论作为评价主体去评议职业教育水平的高下、引导职业教育发展。

2. 高等职业院校教学质量评价价值取向缺乏具有长远目标的评价体系。基于现有研究成果建立的高等职业教育评价体系与高等职业教育人才培养目标并不相符，很难适应高等职业教育的改革与发展。一方面，现行的教育评价体系过多以量化的思维逻辑来评定教学模式质量层次，很难以量化形式展现学生内在的交际、职业道德、组织协调能力等综合职业素质方面的提高；另一方面，现行的教育评价体系过于重视学生即时技能与知识的运用度，而忽视了对学生可持续发展与终身职业潜能的考量，“制器”重于“育人”。具体到某一所高等职业院校，现有体系下的教学质量评价还存在不足，表现为：教学评价活动发于高等职业院校，也止于高等职业院校，缺少系统外部组织（特别是应当对职业教育起支撑作用的行业、企业）参与；高等职业院校在教学质量“无法定质量标准，无确定评价范式，无固定操作流程”的情况下，自己制定规则，评定自己；教学质量评价主客一体，办评一体，集“裁判员”与“运动员”角色于一身；评价系统导致的结果是出现学用壁垒，毕业生质量不高，院校声誉不强，高等职业教育发展乏力。

利益相关者理论及六何分析法对高等职业院校质量评价的新启迪。斯坦福大学的一个研究小组于1963年首先提出“利益相关者”概念，并经美国弗里曼等学者将概念内涵界定。哈佛大学学者亨利·罗索夫斯基视大学为一个利益相关者组织，将利益相关者理论应用于高等教育领域内进行研究。我们认为，我国高等职业教育存在核心利益相关者、优先利益相关者、一般利益相关者、弱利益相关者四类群体，他们组成一个我国高等职业教育发展的相互作用的生态系统，必须考虑他们的显性利益和隐性利益。高等职业教育办学要充分考虑各利益相关者的不同利益诉求，协调利益相关者之间的利益关系，最终实现利益共赢、共同发展①。

我国高等职业教育发端于20世纪80年代初的短期职业大学，大致经历了办学定位探索、办学规模发展和办学内涵深化三个阶段。在向注重传

① 薛茂云.办让利益相关者都受益的高职教育[N].中国教育报,2015-06-04(11).

统学术维度的国内本科院校和向注重职业维度的中职学校学习后，高等职业院校发展定位基本定型。国家在《关于加快发展现代职业教育的决定》《高等职业教育创新发展行动计划（2015—2018年）》等文件中提出，要稳定专科层次职业教育，扩大本科层次职业教育，尝试以职业需求为导向的专业学位研究生培养模式，高等职业教育成为一种教育类型之意隐现。

高等职业教育发展至今面临的困境之一，是要应对应用型本科和中等职业教育双重挤压：高等应用型本科院校转型发展，从上游给高等职业院校带来巨大压力。中等职业学校试行五年制，又从下游对高等职业院校形成冲击。在此双重挤压情势下，构建促进高等职业教育发展的质量保障体系是必然趋势，引入利益相关者评价是全面客观反映高等职业教育质量的必然要求。

高等职业院校的质量保障体系，是一个全过程、全方位、全员性的全面质量管理体系。质量保障体系是通过对高等职业教育办学过程中影响质量的各环节，进行系统监控与评估的系统，它是高等职业教育管理工作的重要环节，科学、有效的质量保障体系是持续提高高等职业教育质量的重要保证。构建质量保障体系的目标，是确保高等职业教育质量“零缺陷”。要基于院校本身，发挥院校质量保障的主体作用，吸纳行业、企业、学生、家长等利益相关者参与。

六何分析法也叫“5W1H”分析法，美国政治学家拉斯韦尔于1948年提出“5W”分析法，后经过人们的不断运用和总结，逐步形成了一套成熟的“5WIH”模式，也即对象（何事，What）、原因（何因，Why）、地点（何地，Where）、人员（何人，Who）、时间（何时，When）、方法（何法，How）等六个方面。六何分析法是一种创造技法，也是一种思维方式，广泛应用于企业管理、日常工作生活和学习中。

高等职业院校是高等职业教育系统内承担具体人才培养任务的载体，考核高等职业教育质量，从高等职业院校着手，是最直接有效的途径，故以高等职业院校质量评价为切入点，讨论基于六何分析法的质量评价体系。具体而言，可以按“以六何分析法建模，引入利益相关者，建立管理信息系统，采集分析监测数据，多维度综合评价”步骤进行。建模分析见表4-3。

表4-3　基于六何分析法的高等职业院校质量评价体系分析

六何分析法要素		高等职业院校质量评价体系要素	
Why	原因	Why	评价目的评估
What	对象	What	评价指标建立
Where	地点	Where	评价环节甄选
When	时间	When	评价节点选择
Who	人员	Who	评价队伍建设
How	方法	How	评价流程构建

基于六何分析法的高等职业院校质量评价体系设计原则：

1.Why——原因——评价目的。在高校教学、科研、服务社会的三大基本职能中，科研、服务社会是基于教学之上的，我们认为，我国高等职业院校应将教学视为重中之重，通过教学来培养适应经济社会发展所需的各类技术技能人才，进而服务社会。人才培养是高等职业院校的根本任务和中心工作，在人才培养的过程中教学工作又处于中心环节，教学工作的质量就是学校生存和发展的生命线，是学校综合实力的集中反映。进行教学质量评价，加强教学管理，确保教学质量的稳定提高，是高等职业院校办学的必备环节。

2.What——对象——评价指标。如何评定高等职业院校提供毕业生和教学产品（人才培养方案、课程标准、教学大纲、授课计划、校本教材、课件教案等）质量的优劣，必须有一套指标。不同类别、不同类型的高等职业院校，其人才培养面向不同，培养规格不同。但有一点，在其教学产品培育下的毕业生，应受用人单位欢迎，适应区域经济社会发展对人才的需求。因此，评价指标体系在保有最基本的教学环节元素的前提下，还应吸纳包括政府、用人单位等企业利益相关者诉求在内的指标，形成一个系统。

结合普通高等学校基本办学条件指标，完善高等职业院校状态数据采集平台指标，与高等职业院校原有教学管理系统融通。①在前期利用高等职业院校人才培养工作状态数据采集平台对人才培养工作状态指标数据项进行比较分析的基础上，精选和补充数据采集项，与学校现有信息化系统互联互通、数据共享，建立高等职业教育人才培养工作状态数据管理系统，从多维度对省与省之间、省域范围内各类高等职业院校的状态数据进行全面分析，形成动态仪表盘及雷达图，客观评价高等职业教育人才培养情况。

3.Where——场所——评价环节。也就是确定评价教学过程的哪个环节。重点评价高等职业院校由实验（基础训练）、实训（仿真锻炼）、实习（实际操练）三者贯穿始终的一个教学学习过程。

高等职业院校实验教学项目类型大多为第一层次的“演示型”实验和“验证型”实验以及第二层次的“应用型”实验和“综合型”实验、“验证型”实验。

（1）实训教学。根据一个教学任务或一项技能，设计一个教学单元，主要是学生或学生团队在教师指导下，以动手实操为主完成，主要目的是将多个知识点融合，在模拟场所融合理论与实践。实训内容包括训练基本技能、训练专门职业技能、训练岗位群职业技能。

（2）实习教学。基本完成教学任务后，在真实工作岗位综合运用已学习的各种知识，并吸纳从工作实际中学习来的经验及技能等，培养包含社会能力在内的综合工作能力。

4.When——时间——评价节点。在哪个时间点评：一学期一评还是一月一评？上学期还是下学期评？根据每个学校工作规律确定。

5.Who——人员——评价队伍，即评价主体和客体。评价主体就是解决“谁来评”的问题。校内可建立总督学领导下的评价机构，包含总督学

---

① 教育部.关于印发《普通高等学校基本办学条件指标（试行）》的通知（教发〔2004〕2号）[EB/OL].(2004-02-06)[2020-06-26].http://www.moe.edu.cn/publicfiles/business/htmlfiles/moe/s7050/201412/xxgk_180515.html.

(由校长或副校长担任)、督导及管理机构、校外督导、校内专任督导、校内兼职督导、二级院系督导。校外可吸纳政府、用人单位、学生家长等利益相关者代表以适合他们的方式参加①。

评价客体就是解决“评什么”的问题。评价客体可以有两大类:由校内专任教师、校内兼课教师、校外兼课教师、校外兼职教师等四类教师组成的教师队伍的各种教学活动;由教务处、图书馆、现代教育技术中心、实训中心等教学管理机构教学辅助机构以及二级院系等教学机构实行的教学管理行为。

6.How——方式——评价流程。在制定评价指标,组织督导队伍后,如何开展教学评价至关重要。可借助系统来记录和处理数据并生成初步结果,将结果反馈给被评价者,并进行纵横向对比。对评价结果不良者,既督又导,帮助提升;对评价结果优秀者,予以正面宣传,给予表彰奖励,并将其优秀经验予以推广,增大教学质量评价结果在教师绩效评价中的比重,形成良好导向作用。

当前我国经济社会发展要跨越“中等收入陷阱”,必须依靠制度创新和技术创新从供给侧进行结构性改革。以培养技术技能人才为己任的高等教育系统必须为我国技术创新提供充沛人才保障。上文所述构建高等职业教育质量保障体系仅为笔者思考之一,笔者认为,构建具有中国特色的高等职业教育质量保障体系,还可从教育普及度、教育公平度、教育质量度、教育开放度、教育保障度、教育统筹度、教育贡献度、教育满意度等八个维度,对高等职业教育的专业设置与建设、课程开发、人才培养方案、人才培养模式、实训实习基地、师资队伍建设、经费保障条件、质量保障体系、领导能力与管理能力、校园文化建设等多方面进行供给侧结构性改革,发挥高等职业教育利益相关者多主体力量,形成“政府引导、学校核心、社会参与”的管、办、评分离的质量评价模式。

---

① 江苏省教育厅办公室.关于做好2015年高等职业学校人才培养状态数据采集工作的通知(苏教办高〔2015〕15号)[EB/OL].(2015-09-11)[2021-09-18].http://www.jsjyt.gov.cn/art/2015/9/11/art_4267_180023.html.

第二节　将第三方评价引进高等职业院校毕业设计

本节导读：毕业设计是高等职业院校培养高素质技术技能人才的一个重要环节。本节主要分析当前高等职业院校毕业设计各环节缺乏“第三方”参与、选题脱离企业实践、写作缺乏有效指导、质量评价体系偏失等问题，并分析其中三方缺乏重视、校企合作不够深入等原因。依据现状与原因指出高等职业院校毕业设计的改革方向是引进企业作为第三方，并分析引进第三方评价的驱动机制，提出毕业设计各环节引进第三方评价、选题强调企业实践、校企合作共同指导、健全质量评价体系等利于提高实践技能的改革策略。

高等职业院校人才培养的目标是培养“高技能”应用型人才。在高等职业教育已占据高等教育半壁江山的现实背景下，高等职业院校“高技能”人才培养的目标能否实现，关系到我国高等职业教育的可持续发展以及整个高等教育的质量，甚至影响国家经济社会发展战略。“高技能”人才培养是一个由多个环节构成的系统工程，毕业设计是其中的一个重要环节。但是由于历史与现实诸多原因，一些高等职业院校学生毕业设计质量较低，相关现实与理论争议似乎越发激烈，如徐苏凌等认为高等职业院校学生进行毕业论文写作需要重新审视①，王海岳认为高等职业院校毕业论文改革是当前高等职业院校内涵建设的当务之急②。下面，我们缩小话题切口，从微观层面，用一定篇幅，以高等职业院校普遍开设的旅游管理类专业为例，讨论将第三方评价引进高等职业院校毕业设计。

旅游业作为服务业的最大支撑行业之一，就业前景良好，越来越多的

① 徐苏凌，傅春泉，王燕丽．关于高职学生撰写毕业论文之悖论[J]．高教论坛，2010(4)：111-112，118.

② 王海岳．基于工作过程的高职毕业论文工作改革探讨[J]．江苏高教，2008(6)：125-126.

高等职业院校学生选择该专业，高等职业院校旅游教育规模庞大，“高技能”旅游人才培养对高等职业教育与旅游产业健康发展都具有重要现实价值，本节以此为基点探讨相关毕业设计问题。

高等职业院校毕业设计的重要性毋庸置疑，毕业设计是培养学生发现问题、分析问题、解决实际问题能力的重要环节，是学生创新能力与科研能力的重要体现，是衡量高等职业院校教学、科研和社会服务综合质量的重要载体，也是衡量高等职业院校能否培养“高技能”人才的重要标志。《关于加强普通高等学校毕业设计（论文）工作的通知》（高教厅〔2004〕14号）指出，毕业论文在学生探求真理、强化社会意识、进行科学研究基本训练、提高综合实践能力与素质等方面，具有不可替代的作用，是衡量院校教师教学水平，决定学生能否毕业的重要依据。各类普通高等学校都要充分认识到这项工作的必要性和重要性，决不能降低要求，更不能放任自流。

高等职业院校各大专业的人才培养都离不开毕业设计的支持。对于旅游管理专业，人才培养定位于培养高技能的旅游行业与企业专业人才，学生技能的提高主要通过校内学习、企业实践与毕业设计等三个主要环节相互影响完成。毕业设计与校内学习相互影响，同时毕业设计也与企业实践相互影响，没有校内课堂等学习环节，学生学习理论知识与利用理论分析综合的能力会非常欠缺，而没有企业实践环节，学生对旅游市场与旅游企业的感知体验就是空白，相关职业技能就不可能得到提高，毕业设计既是对校内学习的理论知识与能力的运用及深化，也是对企业实践技能的梳理与提高。因而毕业设计需要在校内学习与企业实践的基础上完成，需要高等职业院校的教师与旅游企业的指导教师共同来指导，唯有学校与企业合力才能切实提高学生的相应行业、企业工作技能。科学合理的毕业设计格局如图4-1所示。

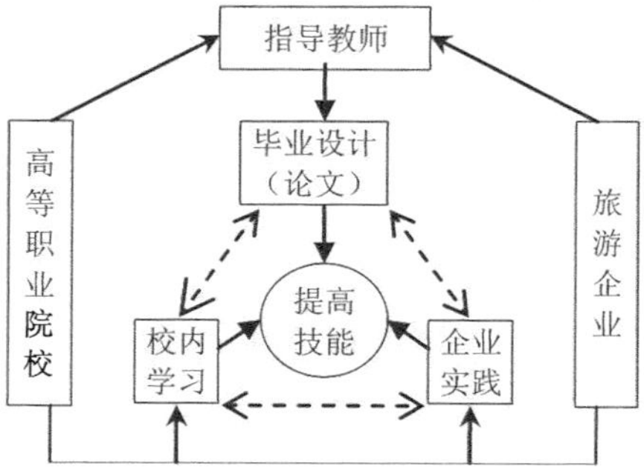

图 4-1　以提高技能为核心的高等职业院校毕业设计格局

但当前高等职业院校毕业设计仍存在一些问题。

1. 各环节缺乏“第三方”参与。高等职业院校办学理念、办学定位、人才培养目标等应吸纳办学利益相关方特别是用人单位参与其中。

2. 毕业设计选题脱离企业实践。选题是完成毕业设计的第一步，在一定程度上决定了毕业设计的质量，因而毕业设计选题非常重要。如旅游管理专业方面的毕业设计选题存在一些问题，其中最严重的是脱离企业实践，一些学生往往选取以“论……”或“……研究”等大而空的学术论文题目，而不是从旅游企业经营管理问题中选择相应研究主题，这类选题研究的内容偏向理论阐述和观点直陈，缺乏有力的企业实践调查数据作支撑。在论文资料收集方面找不到有效途径与方法，导致自身无法进行企业调研或所选的设计（论文）题目没办法进行相关的调研，写作时缺乏个人观点和创新。

3. 写作缺乏有效指导。高等职业院校毕业设计是学生在教师指导下进行的一个综合性的学习总结过程与考核过程，是全面培养学生创新技能及考核学生分析与综合实践技能的主要手段，应成为考核学生三年（或五年）理论知识与企业实践技能的最佳方式，也是学生完成学业的一种标志性依据。由于高等职业院校教师教学任务重，科研时间相对较少，在指导方面缺乏时间，一些学生写作能力不高，再加上选题不当，与指导老师沟通不及时，导致毕业设计过程得不到良好的指导，不能高质量地完成毕业设计。

4.质量评价体系偏失。2004年，教育部根据普通高等学校教学的实际情况和社会发展对人才培养工作的新要求，要求教育行政部门和各高校加强普通高等学校毕业设计工作。各类普通高等学校要围绕选题、指导、中期检查、评阅、答辩等环节，制定明确的规范和标准。要根据不同专业学科特点和条件，研究建立有效的毕业设计质量管理模式和监控制度。

但现实中，高等职业院校作为普通高等学校的重要组成部分，对于毕业设计写作的规范、科研质量等方面的要求相对较低，有的是没有相对完整的写作规范与标准，有的是虽有相对完整的规范与标准，但由于学生与教师自身因素以及相互沟通不畅等多方面原因而没有得到很好的执行。毕业设计的写作方面缺乏相应企业实践能力的评价制度与评价体系来约束，也缺乏企业等相关方面的参与及相应考核。

高等职业院校毕业设计存在一些问题的原因有些是表面的，有些是深层次的，共性的有三条。

第一，三方缺乏足够重视。高等职业院校毕业生要真正掌握实践技能，需要高等职业院校与企业的共同努力，更需要学生主动学习企业相关技能，而对企业各岗位实践技能进行总结分析的最好验证无疑是形成一份实践总结报告或一篇探索企业实际问题的应用性毕业设计。但目前一些高等职业院校、学生与企业三方在此方面都还没有引起足够的重视。当前，一些高等职业院校在第五或第六学期才启动毕业设计及毕业实践的工作。一些学生忙于择业，对毕业论文在思想上不重视。这些因素都造成了学生毕业论文教学的低效①。

第二，忽视写作技能培养。毕业设计是一项包含选题、构思、写作到答辩等工作的系统工程。高等职业院校都为学生配备了毕业设计指导老师，但大多数老师关注的是学生能把一篇毕业设计写出来，主要在选题、选材、构思、拟写提纲等关系到论文写作成败的几个步骤上进行指导。而在高等教育“大众化”背景下进入高等职业院校的学生，平时没有多少机

① 张永春，陈亚东.高职学生毕业论文(设计)改革研究与实践[J].辽宁高职学报，2011(10):41-44.

会得到论文写作的系统指导，缺乏相应的论文写作功底，而毕业设计写作能力的培养不是在短期之内能够提高的，需要长期训练培养。

第三，校企合作不够深入。高等职业院校学生要提高实践技能，到企业进行短期实践与顶岗实习是不可缺少的环节，唯有学生体验到企业的具体工作过程才能更好地提高发现问题、分析问题、解决实际问题的相应技能，同时也只有高等职业院校与企业进行长期的深入合作才能为学生深入了解企业及其具体岗位的情况提供良好平台。但一些高等职业院校与企业的合作很大程度上停留在签订合作协议，真正深入进行合作交流的较少。

高等职业院校毕业设计面临的这些问题，某种程度上影响了职业教育的发展环境。而改革方向，还是要问计于民，或者说是引进第三方评价。

"第三方"的界定。当前关于高等职业教育评价的第三方包括哪些人员还未有具体的指向。学者也进行了相关研究，其中佟林杰与孟卫东认为，第三方是独立于高校和教育管理机构之外的具有教育评估资质的组织和机构①。王艳认为，第三方是指独立于学校及其部门之外的第三方②。尚虎平指出美国"高等教育评估机构委员会"（Council for Higher Education Accreditation，CHEA）主要在于强调各利益相关主体——大学、大学中的院系甚至学生、企业等的参与，是高校基于利益相关主体参与的第三方评价，对我国有很强的启发性③。梁卿则从隶属关系与利益关系方面探讨"谁是第三方"，并从微观、中观、宏观层面界定职业教育质量评价的第三方，其中微观层面行业、企业等主体是第三方④。

需要指出的是，目前相关研究主要集中于高等职业教育质量的第三方评价，而相关具体方面如高等职业院校毕业设计质量的第三方评价则还未有相关文献研究。由于高等职业院校人才培养的目标是培养适应企业各岗位要求的"高技能"应用型人才，毕业设计属于微观层面，毕业生质量关

① 佟林杰，孟卫东．我国高等教育第三方评价体系构建研究[J]．当代教育论坛，2013(3)：25-28.

② 王艳．高职教学质量监控：第三方评价[J]．武汉商业服务学院学报，2011(2)：87-89.

③ 尚虎平．非政府评价的政府管理效果：美国高校基于利益相关主体参与的第三方评价对我国的启示[J]．内蒙古社会科学(汉文版)，2007(5)：119-124.

④ 梁卿．职业教育质量第三方评价的概念探析[J]．职业技术教育，2014(13)：47-50.

乎相关企业的人力资源素质，企业属于高等职业院校毕业生的利益相关者。当前参与毕业设计的是高等职业院校与学生两方，而完全独立的第三方缺乏相关的利益驱动，参与毕业设计存在较多的不确定性与复杂性。鉴于现实可行性考虑，笔者认为，与学生专业相关的企业可界定为高等职业院校毕业设计质量评价的“第三方”。

引进第三方评价的驱动机制，包括宏观政策的战略驱动、毕业设计的问题驱动、校企合作的现实可行性驱动。

1.宏观政策的战略驱动。国家的相关政策引领高等职业教育的战略发展。《国家中长期教育改革和发展规划纲要（2010—2020年）》指出建立行业、企业、学校共同参与的机制，推行工学结合、校企合作、顶岗实习的职业人才培养模式。《教育部关于充分发挥行业指导作用推进职业教育改革发展的意见》（教职成〔2011〕6号）提出职业教育要加强产学研合作，密切校企合作，鼓励行业、企业全面参与教育教学各个环节。要逐步建立以行业、企业为主导的职业教育第三方评价机制。《教育部、财政部关于支持高等职业学校提升专业服务产业发展能力的通知》（教职成〔2011〕11号）要求建立就业（用人）单位等利益相关方共同参与的第三方人才培养质量评价制度。《教育部关于全面提高高等教育质量的若干意见》（教高〔2012〕4号）提出加强实践教学管理，提高实验、实习实训、实践和毕业设计质量。可见，企业参与是职业教育质量发展的基本方向。依据信任型产品（credence goods）[①]的质量类型，高等职业教育是一种信任型产品[②]。满足企业的需求是高等职业院校培育学生的使命。因而，高等职业教育需要按照企业人才要求培养专业人才，遵循国家宏观政策引进企业作为第三方参与高等职业院校毕业设计质量评价，实质上就是满足企业的“高技能”应用型人才需求。

---

① DARBY M, KAMI E.Free competition and the optimal amount of fraud [J]. Journal of Law and Economics, 1973, 16(1): 67-88.

② 梁卿.论高职教育质量第三方评价的必要性：一种教育经济学的解释[J].职教论坛，2014(22)：35-38.

2.毕业设计的问题驱动。与学生专业相关的企业作为第三方参与毕业设计质量评价，能全程监督并改进学生的论文质量，引导学生主动从企业经营管理中发现问题、分析问题与解决问题。同时也益于减少论文写作过程中的形式主义与学生寻租行为，有利于当前毕业设计问题的解决，有利于学生职业生涯的发展。

3.校企合作的现实可行性驱动。当前高等职业院校与企业的合作进一步深入，许多院校与企业合作广泛，如江苏经贸职业技术学院与如家酒店的合作，将旅游专业学生“复制”成如家酒店集团“准员工”；南京旅游职业学院与企业在人才培养方案、毕业生就业等方面进行了深度合作，如与南京舜天海外国际旅行社共建校内旅行社。高等职业院校通过校企合作相当于提前把学生送到企业进行产品前期检测，有助于解决双方合作中的分歧，增加合作信任度，减少企业参与毕业设计质量评价的各种不确定性及相关谈判成本和履约成本。同时，由于企业存在的本质是节约交易成本，企业参与毕业设计质量评价可以对潜在人才的知识综合运用能力、意志力、吃苦耐劳能力、情绪控制能力以及发现问题、分析问题与解决问题能力进行综合考查，有利于减少人才招聘过程中的信息搜寻成本与谈判成本等。因而，企业作为第三方对企业而言也是现实理性的选择。①

要提高高等职业院校毕业设计质量，如下改革策略值得借鉴。

一是各环节引进第三方评价。参照“管、评、办分离”思维，确立在毕业设计方面的校企合作机制。引进企业作为第三方参与高等职业院校毕业设计的选题确定、写作、中期检查、答辩、评分等各环节工作，让企业充分参与毕业设计各环节的质量评价，构建学校、教师、学生、企业之间的新型关系，以此为切入口，通过反馈诊断报告、改进建议等方式，反映第三方对高等职业院校专业教学质量的认可程度，进一步激发学校的办学活力，倒逼教学改革及其毕业设计问题解决。

选题强调企业实践。如高等职业院校旅游管理专业毕业设计应突出旅

① 路易斯·普特曼，兰德尔·克罗茨纳.企业的经济性质[M].孙经纬，译.上海：上海财经大学出版社，2000：75-98.

游企业的岗位性、职业性和实用性，学生在选题时应根据自己在旅行社、饭店、景区等旅游企业的实践体验选择相应的题目，使毕业设计的主题与毕业实践相一致，与学校的教学实习联系起来，与旅游企业的经营管理状况、旅游市场现实结合起来。

首先，专业教师与企业外聘教师在校内授课时应介绍旅行社、饭店、景区等旅游企业的经营管理现状，让学生了解旅游市场的发展情况，使学生认识到当前旅游企业有很多问题需要解决，而这些问题大多都可通过毕业设计进行探讨，帮助学生在校内学习过程中认识到毕业论文写作的重要性和可行性。支持并鼓励学生通过写顶岗实习报告、企业岗位分析、企业调查研究报告、旅游营销策划方案等方式完成毕业设计。

其次，旅游院系应充分走产、学、研结合的发展道路，促进专业教师与企业合作进行横向课题研究等，用专业教师的旅游企业调查研究经验感染学生，并充分鼓励学生参与教师的旅游企业应用性研究，使学生在参与教师的课题或与之相关的工作中掌握收集旅游企业现实资料的实践技能并培养实践调研兴趣。

最后，改革毕业设计时间安排，尽量早定任务、早作安排，调整修改学生毕业论文写作的教学计划和教学进度，使学生能在企业实践实习期间在企业指导教师的指导下进行毕业设计的资料收集与写作。企业指导教师引导学生在实践过程中主动发现问题，提出问题，并引导学生依据企业现状确定具体应用型的选题范围，避免大而空的宏观学术论文题目。校内教师指导、企业指导教师、学生三方共同商议毕业设计的最终选题。

二是校企合作共同指导。构建由高等职业院校教师与企业指导教师共同指导学生毕业设计的具体校企合作机制，明确高等职业院校与企业在毕业设计方面各环节的相关职责，确定双方毕业论文导师团队，高等职业院校与旅游企业各派一人共同指导学生。通过改革毕业设计教学进度等方式，敦促学生在企业实习实践期间进行毕业设计的写作，促进学生写出高质量的应用性毕业设计。

学校教师提前敦促学生在平时校内学习的过程中充分利用图书馆资料

等学习良好期刊论文的逻辑、语句表达等写作方法，使学生做好心理与理论上的准备，在旅游企业实践的过程中积极主动地参与企业调查。学校指导老师定期到学生所在实习单位抽查选题进展情况，指导论文写作的规范格式和要领，并协助解决选题进行中的理论和关键技术问题。饭店等旅游企业指导教师担任企业实践现场指导，在指导学生掌握专业技能的同时协助学生进行相关企业调研，指导学生通过观察、访问、调查问卷等形式收集相关企业与顾客信息来完成写作资料收集，指导学生总结调研中发现的问题，引导学生解决企业现实问题。校企双方两位指导老师优势互补，充分利用自身资源为学生论文提供指导。通过学生、高等职业院校、旅游企业三方的合力，使学生将毕业设计、择业、工作岗位有机地结合为一体[①]，让学生不仅知道“做什么”，该“如何做”，而且明白“为什么”做的道理，促进学生在论文写作过程中提高解决实践问题的逻辑推理能力，提高相关实践技能。

三是健全质量评价体系。评价一篇毕业论文好坏，不能再以具有多深的理论水平、具有多高的学术价值作为主要的评价标准，而应以是否能将所学知识运用于实际，能否分析或帮助解决企业现实问题作为评判的主要标准[②]。通过引进企业作为第三方参与毕业设计质量评价，建立以提高企业实践技能为核心的毕业设计评价体系。论文写作的全过程要进行相应质量的监督与管理，在选题、中期检查、评阅、答辩等环节，制定明确的规范和标准。学生在实习阶段，学院与企业指导老师为每位学生制定有针对性的任务，学生带着具体的任务进入实习阶段。每一位指导老师准备详细的学生论文指导进度表，统一每一个阶段的指导时间、目标和任务，达到全程监控毕业论文写作的效果[③]。

---

① 周英，陈惠民．毕业实习、毕业论文与学生就业“三位一体”工作模式探索[J]．常熟理工学院学报，2009(6)：24–26.

② 王蜀磊．试论大学生毕业论文教学的改革[J]．山西财经大学学报(高等教育版)，2005(1)：20–23.

③ 冯平，熊伯坚．高职旅游类专业毕业论文的改革与创新：以江西现代职业技术学院为例[J]．剑南文学(经典教苑)，2012(3)：251.

同时，高等职业院校与旅游企业应根据旅游管理专业的相关技能要求，制定相应的实践内容方面的要求与标准，制定毕业论文评价标准，在确定选题、方案设计、分析与解决问题等方面强调符合企业现实，在“实践方案的可行性”“实践数据的真实性”“实践技能的熟练性”等方面制定相应的标准与指标，确保学生通过毕业设计提高实践技能。

第三节　高等职业院校适应社会需求能力评价

本节导读：在我国高等职业教育规模将长期保持基本稳定的预期下，遵循利益相关者理论和马斯洛需求层次理论，从院校、举办方、行业企业、学生和家长四个利益相关者角度，以江苏省72所高等职业院校为样本选取人才培养状态数据，设立19个指标对高等职业院校适应社会需求能力进行分析，评估高等职业院校专项服务能力，优化高等职业院校专业布局，提高学校服务当地经济建设和社会发展的能力。

当前及今后一段时期，国家不断加大教育投入力度，大幅改革高考招生制度，高等教育毛入学率已达到57.8%①并将继续攀升。在此背景下，高等职业教育要实现自身高质量发展并有力支撑我国经济高质量发展，必须调整发展重点，转换发展方式，聚焦发展趋向，改进发展评价。发展重点从偏重规模向优化结构转移，根据产业转型升级要求对院校布局及专业设置进行配套考虑；发展方式由刚性保障向弹性供给转换，保障人民群众“好上学”的同时，建设更多优质资源满足人民群众“上好学”的需求；发展趋向由注重学校发展向关注学生成长转变，缩小质量衡量粒度，提高质量衡量精度，更加关注个体发展；发展评价从注重刚性展示向关注人民

① 教育部.2021年全国教育事业统计主要结果[EB/OL].(2022-7-11)[2022-09-12].http://www.moe.gov.cn/jyb_xwfb/gzdt_gzdt/s5987/202203/t20220301_603262.html.

满意的感官评价转变，提高人民群众对教育的获得感[①]。

基于上述，从利益相关者角度，对高等职业院校开展适应社会需求能力的评估，既是高等职业教育在保持“体重”前提下的“健身”之举，也是国家层面深入推进“管、办、评分离”的管理需要[②]，更是契合社会公众参与教育管理的现实需求，可有效推动高等职业院校在达到基本办学条件前提下，进一步提高办学定位，提升办学质量，服务经济社会发展。

利益相关者理论由斯坦福研究所于1963年首倡，是一种企业管理思想。目前，利益相关者理论因其与高等教育领域之间具有较好的适切性，俨然成为分析高等教育测量与评价问题的理论圭臬[③]。高等职业教育应用利益相关者分析框架主要体现在利益相关者与学校管理、社会责任、建立协作关系、耦合作用等方面，高等职业院校的利益相关者包括举办方、院校、教师、学生和企业等。

马斯洛需求层次理论由美国心理学家、管理学家亚伯拉罕·马斯洛在其《人类激励理论》论文中所论述，该论文于1943年发表。马斯洛将人类需求抽象成从低到高五个层次，分别是：生理需求、安全需求、爱和归属感需求、尊重需求、自我实现需求[④]。作为经济社会活动中的个体单元，高等职业院校在新时期承担了人才培养、科学研究、社会服务、文化传承创新、国际交流合作职能，其自身具有多个需求层次，同时其办学也必须满足社会各方面需求。

基于高等教育利益相关者理论和马斯洛需求层次理论，可以选取2017年江苏省72所样本院校的人才培养状态数据为数据源，辅以必要关联数据，设立19个指标，从院校、举办方、行业企业、学生-家长四个维度对

① 江苏省教育厅.2019年全省教育工作会议在宁召开[EB/OL].(2019-02-14)[2020-06-16].http://jyt.jiangsu.gov.cn/art/2019/2/14/art_57807_8115216.html.

② 国务院教育督导委员会办公室.高等职业学校适应社会需求能力评估暂行办法[EB/OL].(2016-03-14)[2019-09-26].http://www.moe.gov.cn/srcsite/A11/moe_764/201603/t20160323_234947.html.

③ 刘晓.利益相关者参与下的高等职业教育办学模式改革研究[M].杭州:浙江大学出版社,2015:87.

④ 马斯洛.马斯洛人本哲学[M].唐译,编译.长春:吉林出版集团有限责任公司,2013:176.

高等职业院校适应社会需求的能力进行评估，具体可建立如图4-2所示的评估模型。

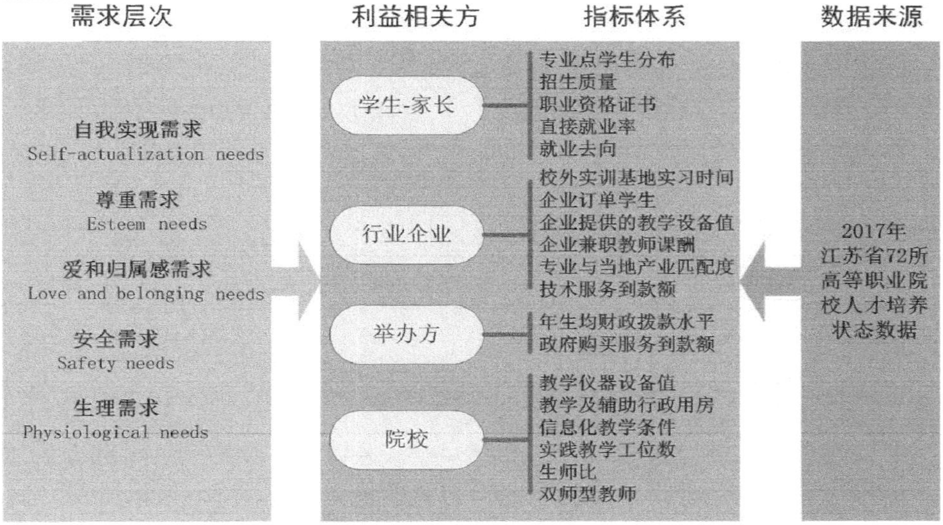

图4-2　高等职业院校适应社会需求能力评价模型

截至2017年末，江苏省共有高等职业院校90所，院校数量居全国各省首位。为便于分析，我们在舍弃非典型性院校（如同时开办高等职业教育与中等职业教育的院校、近三年招生就业不确定的民办院校）及处理异常数据后，按80%的比例从90所院校中抽取72所院校作为分析样本，并以其报送的2017年度人才培养工作状态数据为数据源开展研究。这72所院校（以下简称样本院校），按院校类型分：综合类院校占10所，理工类院校占43所，农业类院校占4所，医药类院校占3所，师范类院校占4所，财经类院校占5所，艺术类院校占3所；按院校属性分：公办院校占60所，所占比例约为83.33%，民办院校占12所，所占比例约为16.67%。从院校类型和院校属性看，样本院校可充分代表江苏省高等职业院校。

首先，我们从满足院校自我需求维度开展评价，具体由六类指标来佐证。

1.生均教学仪器设备值。72所样本院校人才培养工作状态数据显示，2017年，样本院校的教学仪器设备资产总值为841965.74万元，比2015年增加158107.06万元；生均教学仪器设备值为14645.89元，比2015年增加3073.42元。三年来江苏省高等职业院校不断加强教学仪器设备的投入，生均教学、科研仪器设备基本满足现有人才培养需求。

2015—2017年，样本院校生均教学仪器设备值变化情况如表4-4所示。

表4-4 2015—2017年样本院校生均教学仪器设备值变化情况

年份	2015年	2016年	2017年
教学、科研仪器设备资产总值/万元	683858.68	755941.19	841965.74
在校生/人	590936	581829	574882
生均教学、科研仪器设备资产值(元/人)	11536.93	12292.21	14645.89

2.生均教学及辅助、行政办公用房面积。2017年，样本院校的教学及辅助、行政办公用房总面积为12787694m²，生均教学及辅助、行政办公用房面积达到了22.24m²，可充分保障个性化、信息化教学场地的需求。

3.信息化教学条件。2017年样本院校接入互联网出口带宽为236126 Mbps，拥有校园网主干最大带宽的泰州职业技术学院达到30000 Mbps。数据显示，平均每校拥有网络信息点8666.61个，平均每校拥有数字资源20446.42 GB，平均每校拥有上网课程数335.62门，平均每校每百名学生拥有教学用终端计算机50台。参评院校中，有50所院校实现校园无线网络全覆盖，占参评院校的63.29%。

4.生均校内实践教学工位数。江苏省高等职业院校强化校企合作、工学结合，校内专业实践环节与企业生产环节相匹配，院校拥有校内实践教学工位数逐年提高。2017年，样本院校拥有校内实践教学工位数420699个，生均校内实践教学工位数0.73个。但根据统计，仍有21所院校生均校内实践教学工位数低于0.5个，加强实践教学任重而道远。

5.生师比。2017年，样本院校共有专任教师（不计校内兼课、校外兼课和校外兼职教师）29452人，院校生师比平均值为19.52∶1，生师比低于平均值的院校有27所，占样本院校的37.5%。按数值从低到高统计，样本院校中2017年排名前10位的公办院校生师比情况见表4-5所示。部分院校在招生规模迅速增长的同时，师资建设未能迅速调整到位，加之原有专任教师编制少，师资引培力度不大，一定程度上导致生师比较高，校内专任教师数量不足。

表4-5　样本院校中2017年排名前10位的公办院校生师比情况（由低到高排列）

序号	院校名称	专任教师数/人	在校生数/人	生师比
1	江苏城市职业学院	2660	19061	7.17:1
2	江阴职业技术学院	358	3166	8.84:1
3	徐州生物工程职业技术学院	215	2430	11.30:1
4	镇江市高等专科学校	412	6019	14.61:1
5	南通师范高等专科学校	304	4465	14.69:1
6	江苏商贸职业学院	329	4917	14.95:1
7	无锡城市职业技术学院	388	5799	14.95:1
8	扬州市职业大学	902	13548	15.02:1
9	连云港师范高等专科学校	419	6308	15.05:1
10	沙洲职业工学院	232	3531	15.22:1

6.“双师型”教师比例。“双师型”教师队伍是高等职业教育教师队伍的显性特征，要求这批教师既具备深厚的行业职业基本理论、基础知识，又具备一定企业实践能力，既能胜任理论教学，又能指导学生实践。2017年，样本院校共有专任教师29452人，“双师型”教师19189人，“双师型”教师占专任教师比例为65.15%。从数据看，目前江苏省高等职业院校“双师型”教师比例已超过三分之二，为培养适应社会需求能力强的高素质高技能人才奠定了基础。

其次，从满足举办方需求维度开展评价，具体由年生均财政拨款水平、政府购买服务到款额指标来佐证。

年生均财政拨款水平。2015—2017年，财政拨款总额由2015年的919760.03万元增加至2017年的1087065.37万元，年生均财政拨款由2015年的1.56万元逐年增加到2017年的1.89万元，超过财政部、教育部“2017

年生均财政拨款不低于1.2万元”的要求。2015—2017年，样本院校年生均财政拨款水平变化见表4-6所示。

表4-6　2015—2017年样本院校年生均财政拨款情况

年份	2015年	2016年	2017年
全省财政投入总额/万元	919760.03	1023740.60	1087065.37
全省在校生/人	590936	581829	574882
生均财政拨款/万元	1.56	1.76	1.89

2015—2017年,全省高等职业院校年生均财政拨款中位数2015年为15183.72元/人，2016年为16341.10元/人，2017年为17053.86元/人，整体呈递增趋势。

政府购买服务到款额。样本院校中，政府购买服务到款总额由2015年的42865.34万元到2017年的49338.03万元，呈逐年递增趋势。其中，扶贫专项费用从2015年的22434.19万元增加到2017年的24433.74万元，增加了1999.55万元；社区服务费用从2015年的1158.09万元增加到2017年的2443.73万元，增加了1285.64万元；技术交易费用从2015年的2243.07万元增加到2017年的5514.51万元，增加了3271.44万元；社会人员培训费用平均稳定在千万元；其他服务费用从2015年的4843.31万元增加到2017年的5044.15万元，增加了200.84万元。具体情况见表4-7所示。

表4-7　2015—2017年样本院校政府购买服务到款额

单位/万元

年份 / 服务到款额 / 政府购买服务	2015年	2016年	2017年
扶贫专项	22434.19	23626.56	24433.74
社会人员培训	12186.68	9852.48	11901.9
社区服务	1158.09	1768.15	2443.73

续　表

政府购买服务＼服务到款额＼年份	2015年	2016年	2017年
技术交易	2243.07	5111.26	5514.51
其他服务	4843.31	4775.43	5044.15
总计	42865.34	45133.88	49338.03

要办好职业教育，就不能忽视行业、企业发挥的作用，在评价职业教育成效时，尤其不能忽视满足行业、企业需求，这个维度，我们用六类指标开展评价。

1. 年生均校外实训基地实习时间。72所样本高等职业院校，2016年学生校外实习实训基地学时总量为282326617人・时，年生均校外实训基地实习时间为488.18人・时。充分的校外实训基地实习能使学生及时了解真实的企业生产环境，也能使学生将所学知识与实际生产实践相结合。

2. 企业“订单”学生所占比例。企业“订单”专业一定程度上体现了校企合作的深度，校企双方共同制定人才培养方案，共同实施培养过程，毕业生更能适应企业需求。2017年，样本院校中共有“订单”学生46039人，企业“订单”学生所占比例为8.04%。2017年，样本院校中企业“订单”学生所占比例排名前10位的公办院校情况如表4-8所示。

表4-8　2017年样本院校中企业“订单”学生所占比例排名前10位的公办院校

序号	院校名称	在校生数/人	订单学生数/人	比例
1	南京铁道职业技术学院	9557	3695	38.66%
2	江苏海事职业技术学院	11220	2753	24.54%
3	常州信息职业技术学院	11895	2431	20.44%
4	无锡城市职业技术学院	5799	1081	18.64%
5	苏州工业职业技术学院	7923	1468	18.53%

序号	院校名称	在校生数/人	订单学生数/人	比例
6	南通师范高等专科学校	4465	800	17.92%
7	常州机电职业技术学院	10231	1802	17.61%
8	南通科技职业学院	6173	1017	16.47%
9	南京旅游职业学院	5964	847	14.20%
10	南京城市职业学院	3883	551	14.19%

3. 年支付企业兼职教师课酬。2015—2017年，样本院校支付企业兼职教师课酬总额呈递增趋势，2015年支付企业兼职教师课酬10279.50万元，2016年为12012.97万元，2017年达到12881.33万元，反映了行业、企业能手参与教学的程度在持续加强。

4. 企业提供的校内实践教学设备值。企业提供的样本院校校内实践教学设备值呈递增趋势，2015年样本院校获得企业提供的实践教学设备共价值56702.36万元，2016年为73713.86万元，2017年为86293.15万元。企业提供实践教学设备供学校培养人才使用，可以将企业先进的理念、设备、工艺流程等前置到高等职业院校人才培养过程中，让学生了解企业的典型工作岗位，掌握典型工作过程。

5. 专业与当地产业匹配度。江苏省高等职业院校能够认真分析当地经济建设和行业发展对人才的需要，科学调整专业。2017年，样本院校共开设2834个专业点，其中1951个专业点与当地产业匹配，专业与当地产业匹配度达68.84%。2017年，样本院校中专业与当地产业匹配度排名前10名的院校情况如表4–9所示。

表4–9　2017年样本院校中专业与当地产业匹配度排名前10位的院校

序号	院校名称	院校性质	是当地支柱产业相关专业数/个
1	江苏城市职业学院	省属	59
2	南京信息职业技术学院	省属	58
3	南京工业职业技术学院	省属	54
4	无锡职业技术学院	省属	48

续　表

序号	院校名称	院校性质	是当地支柱产业相关专业数/个
5	常州纺织服装职业技术学院	省属	47
6	无锡城市职业技术学院	市属	43
7	常州机电职业技术学院	省属	42
8	苏州经贸职业技术学院	省属	39
9	苏州工业园区职业技术学院	民办	39
10	苏州工业职业技术学院	市属	35

6.技术服务到款额。在样本院校中，2015—2017年，江苏省高等职业院校技术服务到款总额2015年为88812.94万元，2016年为106409.3万元，2017年为124925.44万元，呈递增趋势。2017年，纵向科研经费为20444.23万元，比2015年的14994.84万元增长了5449.39万元；横向技术服务到款额达到53181.79万元，比2015年的37548.73万元增长了15633.06万元；培训服务费28489.75万元，比2015年的22428.64万元增长了6061.11万元；技术交易22809.67万元，比2015年的13840.73万元增长了8968.94万元。2015—2017年，样书院校技术服务到款总额情况如表4-10所示。

表4-10　2015—2017年样本院校技术服务到款总额

单位/万元

技术服务 \ 年份 / 技术服务到款总额	2015年	2016年	2017年
纵向科研	14994.84	16741.25	20444.23
横向技术服务	37548.73	45173.14	53181.79
培训服务	22428.64	25097.88	28489.75
技术交易	13840.73	19397.03	22809.67
总计	88812.94	106409.30	124925.44

部分院校加大了为行业、企业提供各类应用技术服务的工作力度，面

向省内外中小企业、事业单位开展技术开发、技术转让、技术咨询和技术服务，取得明显成效，充分展现了高等职业院校在克服基本需求问题后，积极提升服务社会的能力，瞄准自我价值的实现。2015—2017年，样本院校技术服务到款额排名前10位的院校情况如表4-11所示。

表4-11　2015—2017年样本院校技术服务到款额排名前10位的院校

单位/万元

序号	院校名称	2015年	2016年	2017年	合计
1	江苏农林职业技术学院	7993.15	8568.81	9239.94	25801.90
2	南京交通职业技术学院	7521.30	8309.06	9077.83	24908.19
3	常州工程职业技术学院	6618.77	7699.99	8081.36	22400.12
4	苏州卫生职业技术学院	6108.91	6789.88	8847.27	21746.06
5	徐州工业职业技术学院	5148.51	5332.58	5468.85	15949.94
6	苏州农业职业技术学院	3377.44	4962.97	5633.29	13973.70
7	江苏农牧科技职业学院	3898.00	3785.57	4920.47	12604.04
8	常州机电职业技术学院	2791.82	3726.62	5032.08	11550.52
9	无锡职业技术学院	2733.36	3501.60	4596.66	10831.62
10	江苏建筑职业技术学院	2890.00	3611.62	4006.70	10508.32

最后，是从满足家长及在校生需求的维度开展评价，具体包括专业点学生分布、招生计划完成质量、毕业生职业资格证书获取率、直接就业率、毕业生就业去向等。

1. 专业点学生分布。2017年样本院校共开设专业总数395个，专业布点2834个。专业布点数排名前10位的专业如表4-12所示，其中会计、机电一体化技术、物流管理三个专业布点数均超过60个，会计专业布点数多达67个。

表4-12　2017年样本院校专业布点排名前10位的专业

序号	专业代码	专业名称	专业布点数/个
1	630302	会计	67

续　表

序号	专业代码	专业名称	专业布点数/个
2	560301	机电一体化技术	63
3	630903	物流管理	60
4	630801	电子商务	58
5	630701	市场营销	58
6	560302	电气自动化技术	56
7	610201	计算机应用技术	53
8	650111	环境艺术设计	52
9	610202	计算机网络技术	50
10	640101	旅游管理	50

2. 招生计划完成质量。2015—2017年，样本院校的统招计划招生数从195276人增至201580人，统招计划完成率从86.99%降至80.48%；高等职业院校自主招生计划数从39796人增至52719人，计划完成率从107.96%降至82.21%。江苏省高等职业院校自主招生力度逐年加大，但吸引力呈逐年下降趋势。

3. 毕业生职业资格证书获取率。2015—2017年，样本院校毕业生获国家颁发的与专业相关的职业资格证书（中高级）总量，由135242个减少到133971个，三年内，共减少1271个；获行业、企业颁发的与专业相关的职业资格证书总量，由71064个减少到70834个，三年内，共减少230个。样本院校毕业生获取职业资格证书总量下降，主要原因是国家开展了规范各类职业资格许可和认定的活动，逐步减少职业资格许可和认定范围。三年内，样本院校毕业生职业资格证书获取情况如表4-13所示。

表4-13　2015—2017年样本院校毕业生职业资格证书获取情况

年份	2015年	2016年	2017年
国家颁发的与专业相关的职业资格证书获得数(中高级)/个	135242	134608	133971

续 表

年份	2015年	2016年	2017年
获取率	69.00%	69.67%	68.88%
行业、企业颁发的与专业相关的职业资格证书获得数/个	71064	71396	70834
获取率	37.36%	36.95%	36.42%

4. 直接就业率。2015—2017年，样本院校毕业生直接就业率状态比较平稳，直接就业率持续为80%以上。2015—2017年样本院校毕业生直接就业率变化情况如表4-14所示。

表4-14　2015—2017年样本院校毕业生直接就业率变化情况

就业情况 \ 年份	2015年	2016年	2017年
毕业生直接就业数/人	155761	156012	156716
毕业生总数/人	190238	193209	194512
毕业生直接就业率	81.88%	80.75%	80.57%

5. 毕业生就业去向。2015—2017年，样本院校毕业生当地就业总数从100869人增长到101879人，当地就业率从53.02%下降到52.38%；中小微企业就业总数从121678人增长到123298人，中小微企业就业率从63.96%下降到63.39%；500强企业就业总数从8160人增长到10498人。2015—2017年，样本院校毕业生选择自主创业人数从2410人增长到2844人，选择自主创业人数的比例从1.27%增长到1.46%。2015—2017年样本院校毕业生就业情况见表4-15所示。

表4-15　2015—2017年样本院校毕业生就业情况

年份 就业情况	2015年	2016年	2017年
当地就业数/人	100869	102542	101879
当地就业比例	53.02%	53.07%	52.38%
中小微企业就业数/人	121678	123820	123298
中小微企业就业比例	63.96%	64.09%	63.39%
500强企业就业数/人	8160	9714	10498
500强企业就业比例	4.29%	5.03%	5.40%
自主创业数/人	2410	2805	2844
自主创业比例	1.27%	1.45%	1.46%

2015—2017年，根据数据分析结果，样本院校毕业生超半数选择当地就业，毕业生直接就业率状态比较平稳，为地方企事业单位提供了高素质高技能的劳动者，为地方经济高水平发展作出了贡献。正因此，样本院校才能与所在地区的中小微企业、500强企业形成合作机制，与地方经济协调发展，也为学生自主创业提供了良好的平台和氛围。

从以上数据分析可以得出如下结论和建议：

一是应对专业同质现象，多维并重特色发展。从面上看，2015—2017年，江苏省高等职业院校注重内涵发展，涌现出南京工业职业技术学院等一批在国内具有较强竞争力的标杆院校，并在原来15所国家示范（骨干）高等职业院校、28所省级示范性高等职业院校的基础上，再次启动建设8所卓越高等职业院校、22所高水平高等职业院校，持续为“高职强省”注入强劲动力。在此过程中，江苏省高等职业院校办利益相关者都受益的高等职业教育，在满足院校生存需求、安全需求的基础上，努力承担自己的社会责任，满足自我实现的需求。但从点上看，江苏省高等职业院校间还存在发展不平衡、专业同质严重等现象。据统计，江苏省高等职业院校财经、制造、电子信息、土建等4个专业大类在校生总和超过60%，新能源、新材料、先进装备制造等对接战略性新兴产业的高等职业院校及专业仍然偏少，专业设置和布局与江苏省技术技能人才的市场需求存在结构性矛盾，专业同质化现象比较突出。

建议高等职业院校主动适应经济发展新常态，寻找自身特色、优势与利益相关者的协作线、耦合点，积极服务“中国制造2025”“一带一路”“长江经济带”等国家战略和地方政府提出的决策部署，以高等职业教育创新发展卓越计划和高水平高等职业院校建设为引领，切实加强高等职业院校办学特色、专业（群）特色、文化特色等建设，形成错位发展、竞争发展、特色发展的良好生态，努力实现院校与所在区域社会在马斯洛需求层次上的同频共振，共同提升。如江苏经贸职业技术学院紧扣《江苏省“十三五”现代服务业发展规划》等，立足于建设省高水平高等职业院校、打造省卓越高等职业院校和建设中国特色高水平高等职业名校，本着凸显办学特色、彰显专业集群优势、优化整合教学资源、打造核心竞争力的原则，着力对二级院系进行调整和整合，同时本着“机构精简、运转高效”的原则，对职能部门做了必要的调整和整合，进一步提高管理服务效能，全力打造现代商贸流通、现代商务服务、文化旅游、健康服务等“两标杆两特色”专业集群，服务地方经济发展①。

二是面对生源滑坡趋势，多措并举保障发展。按在校生规模进行财政拨款的方式，虽改善了高等职业院校的办学条件，但也在一定程度上诱使高等职业院校追求规模效应，部分高等职业院校在招生环节投入大量资源。

建议相关部门在科学论证的基础上，建立一套高等职业院校办学规模核定指标，以各院校已经备案的章程及此前一段时期（如五年）的办学规模为参照，确定各院校办学规模，改革现有单纯按在校生规模进行院校财政拨款的制度，按核定的学校办学规模进行拨款，并根据实际办学效益进

① 傅君君，刘任熊．我校完成内设机构改革及新一轮中层干部聘任工作[EB/OL].(2017-01-18)[2020-08-26].http://www.jseti.edu.cn/2019/0122/c51a76429/page.htm.

行奖浮。同时，在高等职业教育系统内形成多方合力创新办学体制机制，加大产教融合力度，激发高等职业院校的办学活力。高等职业院校可根据个性化人才培养需要，遵循高等职业教育特点，强化内涵发展、质量发展理念，以专业建设为逻辑起点建设优质资源。在人才培养过程中，密切生产劳动与社会实践之间的有效衔接，贯彻落实“工匠精神”，倡导小班授课，更加重视实践教学。

三是针对产教协同方向，多元并用保障价值实现需求。江苏省高等职业院校完善政府、产业、学校、科研机构合作，围绕区域经济及行业、企业发展需求，积极开展技术技能服务，重点服务区域经济发展、行业和企业发展，特别是服务中小微企业的技术研发和产品升级，在技术技能人才供给、科技成果转化和高新技术产业化等方面显现价值。但与此同时，相关政策法规对行业、企业、学校合作缺乏刚性规范和要求，更多是学校层面为合作办学制定相应的规章制度，而对行业、企业没有实质性约束力；多元化组织机构参与度有待提高，需要更深层次地融合到人才培养全过程中，协同育人模式仍需进一步细化落实；产学研训一体化实践平台可持续运作，职业环境和职业精神养成等仍然需要从制度上形成突破。总体而言，企业参与办学的动力不足，有利于技术技能人才成长的配套政策尚待完善。①

建议产教双方以健全联动机制为抓手，以提升社会服务能力为目标，整合跨界资源，营造多元开放育人环境，瞄准职业教育及产业发展关键环节精准发力，打造一批工程技术研发中心、工艺产品开发中心、技术成果转化中心、技术创新推广中心、公共技术服务中心等，在人才培养模式、横向技术服务、纵向科研支持、技术交易、非学历培训及公益培训服务等方面展现社会公认的院校价值实现标度。如江苏经贸职业技术学院牵头成立全国现代服务业职教集团，与九如城养老产业集团紧密合作共建“江苏经贸·九如城老龄产业学院”，实践PPP（Public-Private-Partnership）办学

① 国务院.国务院关于印发国家职业教育改革实施方案的通知[EB/OL].(2019-02-13)[2020-06-16].http://www.gov.cn/zhengce/content/2019-02/13/content_5365341.htm.

模式，探索实践混合所有制二级学院，联合招生，联合培养，构建“双岗互动”教师发展联合体，搭建“一校两区、真实情景、在岗学习”理论、实践一体化教学联合体，组建“现场施教”社会服务联合体等。①

第四节　我国职业教育国际化质量评价

本节导读：我国职业教育国际化实践，充分借鉴国（境）外优质职业教育资源，丰富了我国职业教育资源，拓宽了教师和学生的国际视野，提升了院校办学层次，延展了高等职业院校的国际化合作职能，有中国文化和中国经济支撑与滋润的中国职业教育，正被培育成为一种国际公共产品，服务“一带一路”倡议，服务构建人类命运共同体。和谐适宜的办学环境、确立可行科学的办学模式、核心执行者的超强跨文化能力、充沛的经费办学条件支持、足够的学术支持，有助于推进高等职业教育国际化。本节尝试设计一套高等职业教育国际化指标体系，包含5个一级指标，15个二级指标，84个观测点。

我国于2016年正式启动来华留学生高等教育质量认证，旨在加强来华留学质量建设，促进来华留学工作健康可持续发展，中国教育国际交流协会作为教育服务认证机构，按照认证规则和标准，通过专业审查，证明本科及以上层次高等教育机构的来华留学教育质量符合认证标准的评价活动，兼具诊断评价和服务发展的双重职能。截至2019年8月31日，共有26个省份的143所高校加入认证共同体，其中包括114所中国政府奖学金高校，73所“双一流”建设高校。首次通过来华留学生高等教育质量认证的院校往往被视为进入国家来华留学教育第一方阵。自首次启动认证以来，相关院校来华留学工作扎实稳步有序推进，留学生结构不断优化，高

① 中国高职高专网.江苏经贸职业技术学院2018质量年度报告[EB/OL].(2019-02-18)[2020-06-16].https://www.tech.net.cn/web/rcpy/articleview_sch.aspx?id=7409.

层次留学人才吸引力不断提升，来华留学管理体系不断完善，来华影响力不断扩大。2022年，部分高等学校正式申请来华留学生高等教育质量再认证工作。

职业院校的国际化建设水平事关我国职业教育人才培养的质量，是新时代教育评价改革的重要一环。但在高等职业教育领域，虽然各个职业院校的国际化水平评价目前已有一些个性的指标体系，如国际学生数量等，但还不足以全面科学考查职业院校国际化发展与新时代中华民族伟大复兴的中国梦、人类命运共同体建设的结合度、有效度，尤其在高校国际化人才培养方面，目前评价标准的滞后性日益明显，国际化的成效评价基本处于自发自评状态。鉴于此，我们提出了改进高等职业教育国际化质量评价的若干关键向度，并从具体实施策略方面为未来如何确立更符合新时代中国高校国际化发展需要的质量评价体系提供决策参考。

指标体系设计思路。高等职业教育国际化评估指标体系设计与国际化目标息息相关，而国际化目标根植于区域高等职业教育发展水平、发展阶段及高等职业教育的系统形态。本节高等职业教育国际化指标体系设计结合高等职业院校国际化办学实际情况，以高等职业教育国际化构成要素为基础，采取定量与定性相结合的方式，以期客观评价高等职业院校国际化程度，引导高等职业院校加强国际化建设，最终达到以评促改、以评促建、以评促强的目标。

指标体系设计突出了三个原则：一是引领性原则。开展高等职业教育国际化评估，是在对高等职业教育国际化发展水平进行判断的基础上，把握未来发展方向，以目标为导向，以数据为依据，以事实来证明，发现高等职业教育国际化发展过程中的不足，引导高等职业院校补短板、强弱项，实现高等职业教育的创新发展和质量提升。二是发展性原则。高等职业教育国际化是把国际维度和跨文化维度整合融入高等职业教育的人才培养、科学研究和社会服务功能中的过程，因此，高等职业教育国际化评估过程必须注重目标、过程、活动、结果之间的关系，注重过程的改进和内涵的提升。三是多样性原则。不同类型、不同层次的高校发展国际化的目标、途径和侧重点不同，要兼顾不同类型高校国际化的现状、目标的差异性等，注重分层、分类评估。

国际上较为常见的国际化评价指标，按照组织者层次划分体系主要有四类：一是由国际组织牵头研制，如经济合作与发展组织下设的高等教育机构管理委员会与学术合作协会组成的项目组制定的国际化质量评审程序指标体系；二是由某个国家或地区的学术团体牵头研制，如由美国教育理事会制定的“全面国际化模型”指标体系①，日本学术振兴会研制的“大学国际化战略本部强化事业”指标体系；三是由某个国家或地区的专业评估机构牵头研制，如日本大学评价与学位授予机构研制的“院校可选式评估：教育国际化”指标体系，澳大利亚质量署研制的“国际化主题审核”指标体系②；四是由高校自主研制，如由日本大阪大学国际化评价课题组制定的日本大阪大学国际化评价指标体系③。

我们在梳理高等职业教育国际化内涵的基础上，依据国家《关于做好新时期教育对外开放工作的若干意见》《中国教育现代化 2035》《国务院关于加快发展现代职业教育的决定》等文件精神，结合职业院校国际化办学实际，借鉴中外高等教育国际化评估指标体系，构建了高等职业教育国际化指标体系，包含5个一级指标、15个二级指标、84个观测点（如表4-16所示）。

整套指标体系共500分（如表4-17所示），坚持当前和长远相结合，全面对照国家《深化新时代教育评价改革总体方案》等，根据不同地区的经济社会发展水平、高等教育水平和高等职业教育国际化水平，对高等职业院校进行分类考核，重点考查指导思想、办学条件、教育教学、管理服务、办学成效等方面取得的成效，区分办学类型和层次，强调内涵建设，

① 顾露雯，崔军.美国研究型大学国际化评估指标、策略及对我国的启示[J].高等理科教育，2011(1)：71-77.

② 曾满超，王美欣，蔺乐.美国、英国、澳大利亚的高等教育国际化[J].北京大学教育评论，2009，7(2)：75-102，190.

③ 王位.全球六种大学国际化指标评价体系的比较及启示[J].上海教育评估研究，2012(4)：25-32，62.

突出办学特色。各地可结合本地区实际，对个别指标的权重和分值，做一定取舍和调整。

探索建立年度职业教育国际化质量评价指标体系管理办法，坚持定性与定量相结合，坚持正向赋分和反向扣分相结合，在总结评估上年度考核指标质效的基础上，对照职业教育国际化考核内容科学设置考核指标，合理确定指标数量，注重“少而精”，强调年度考核，突出考核大事、要事，不断提高指标质量，优化方式方法、强化客观评价、细化计分细则。

高等职业教育国家化质量评价工作由教育行政管理部门牵头组织实施，坚持日常监测与年终考核相结合，强化过程管理和结果运用。可由各级教育行政管理部门根据其公共管理职能和隶属关系，组建专家组织，开展评价工作。考核时严把质量关，确保数据真实性、准确性和实效性。现场考核资料核实以原始记录为准，学校不得另行准备台账资料。考核工作力求方法简便、程序简化、有据可查、结果公正。

实施分类差异评价，提升评价的有效性和精准度。面对不同规模、不同办学定位的高等职业院校，首先要确保考核评价指标公平“贴身”、评价结果让人服气“合身”。针对高等职业院校人才培养服务行业分布跨度大、体量规模差距大、发展阶段差异大，难以简单用“一套卷子评高低”的现实情况，采取“共性 + 个性”的办法，采取差异化设置指标，提高评价的精准性，保证所设置的评价指标体系既有共通性又有差异性，防止“一件衣服大家穿”。

此外，还可以从如下这四点考虑，进一步优化职业教育国际化质量评价指标体系：

一是兼顾“专业性”和“政治性”，观测点扣住办学实际，突出教育规律，基本维度遵照政治标准“五看”。

二是兼顾“个性化”和“多样性”，既防止指标过多、无所适从，又防止指标过少、大而化之，可选择性构建“5+15+X”指标体系，既包含正向“得分点”也包括负面“扣分项”。

三是正向指标突出“高线追求”，聚焦重点和关键，抓住职业教育国际化的主要特征，不求面面俱到，每个维度若干条指标，尽量具象化。

四是负面清单突出“底线要求”，将“一票否决”事项作为筛查的重点，力求可感知可衡量。

至于评价结果的应用，评价组织部门可以根据评估结果将被评价单位的国际化办学成效评定分为四个等次，其中，“第一”等次一般不超过所属考核类别高校总数的35%，“第三”等次一般按照所属考核类别高校总数的10%左右评定。教育行政管理部门及时向被考核高校反馈年度综合考核结果，对其下级教育行政管理部门和相关办学机构的管理与办学行为予以干预。

表4–16 职业教育国际化质量评价指标体系

一级指标	二级指标	观测点及其内涵
1.指导思想	1.1办学思路	1.1.1重视来华留学工作，体现党的领导，遵循国家对来华留学事业发展的总体要求，服务国家战略，与学校总体发展目标相吻合； 1.1.2树立全校一盘棋的理念，建立来华留学工作校级领导机制，统筹协调办学资源，完善工作体制机制，推动中外学生教学、管理和服务趋同化； 1.1.3以培养知华友华的国际使者和满足行业、企业发展需求的专业技术技能型人才为目标； 1.1.4来华留学教育体现本校办学优势和专业特色，打造具有国际影响力的教育品牌
	1.2发展规划	1.2.1制定来华留学教育事业的中长期发展规划，发展方向、目标、任务明确、科学、合理； 1.2.2围绕发展规划制订和实施校级年度工作计划； 1.2.3发展规划和工作计划执行成效纳入相关职能部门和教学单位的考核内容

续　表

一级指标	二级指标	观测点及其内涵
2.办学条件	2.1综合实力	2.1.1办学水平在全国居于领先地位； 2.1.2国际化发展思路清晰、内容丰富、成效明显； 2.1.3来华留学工作有经费保障
	2.2师资力量	2.2.1建有教师国际化能力提升和培训机制并有效运行，鼓励教师从事来华留学生教育教学工作； 2.2.2保障来华留学生汉语和中国概况等基础课程师资队伍建设； 2.2.3来华留学生任课教师以本校教师为主，具备必要的外语和跨文化交际能力； 2.2.4来华留学生专业课任课教师中具有“双师素质”的比例较高
	2.3管理力量	2.3.1设有归口管理部门，统筹协调全校来华留学工作； 2.3.2来华留学归口管理部门岗位设置合理、岗位标准明确、人员配备齐全，各相关培养单位有分管来华留学生工作的领导和来华留学生事务管理专兼职人员； 2.3.3注重管理队伍国际化能力建设，建有来华留学管理人员培训机制并有效运行； 2.3.4来华留学管理人员具有一定的跨文化交际能力，积极开展来华留学管理服务研究
	2.4宜学环境	2.4.1来华留学生与中国学生同等使用学校教室、实验实训场所、文体设施、图书馆和开放的网络信息资源、心理咨询和辅导场所等； 2.4.2宿舍或公寓可满足来华留学生基本需求，提供符合来华留学生需求的多元化和差异性的基本饮食条件； 2.4.3重视校园国际化环境建设，建有外文版官网，基本设施的使用规则、规程、提示等有准确的外文标识

续　表

一级指标	二级指标	观测点及其内涵
3.教育教学	3.1 专业课程	3.1.1 来华留学生招生专业设置和调整科学合理，基于学校优势和特色，面向产业需求不断优化招生专业布局，校企合作培养来华留学生； 3.1.2 制定有体现来华留学生特点的人才培养方案，来华留学生培养目标明确，与同专业中国学生基本一致，注重培养技术技能、提高汉语水平、提升对中国的认知和跨文化交际能力； 3.1.3 建有培养方案定期复审和修订机制，并有效运行； 3.1.4 来华留学生汉语课程和中国概况类课程安排合理； 3.1.5 注重开发国际化课程资源，注重在课程建设中引入世界级行业龙头企业标准； 3.1.6 注重国际通用专业课程体系的国际兼容性和可比性，制定有教材引进和选用制度且执行到位； 3.1.7 重视信息技术应用和国际化在线课程建设

续　表

一级指标	二级指标	观测点及其内涵
3.教育教学	3.2 教学实践	3.2.1 按照来华留学生人才培养方案实施教学，来华留学生教学管理制度健全，组织与运行机制完善，教学文件及档案完整齐备； 3.2.2 来华留学生教学任务纳入学校总体教学任务安排，教学运行纳入学校总体教学运行管理； 3.2.3 建有考勤制度，明确出勤合格标准并严格执行； 3.2.4 建有来华留学生学习支持系统，如学业帮扶、课程辅导、技能培训、在线学习等，鼓励开展教学支持活动； 3.2.5 开展来华留学生学情分析、教育教学研究与教学改革创新，并取得一定成果； 3.2.6 重视来华留学生实践技能教学，实践课程占比与同一专业同一层次中国学生趋同； 3.2.7 校内外实践活动适当考虑来华留学生的学习基础和特点，校企合作开展的专项实践类教学能够涵盖来华留学生； 3.2.8 注重实习指导和实践技能考核，指导教师具备一定的跨文化能力； 3.2.9 来华留学生实习档案管理规范； 3.2.10 结合人才培养目标组织开展来华留学生社会实践或志愿服务活动； 3.2.11 组织来华留学生参加中国国情、中华优秀传统文化体验活动； 3.2.12 注重来华留学生就业与创业教育，开展毕业生就业跟踪； 3.2.13 参照来华留学学历生相关要求实施非学历生教学和实践管理，建有相关记录文件档案
	3.3 质量监测	3.3.1 对来华留学生教学实施质量监控，建有质量监控反馈机制，推动教学改进，保证教学质量，及时公开教学质量评价信息，接受社会监督； 3.3.2 对来华留学生教学实施教学督导； 3.3.3 建有来华留学生教学质量评价体系（如学生评价，同行评价，行业、企业评价等），每学期至少组织一次来华留学生评教工作，调查来华留学生对专业课程、任课教师、教学质量和学习支持辅助等的满意度

续　表

一级指标	二级指标	观测点及其内涵
4. 管理服务	4.1 宏观管理	4.1.1 制定有校级层面来华留学生管理和服务制度，并根据国家最新来华留学相关政策法规及时修订； 4.1.2 来华留学管理体系完整、健全，符合本校实际，体现一盘棋和趋同化工作理念，建立来华留学工作各相关方共治的管理与服务工作机制； 4.1.3 建立学校内部来华留学管理与服务督查机制，并有效运行； 4.1.4 心理健康教育和咨询人员能够为来华留学生提供服务或通过社会专业机构提供服务； 4.1.5 建有来华留学生校友工作机制，校友数据库及时更新完善，推动来华留学生建立和加入海外校友组织，积极开展校友活动
	4.2 招生管理	4.2.1 建有中外文招生宣传媒介平台且运行正常，招生宣传信息全面、真实、客观； 4.2.2 国际招生渠道通畅并主动积极拓展； 4.2.3 实施来华留学生入学考试或考核，开展预科教育，提高生源质量； 4.2.4 严格按照入学标准和程序进行入学资格审查，保证录取的学生达到预定的入学标准； 4.2.5 开展来华留学生入学指导活动，包括学习相关中国法律法规、学校规章制度、安全风险防范知识等，熟悉专业培养方案、教学要求、毕业要求、考核方式、支持系统等，了解教学和学习环境与资源，开展文化和生活适应性指导和服务； 4.2.6 发放中外文来华留学生手册并保证内容被知悉
	4.3 日常管理	4.3.1 制定有留学生学籍管理制度（包括退学、转学、转专业等的条件和程序）并有效执行，学籍档案齐备； 4.3.2 严格实施来华留学生学籍学历电子注册； 4.3.3 来华留学财务管理规范，收费办法公开透明，相关收费标准合理； 4.3.4 制定有各级各类奖学金管理制度，建有奖学金定期评审和动态调整机制，奖学金评定、审批、公示和发放程序规范，档案完整，体现奖学金奖优的导向作用； 4.3.5 来华留学生管理信息系统有效运行；

续　表

一级指标	二级指标	观测点及其内涵
4.管理服务	4.3日常管理	4.3.6建有来华留学生档案管理制度，来华留学生个人档案如实记录其入学、在校、离校全过程中的重大信息文件； 4.3.7制定有来华留学生住宿管理制度并切实执行； 4.3.8建有来华留学生法律法规和安全教育机制，进行常规的法律法规、校规校纪和安全防范的教育，预防违法犯罪、防范不法侵害； 4.3.9依法依规惩处来华留学生的违规、违纪和违法行为； 4.3.10建有来华留学生风险评估、监测和预警机制，及时识别来华留学生学业、健康、安全等方面的风险事项，及早防范和干预； 4.3.11建有来华留学舆情管理机制，及时关注舆情动态，定期分析研判，及时应对、引导和管控； 4.3.12制定有来华留学生重大疾病、意外事故、突发事件等紧急情况应急预案和处置程序，并有计划地组织相关应急演练活动； 4.3.13制定有来华留学生出入境事务管理制度，签证和居留事务工作规程严格、规范，为来华留学生提供相关指导、咨询和服务； 4.3.14严格执行国家相关法律法规，配合国家有关部门的出入境管理工作； 4.3.15建有来华留学生心理咨询和干预机制； 4.3.16建有来华留学生联谊团体管理机制，保证活动合法合规； 4.3.17吸纳来华留学生参加校内学生特长兴趣类社团组织，中外学生同等参加校园技能大赛及文艺体育活动等，促进中外学生交流； 4.3.18向来华留学生公开学校基本信息(学校概况、招生录取、教学培养、管理服务等)，向来华留学生提供举报、投诉、申诉等渠道并及时规范处理，制定有保护来华留学生个人信息安全的制度

续　表

一级指标	二级指标	观测点及其内涵
5.办学成效	5.1规模结构	5.1.1来华留学生国别与地区分布合理，适应本校本地发展和校企合作需求，并不断优化布局； 5.1.2来华留学生具有一定规模，在全校学生中占比适当； 5.1.3学历生与非学历生比例适当，奖学金生与自费生比例适当
	5.2办学效益	5.2.1来华留学推动了学校国际合作与交流、学科专业建设、课程教学改革、师资队伍建设，以及学校治理体系和治理能力提升； 5.2.2为学校创造了一定的经济效益； 5.2.3来华留学生的毕业要求与中国学生趋同且汉语须达到一定水平； 5.2.4来华留学生在专业学习、技能大赛、创新创业大赛等方面取得一定成绩； 5.2.5在政府、企业、学界、媒体、非政府组织等领域培养了若干对华友好的杰出来华留学生校友
	5.3外部影响	5.3.1学校来华留学办学成果和先进事迹等产生良好、广泛的社会影响，来华留学生积极推动中外友好交流与合作； 5.3.2在来华留学工作中积极承接、参与国家和地区援外项目，或中外企业定制人才培养项目，为中外企业发展提供人才支撑； 5.3.3来华留学工作在国家、地方或行业有一定影响力，积极参与和承办各级各类来华留学活动，具有行业共同体意识，维护行业声誉和秩序； 5.3.4近三年无因教学质量低劣或管理与服务不到位造成不良社会影响的情况

表4-17　职业教育国际化质量评价指标体系及测量

序号	一级指标	二级指标	观测点	分值	赋分部门
1	指导思想（50分）	办学思路	4个		
2		发展规划	3个		
3	办学条件（75分）	综合实力	3个		
4		师资力量	4个		

续　表

序号	一级指标	二级指标	观测点	分值	赋分部门
5	办学条件（75分）	管理力量	4个		
6		宜学环境	3个		
7	教育教学（175分）	专业课程	6个		
8		教学实践	13个		
9		质量监测	3个		
10	管理服务（100分）	宏观管理	5个		
11		招生管理	6个		
12		日常管理	18个		
13	办学成效（100分）	规模结构	3个		
14		办学效益	5个		
15		外部影响	4个		
合计	5个	15个	84个	500分	

第五章　职业教育质量年度报告

第一节　职业教育质量年度报告问责与履责效用

本节导读：前面章节中，我们多次提到职业教育质量年度报告，我国高等职业教育系统定期发布人才培养质量年度报告已成惯例。高等职业教育系统主动向社会报告，是回应社会对高等职业教育问责的履责之举。发挥人才培养质量年度报告的蝴蝶效应，深入实施创新驱动发展战略，创造更大人才红利，当成为高等职业教育在互联网时代面临发展式微困境的自救举措之一。需政府完善政策环境、高职系统增强自觉性、报告载体丰富表现形式、报告受众交互参评四方联动达成此目的。

对高等教育实行问责为全球惯例。受20世纪80年代以来西方国家的新公共管理（New Public Management，NPM）理论的影响，在高等教育发达的美、英、澳、德等国家，对高等教育实行问责，成为各国对纳税人履行告知义务、维护社会公正、提高社会效能的重要手段。

美国高等教育问责模式突出全国标准化和以州问责为核心两个特点，联邦教育部对高等教育并不进行直接管理，而是由国家从法律上把高等教育的管理权划归各州[①]。如美国加利福尼亚州，在1991年即形成《加州高等教育问责报告条例》，2009年，加州大学根据新制定的指标体系，选取合适的数据来源，率先发布新的年度问责报告。马克·尤杜夫校长编制的年度问责报告，回应了经济危机影响下，美国公立大学存在的生均经费不足、学费上涨、校园容纳能力下降、学术质量下滑等一系列问题，较好地向公众阐明了加州大学是如何完成其公共使命的，化解了一场信任危机[②]。

受高等教育大众化影响，英国高等教育从20世纪80年代开始，在教师结构和学生来源上有了很大不同，互联网及各种新技术又让课程和教学本身增加了多样性。政府由此对高等教育能否在日益增强的全球化竞争中继续起到引领作用表示担忧。在此背景下，高等教育机构迫切需要向政府、市场和公众来说明其责任。英国高等教育问责制度有问责主体多、问责监督力度大、存在高等教育拨款机构等特点[③]。

澳大利亚对高等教育实行问责经历了两个阶段：20世纪80年代至2004年，主要通过高等教育机构向政府提供“年度教育情况报告（The Annual Educational Profiles）”的形式来体现问责；2004年以来，以实施机构评估框架（Institutional Assessment Frameword，简称IAF）来确保高等教育机构履行法律义务[④]。政府主要对战略规划、事务规划和预算、绩效监控和报告、质量报告和风险管理等四要素进行问责。

我国高等职业教育发布质量年度报告履责已成制度[⑤]。高等教育大众化背景下，我国需要全面提升高等教育质量。一方面，1999年以来，随着我国高等教育规模的急剧扩大及经济社会的快速发展，高等教育的质量问题日益突出。另一方面，互联网时代，公民获取公众部门信息的需求更迫

① 王硕旺，黄敏．公立大学如何回应社会问责：基于美国加州大学年度问责报告的比较研究[J].中国高教研究，2014(7)：48-53.

② 杨兰芳，陈万明．中国高等教育政府问责的缺位与补偿[J].高教探索，2014(3)：5-10.

③ 郝世文．英国高等教育问责机制：现状与动向[J].外国教育研究，2009，36(0)：84-90.

④ 陈欣．澳大利亚高等教育问责：政策和实践[J].外国教育研究，2009，36(0)：76-83.

⑤ 自2012年起至今，由教育部主导，我国在高等职业教育领域逐步建立了定期发布国家、省、校三级质量年度报告和企业参与高等职业教育质量年度报告制度。

切，手段更多样，途径更便捷。社会公众了解政府部门“三公”消费后，希望了解其余社会公共事业概貌及细节的诉求更殷切。作为与民息息相关的教育系统，很难不处于焦点之下。高等职业教育是高等教育的一个重要组成部分，牵涉政府、学生家庭、院校、用人单位等多个利益相关者，涵盖生产、销售、消费、评价等经济行为多个环节。定期主动向社会发布人才培养质量年度报告，已列入国家中长期教育规划①，成为教育系统回应社会问责的履责之举，也是教育系统尊重社会公众知情权，对公众知情权的一种热情呼应，同时也是教育系统的一次自我展示和主动宣传。

我国从2012年2月开始，由教育部职业教育与成人考试司主导，在高等职业教育系统内要求报送2011年年度人才培养质量报告，此为我国高等职业教育系统主动发布人才培养质量年度报告之发端。此后历经三年，在高等职业教育系统，基本形成每年向社会发布一次质量年度报告回应社会问责的制度。整个人才培养质量年度报告制度流程清晰，时间节点明确：一般在每年年底，由教育部职业教育与成人考试司发函，做出要求报送本年度质量年度报告的部署安排；次年1月中下旬，各省（自治区、直辖市）、各独立设置的高等职业学校向上级报送质量年度报告；此后的3月份，教育部收集公布全国各省份、各独立设置的高等职业院校质量年度报告报送情况，并委托相关机构编撰国家质量年度报告；年中，发布上一年度国家质量年度报告。整个过程由政府部门主导，国家、省、校三级高等职业教育机构参与。为保证质量年度报告客观中立，避免出现各类纠纷，除学校人才培养质量年度报告由学校为主撰写外（有少数学校委托第三方机构撰写），省级、国家级质量年度报告均由相应教育行政部门委托第三方机构编写。

教育部利用三年时间，在全国范围内推动高等职业教育质量年度报告报送工作，到2013年底，基本形成公办高等职业院校全部报送、民办高等职业院校积极报送质量年度报告的局面（具体数据见表5-1、表5-2），各

① 教育部.国家中长期教育改革与发展规划纲要(2101—2020年)[EB/OL].(2010-07-29)[2019-09-26].http://www.moe.gov.cn/publicfiles/business/htmlfiles/moe/moe_838/201008/93704.html.

省级教育行政部门除西藏、台湾以外，均报送了本区域的高等职业教育质量年度报告。

表5-1　2011—2013年全国范围内高等职业院校质量年度报告报送情况

年份	报告院校数	同期全国高等职业院校总数	发布报告的院校占比
2011年	240所	1280所	18.75%
2012年	590所	1297所	45.49%
2013年	1149所	1321所	86.98%

数据来源：2011—2013年全国教育事业发展统计公报、中国高职高专网等。

表5-2　2011—2013年江苏省高等职业院校质量年度报告报送情况

年份	报告院校数	同期江苏省高等职业院校总数	发布报告的院校占比
2011年	18所	79所	22.78%
2012年	36所	81所	44.44%
2013年	79所	80所	98.75%

数据来源：江苏省高等职业院校人才培养工作数据采集分析中心。

国家（以教育部为代表）建设我国高等职业教育质量年度报告发布制度采取渐进式方式完成。

2011年，主要是在全国高等职业教育系统内植入概念、制定规则，并选取了七个优秀报告立为典范，重在推动，解决了高等职业教育质量年度报告是什么的问题。当年所有全国示范（骨干）高等职业院校先行先试，报送了本校人才培养质量年度报告。

2012年，在上年的基础上，细化概念，完善规则，制定了质量年度报告的共性要求，要求公办高等职业院校全部报送本校质量年度报告，解决了怎样完成规定动作、报告主体大面积覆盖的问题。

2013年开始，在积累了两年经验后，开始讲究立新破旧，规则定型确立制度，各高等职业院校质量年度报告进入百花齐放、渐入佳境阶段，起步较早的院校已考虑怎样在固定框架外突出地方元素和本校特色。

总体而言，2011—2013年的质量年度报告可归结为应付型、平台型、产品型三种类型，它们各具特点（如表5-3）。

表5-3　2011—2013年高等职业教育质量年度报告分类及特点

分类	应付型	平台型	产品型
报告目的	应付检查 根据上级要求完成	罗列数据 定位为一篇宣传稿	展示学校办学成就 报告成为学校又一产品
报告架构	拼凑散乱、不成体系	包含人才培养要素	保留共性、突出特性；善用图表、结构清晰
写作模式	文字为主、附带数据；主观	文字间杂图表、数据；较为客观	以案例及图为主、文字串联；客观
数据来源	全部来自本校	本校为主	以官方及第三方为主
置信要求	低	高	高
效能要求	低	高	高
可读要求	低	中	高
发布速度	低	高	高
报告重点	不突出	突出	突出

总体而言，自2012年发布各高等职业院校、各省份、国家三个层次的高等职业教育质量年度报告以来，社会各界对我国高等职业教育的发展有了更多了解，我国高等职业教育系统质量年度报告成为公众管窥高等职业教育的窗口。高等职业教育系统借此向社会宣传和推介高等职业教育，传播了正能量，扩大了高等职业教育的话语权和发展空间。

比如，2012年国家高等职业教育质量年度报告中提出“我国800多万家庭出现第一代大学生得益于高职教育发展”，2013年国家高等职业教育质量年度报告中提出“就业率仅次于985院校，高职生‘逆袭’最难就业季”，2014年国家高等职业教育质量年度报告中提出“高职生毕业3年后收入翻番”等观点，经媒体宣传后，引起全社会深入思考，并一再引导社会聚焦高等职业教育。再比如，《江苏省高等职业教育质量年度报告

（2012）》中提出“高职教育‘苏南模式’（指经济发达的苏南地区县县有高等职业院校）、江苏高职处于‘高原地带’但少‘高峰’”等观点，也引起了不同群体的反思。

当社会发展到一定程度后，公众对公共事业的参与将占主导地位，届时，信息公开、主动回应社会问责将成为影响高等职业教育发展的一个关键因素。不同区域的高等职业教育、不同层次的高等职业院校将面临抢夺“话筒”的竞争局面。高等职业教育系统质量年度报告成为公众管窥高等职业教育的一个主要窗口，透过窗口展示高等职业教育办学成果，获取政府、社会关注及财政投入，将成为高等职业教育吸引生源、吸纳社会投资、吸引用人单位关心、聚集社会关注焦点的主要手段之一。

对公布的高等职业教育系统内质量年度报告进行分析，可以反观各区域、各高等职业院校发展水平之高下：

首先，国家示范（骨干）高等职业院校水平高于一般高等职业院校。国家示范（骨干）高等职业院校因管理相对规范，办学成果相对丰厚，有料可报，并且国家及省级教育行政管理部门对这类学校要求更加严格，故发布质量年度报告水平较高。其次，省（部）属高等职业院校发展水平高于市（县、区）属、行业协会（集团公司）参与、公司法人属高等职业院校。再次，人文经济发达区域高等职业院校发展水平高于人文经济欠发达区域高等职业院校。这体现出教育发展是与经济发展、人文发展紧密联系的。这也与地方教育行政部门及院校自身对高等职业教育发展趋势、政策导向的敏感程度，对主流局势的把握度紧密相关。最后，发展水平高的高等职业院校更注重通过质量年度报告加强横向纵向交流，扩大影响面。这类学校的质量年度报告在发布时间节点、发布范围、报告表现形式、受众需求等多方面斟酌酝酿，将编制、发布人才培养质量年度报告纳入人才培养过程。将“经营”质量年度报告，当成高等职业院校办学的一个加分动作。

由各级教育行政部门主导、高等职业教育机构参与、高等职业教育利益相关方关注的高等职业教育质量年度报告自发布以来，已产生了一定的

“蝴蝶效应”：无论公立、私立高等职业院校，均将编制发布质量年度报告当成一件大事来对待；社会各界逐渐对高等职业教育系统内的事务给予持续关注；高等职业教育办学体制、经费投入、人才培养工作等多环节得到政府高度关注（尤其以《国务院关于加快发展现代职业教育的决定》为代表）。这些无疑给高等职业教育健康发展创造了良好的外部环境，在此过程中，国家、省、校三级质量年度报告功不可没。但要长期促进我国现代高等职业教育快速健康发展，放大质量年度报告“蝴蝶效应”，提高人才培养质量，还需四方联动。高等职业教育系统必须以向政府、社会履责的姿态，将高等职业教育在使用财政投入资金情况、服务社会促进社会公平和社会进步、人才培养促使社会更加和谐等方面的事项加以报告，主动回应社会问责。为此，还必须从如下四个方面联动形成合力：

1.政府完善政策环境。严格落实修订后的《中华人民共和国职业教育法》，建立健全教育质量评价制度，吸纳行业组织、企业等参与评价，并及时公开相关信息，接受教育督导和社会监督，明确所有担负着高等职业教育公共职责、行使高等职业教育公共职责权的组织和个人都是问责的对象。评办分开，从法律上确立部分高等教育评估机构的独立性和合法性，支持他们进行专业评估。各级政府财政部门负责财政绩效问责，各级教育行政部门定位为协调方。

2.高等职业教育系统增强自觉性。各级教育行政部门将发布本区域高等职业教育质量年度报告当作管理履责报告。根据地方实践，立足对本地区高等职业教育发展进行全面分析，扩大高等职业教育影响力。高等职业院校质量年度报告要注意与国家、省年度报告之间功能互补，将质量年度报告也视为一种面向教职员工的管理工具，担负院校应有的问责内容，不回避，不搪塞。要发布具有“报告主体覆盖全部高等职业院校、报告内容涵盖人才培养全过程、报告方式采用全媒体、报告数据采集于人才培养过程各关键节点”等“四全”特性的高等职业教育人才培养质量年度报告。确立报告在高等职业院校办学及人才培养过程中的地位和作用。写作质量年度报告，也是发现特点、总结优势、认清威胁和弱点的过程，也就是高等职业院校做SWOT分析、提炼办学特色的一个过程。提升高等职业教育人才培养报告的应用能效，要跨越从政府主导的行政问责到基于院校研究的自愿问责。

3.丰富报告载体的表现形式。在编制报告之前，进行充分调研，确立指标体系和报告框架，选择具有高公信力的数据源，然后根据受众需求，实行分类报告，形成纵向、横向对比参照体系，作为教育行政部门、学生及家长、用人单位衡量高等职业院校人才培养质量的坐标。将受众想了解的内容和院校想表达的内容有机结合起来，用数字和案例说话，用语朴实，直观可信。不自说自话，不自吹自擂。内容上，专业设置、师资、校舍、设备图书、实训基地、教学改革等应该都是手段，为培养更好的人才服务。以就业为导向的高等职业教育，人才培养质量的主要表现指标是就业率、就业满意度、用人单位满意度、创业率、升学率（高职非终结性教育），因此，应有相应篇幅表述人才培养的质量如何，财政投入绩效怎样，同时展示高等职业学生的发展前景，也给关心高等职业教育的人群一个直观结果，即接受高等职业教育能有何种收益。

4.报告受众交互参评。质量年度报告发布后，应有相应机制和渠道收集受众反馈信息，以期改正。受众应充分行使问责权利：对所阅读质量年度报告做出评鉴，并将评鉴结果告知报告主体。三类典型受众（上级部门、系统内部、社会公众）应各有侧重点对质量年度报告给出意见：上级部门出于统筹、决策需要，应侧重资金使用效益、办学社会效益等方面；高等职业教育系统内部同行出于交流借鉴、取长补短需要，进行横向评价（鉴于高等职业教育系统内部交流已有多个场所和途径，也存在多种方式和形式，以质量年度报告方式交流不应成为重点）；社会公众（包括家长、雇主及其他利益相关方）关注质量年度报告，可以要求高等职业教育系统摒弃教育领域内部交流的语境和方式，采用通俗易懂的语言呼应公众需求。比如高等职业院校请了很多来自企业、行业一线的老师来教学，学生能够得到第一手的经验，就可以要求在报告中不用“双师型、双师素质”等行话。

职业教育相对普通教育处于弱势地位。要加快形成适应需求、多元立交的现代职业教育体系；抓住质量提升核心任务，深化产教结合、校企合作；充分调动各方积极性，不断健全政府主导、行业指导、企业参与的办学机制；营造人人皆可成才、人人尽展其才的良好环境。以回应社会问责的态度，编制发布高等职业教育质量年度报告，这正迎合了《国家中长期教育改革与发展规划纲要（2010—2020年）》提出的“加强教育监督，完善教育问责机制，把推进教育事业科学发展作为各级党委和政府绩效考核的重要内容，建立高等学校质量年度报告发布制度”要求。

第二节　职业教育质量年度报告科学规范之思

本节导读：我国与就业对接的中职、高职、本科三类教育均建立了质量年度报告发布制度。在比较视阈下回顾高等职业教育质量年度报告发展历程发现，我国高等职业教育质量年度报告起步迟、进展快、覆盖全，质量年度报告实现了主要向政府报告的履职效用。面对办人民满意的高等职业教育目标，高等职业教育质量年度报告功能定位应由“履职”向“履责”转变，改革受众定位模糊、表现形式单调、发布渠道单一等不足，从高等职业教育质量年度报告的编制目的、受众群体、报告内容、表现形式、发行渠道、编制队伍、数据来源、行文风格、互动渠道、效能测定等十个方面加以改进。

如前所述，我国在与就业对接的教育领域实施质量年度报告制度，始于2012年，初衷为贯彻落实《国家中长期教育改革和发展规划纲要（2010—2020年）》中“建立高等学校质量年度报告发布制度”。此后的《国务院关于加快发展现代职业教育的决定》（国发〔2014〕19号）“实施职业教育质量年度报告制度”和《教育部关于印发〈职业院校管理水平提升行动计划（2015—2018年）〉的通知》（教职成〔2015〕7号）“建立中职学校质量年度报告制度”的要求又为编写发布质量年度报告提出了新要求。截至目前，中等职业教育、高等职业教育、普通高等教育均建立编写发布质量年度报告制度，编制历程见表5-4。

表5-4　我国中职、高职、本科质量年度报告编制历程

办学层次	办学类型	学历层次	质量年度报告简要信息		
			年度报告名称	首发年份	主导部门
中等职业教育	职业教育	中专	中国（或某省、校）中等职业教育质量年度报告[1]	2016年	教育部
高等职业教育	职业教育	大专	中国（或某省、校）高等职业教育质量年度报告[2]	2011年[3]	教育部
普通高等教育	高等教育	本科	某省（或某校）本科教学质量年度报告	2010年[4]	教育部
普通高等教育	高等教育	本科	某省（或某校）毕业生就业质量年度报告	2013年	教育部

注：1. 高等职业教育质量年度报告实行国家、省、校三级报告制度，报告命名一般冠以省级区域名或校名。中等职业教育质量年度报告命名沿袭同样思路；2. 自2015起，鼓励高等职业院校联系企业发布《企业参与高等职业教育人才培养年度报告》；3. 见《教育部对十二届全国人大三次会议第1129号建议答复的摘要》；4. 2010年，39所“985”工程高校公布《本科教学质量年度报告》。

此事件有两大特点。第一个特点是政府部门为主导力量。采用模式均为试点再推广、由线向面铺开，最终实现全覆盖，将编写发布质量年度报告变成院校办学环节中的一个自觉动作。以高等职业教育质量年度报告为例，2012年要求“国家示范（骨干）高职建设院校、省级示范高职建设院校”编制发布，2013年要求各独立设置公办高等职业院校（以下简称高等职业院校）必须按规定报送。独立设置民办高等职业院校可以报送。2014年要求各独立设置的高等职业院校（含民办高等职业院校）必须按规定要求报送。

第二个特点为三类教育质量年度报告进展不一，侧重点不同（见表5-5）。截至2016年，高等职业教育已经实现全覆盖：国家、省、校三级报告齐备，所有高等职业院校全员报送。本科就业质量年度报告以“985”高校为主，本科教学质量年度报告基本实现全员报送。中等职业教育质量年度报告刚刚起步，已验收通过的国家中等职业教育改革发展示范院校、国家级重点中等职业院校自2016年起，其他中等职业院校自2017年起发布质量年度报告[①]。2017年底发布省级中等职业教育质量年度报告，2019年2月22日，教育部职业技术教育中心研究所在京发布《中国中等职业教育质量年度报告（2018）》，这是中国改革开放以来首份国家级中等职业教育质量年度报告。

表5-5 我国中职、高职、本科质量年度报告主要内容比较

中等职业教育质量年度报告	高等职业教育质量年度报告	普通高等教育（本科）	
		教学质量年度报告	就业质量年度报告
1.基本情况	1.学生发展	1.本科教育基本情况	1.就业基本数据与统计分析
2.学生发展	2.教学改革	2.师资与教学条件	2.毕业三个月后就业情况调查
3.质量保障措施	3.政策保障	3.教学建设与改革	3.五年情况对比分析与发展趋势
4.校企合作	4.服务贡献	4.质量保障体系	4.就业创业工作的特色举措
5.社会贡献	5.面临挑战	5.学生学习效果	
6.政府履责	附件:计分卡	6.特色发展	
7.特色创新	资源表	7.需要解决的问题	

① 教育部办公厅.关于开展中等职业教育质量年度报告工作的通知(教职成厅函〔2016〕2号)[EB/OL].(2016-01-14)[2019-09-16]. http://www.moe.edu.cn/srcsite/A07/s7055/201601/t20160126_228908.html.

续　表

中等职业教育质量年度报告	高等职业教育质量年度报告	普通高等教育(本科)	
		教学质量年度报告	就业质量年度报告
8.学校党建工作情况	服务贡献表	附件:报告支撑数据	
9.主要问题和改进措施	落实政策表		

注：中等职业教育质量年度报告框架来自教育部发布的《教育行政部门中等职业教育质量年度报告编制参考提纲》，见《教育部办公厅关于开展中等职业教育质量年度报告工作的通知》（教职成厅函〔2016〕2号）附件；高等职业教育质量年度报告框架来自《关于报送高等职业教育质量年度报告（2016）的通知》（教职成司函〔2015〕138号）；本科教学质量年度报告框架来自《教育部办公厅关于普通高等学校编制发布2012年本科教学质量报告的通知》（教高厅函〔2013〕33号）；本科就业质量年度报告框架来自《教育部办公厅关于编制发布高校毕业生就业质量年度报告的通知》（教学厅函〔2013〕25号）。

我国戏曲中，有一个“亮相”表演动作，这个动作主要起到向观众展示美丽的造型和便于拍摄剧照的作用。我国高等职业教育质量年度报告自2012年甫一“亮相”，便塑造了我国高等职业教育自1980年举旗起步以来，在服务区域经济社会发展、消灭代际贫穷、促进社会和谐方面的砥柱作用造型，必将成为我国高等职业教育发展历史中的一个重要事件，也引起了高等职业教育利益相关者的一片喝彩。

利益相关者“相见恨晚”。掌声首先来自政府、高等职业院校管理者、师生等核心利益者。2012年国家高等职业教育质量年度报告发布前，时任教育部部长做出批示，各省级教育行政部门亦予以高度重视，纷纷按属地管理原则，布置本省级区域高等职业教育质量年度报告及所管辖高等职业院校质量年度报告编写发布工作，掀起编制发布热潮。高等职业院校管理者、高等职业院校师生等对自己所在领域被集中高调关注亦表示出前所未有的认同。高等职业教育的核心利益相关者，对如此一份年度报告的期盼心情，用“相见恨晚”来形容，一点不为过。

社会公众群体“喜闻乐见”。高等职业教育系统作为一种公共教育组织，其价值取向和动机都是在力求公正、公开、公平的原则下，谋求社会的公共利益，主要功能应该是为社会成员提供良好的专门服务，使公众成为教育服务的受益者。我国特有的行政管理和教育管理机制，决定了我国高等职业教育系统主要是向行政主管部门负责，这影响了社会公众对自己所追求的公共利益的知晓和参与程度。因此，当高等职业教育系统主动打开重门叠户，面向社会公开发布质量年度报告，自然为社会公众喜闻乐见。最显著的是，以形象宣传画册形式表现的《2012·发现高职》配合文字版《2012年中国高等职业教育人才培养质量年度报告》，使社会公众多了一个管窥高等职业教育的窗口。这种互动效果反过来也形成了关注高等职业教育发展的社会动力机制。

自2012年以来，我国系统发布国家、省、校三级高等职业教育质量年度报告制度已走完整整十个年头。在这期间，高等职业教育界及相关第三方机构对建立、推动、规范高等职业教育质量年度报告编写发布制度做了大量前所未有的探索工作，取得令人钦佩的成就。高等职业教育界已将编写发布质量年度报告变成办学中的一个自觉动作。体系齐全、要素齐备已成为高等职业教育质量年度报告的基本特征。正如袁贵仁部长所言，中国的职业教育还需要更多的人关心支持、呼吁和推动。……（编写发布高等职业教育质量年度报告）对于提高办好职业教育的认识，增强办好职业教育的信心和职业教育的吸引力，都有重要意义。①

要满足办人民群众满意的高等职业教育的要求，科学规范编写发布质量年度报告工作在其中所起的作用才刚刚开始，主线应由完成向政府履职转变到主动向社会（包含政府）履责上来。我们认为，现有高等职业教育质量年度报告仍存在受众定位模糊、表现形式单调、发布渠道单一等诸多不足，在如下十个方面尚可加以改进。

① 刘红.发现高职：不一样的大学——首份高等职业教育质量年度报告发布[J].中国职业技术教育，2012(25)：51-59.

1.科学定位编制目的。质量年度报告编制目的或者说质量年度报告编制指导思想，是决定质量年度报告内容、表现形式、行文风格、报告效果的前导因素。笔者认为，高等职业教育系统摒弃现有评估思维和范式，通过编制并主动公开发布质量年度报告，与社会形成双向互动关系，借助社会力量监督、指导并参与办学行为，最终实现提高高等职业教育人才培养质量、提高高等职业教育服务经济社会发展能力的目标，应该是编制质量年度报告的主体目的。后述九方面均应服务服从于这个主体目的。

2.精准定位受众群体。现有高等职业教育质量年度报告视角向上，主要是将直接掌握办学资源配置权的政府当作受众主体，高等职业教育界更多是将编写发布质量年度报告当作“履职”行为，质量年度报告成为另一种意义上的述职工具，脱离了更多的高等职业教育利益相关者，偏离了质量年度报告应当面向公众，编写发布质量年度报告为回应社会关切问责的“履责”行为。恰当的受众群体是包括政府在内的众多高等职业教育利益相关者，但受众主体应该是社会公众，特别要向最终的高等职业教育办学资源提供者（也就是所有纳税人）负责，将高等职业教育利益相关者的利益调和到“帕累托”最优状态。

3.分层发布报告内容。2012—2016年以来的各级高等职业教育质量年度报告结构，大体上由固定板块、个性板块、佐证数据三部分组成，其中学生发展、教学改革、政策保障、服务贡献、面临挑战五部分为必涉内容，另辅以“计分卡”“资源表”等管理工具。如此规定，在便于教育行政管理部门对管辖区域质量年度报告和院校质量年度报告进行排序比较的同时，抹杀了具有不同区域特征的经济发展对高等职业教育人才的不同需求，以及在此需求下衍生的不同高等职业院校的办学特色。正如现有高等职业院校办学一样，造成质量年度报告“千校一面”局面。再有，质量年度报告大多为溢美之作，只高调论述“质量成果”，少袒露“质量缺陷”。笔者认为，应在内容上区别对待不同级别的质量年度报告，国家级报告及省级报告，以宏观为主，以发展数据、实施项目、政策成效为主，点出高等职业教育整体发展趋势，并给出具体建议；校级报告以微观为主，侧重写实，多用鲜活案例，抓住高等职业教育特点，突出高等职业教育优点，从高等职业教育办学、教育、教学行为方面报告。

4. 丰富表现形式。2012年的国家高等职业教育质量年度报告采用《2012·发现高职》形象宣传画册 +《2012年中国高等职业教育人才培养质量年度报告》套餐形式，让读者眼前一亮，并获得良好反响。但自此以后，三个层级的质量年度报告均采用单一报告，报告采用“套餐”表现形式成为绝响。凭实而论，各种表现形式各有优缺点，比如文字翔实、耐读、少冲击力，表格直观但少韵味，照片生动形象但有时令人费解。在省级、国家级质量年度报告中，要表现的内容太多，如果采用单一形式，编制同一种类型报告，难免挂一漏万，应采用文稿、图表、画册、视频等多种表现形式。

5. 拓展发行渠道。“江苏省高等职业学校高等职业教育质量年度报告编制现状调查与分析”科研项目组对江苏省83所高等职业院校教师进行抽样调查，结果显示：高等职业教育质量年度报告发布至今，虽然质量年度报告在社会及师生中影响日渐扩大，但仍有相当一部分高等职业院校管理人员、教师没有仔细阅读本校质量年度报告，仅有部分管理人员、教师了解本省及国家质量年度报告。这主要是受限于质量年度报告发行渠道单一、高等职业院校质量年度报告营销意识薄弱。

6. 规范编制团队。就高等职业教育而言，如果面对社会关切问责，首当被问责的是各级政府及各级教育行政部门，其次才是高等职业学校，两者是利益共同体。就高等职业院校而言，应将编写发布质量年度报告从自觉行为变为自发行为，认认真真办学，一丝不苟育人，扎扎实实编写年度报告。

7. 提升数据可信度。高等职业教育质量年度报告与中等职业教育质量年度报告、本科教育质量年度报告相比，其最大优势在于有丰厚的数据积累。在编制高等职业教育质量年度报告之前，高等职业教育在借助新一轮评估之际，已经采集了3～4年的状态数据。状态数据采集平台全面具体地展现了各高等职业院校的办学概况、教学状态、人才培养工作水平和办学特色，也记录了各高等职业院校人才培养工作的发展轨迹，更重要的是揭示了学校发展趋势和存在的问题。基于高等职业教育状态数据采集平台的海量数据，再编写高等职业教育质量年度报告，是高等职业教育质量年度报告社会影响力大于中等职业教育、本科教育质量年度报告的重要原因。但也要看到，高等职业教育状态数据采集平台采集到的数据，因各种主观及客观原因，还存在一定的失真数据和奇异数据。如果不对这部分数据进行辨别、清洗、去伪，编制出来的高等职业教育质量年度报告所展示的高等职业教育状态可能会与社会凭经验认知的高等职业教育状态存在差距，进而导致社会误解高等职业教育。编制质量年度报告时，应采用多个数据来源，并在多个数据来源之间相互核对印证，采用经得住社会质疑的可靠数据。

8. 创新行文风格。一份优秀的高等职业教育质量年度报告，要让阅读者爱不释手，行文风格非常重要。为使质量年度报告为社会各界喜闻乐见，在表述时应尽量摒弃行业术语及专业用语，多采用短句和俚语。比如，尽量少用“产教融合”“双师结构”等行话；对如“计分卡”“资源表”中的数据，给出通俗易懂的注解；统一界定，厘清如“校中厂”“校中园”“校中店”等容易混淆的称谓；等等。少摆道理、少说教和自作结论，多采用形式活泼的案例，尽量让阅读者通过阅读写实性描述后自己做出判断。

9. 创设互动渠道。现有高等职业教育质量年度报告发布体系中，国家质量年度报告策划与编写团队在每年度的发布会上，会邀请一定数量的媒体参加。省级质量年度报告和校级质量年度报告策划编写团队编写完后，按教育部要求上报并在某个部门网站公示。无论哪级高等职业教育质量年度报告，均无年度报告编写团队与受众群体互动渠道，受众阅读之后，也无法与报告发布主体进行交流。

10. 做好效能评测。编写发布质量年度报告的根本目的，是提高高等职业教育人才培养质量，促进高等职业教育更好服务于区域经济社会发展。质量年度报告发布后，社会公众对质量年度报告内容的信任度如何？

高等职业教育发展的软环境有没有进一步改善？有没有或多大程度上提高了高等职业教育人才培养质量？这些质量年度报告的效能无从测定。建议高等职业教育系统科学引导高等职业教育质量年度报告的不同类型读者，根据自我意图，分析对比相关数据，研读相关案例，做出自己的判断和结论，辩证使用。

莎士比亚有句名言："一千个读者眼中就会有一千个哈姆雷特。"对我国现阶段高等职业教育质量年度报告来说，不同层次不同类型的读者，也会做出各自不同的解读。作为高等职业教育系统内部的一员，笔者认为，高等职业教育系统在质量年度报告编写实践基础上，借鉴国外教育质量年度报告编写理念和体例，采纳其他行业质量年度报告成功经验，综合运用本领域丰富素材，合理利用本系统人力资源，定会根据编制目的，编制出编制者和阅读者均满意的报告，高等职业教育质量年度报告最终将成为促进高等职业教育发展的一个"助推器"。

第三节　省级职业教育质量年度报告编制范式

本节导读：中、高等职业教育协调发展是现代职业教育体系内涵的重要维度，应以此视域审视省级职业教育质量年度报告编制范式，规范和完善我国职业教育在"双高时代"的质量报告编制工作。在我国职业教育三级质量年度报告体系中，基于江苏省职业教育办学长期积淀的优势和突出的办学成果，由专业团队精心编制的《江苏省高等职业教育质量年度报告》《江苏省中等职业教育质量年度报告》成为优秀样板。本节以近些年江苏省编制职业教育质量年度报告的探索与实践为例，阐述省级职业教育质量年度报告效用，构建省级职业教育质量年度报告编制范式，以省级质量年度报告助推职业教育办学效益达到"帕累托"最优。

关于建设现代职业教育体系的构想和要求，一直是党和政府相关教育政策顶层设计的关键内容，我们在第一章也做了论述。其实无论是《国家中长期教育改革与发展规划纲要（2010—2020年）》（2010年5月），还是《现代职业教育体系建设规划（2014—2020年）》（2014年6月），抑或是《国家职业教育改革实施方案》，乃至《中华人民共和国职业教育法修订草案（征求意见稿）》（2019年12月），均提出要建立现代职业教育体系。职业教育体系的内涵不断发生演变，但其特性始终指向三个方面：一是适应经济发展方式转变和产业结构调整要求；二是体现终身教育理念；三是中等和高等职业教育协调发展。

职业教育目的的丰富性，决定着其质量标准也存在多样性，学术性显然不能成为其唯一标准①。职业教育质量年度报告是个具有准学术血统的通俗读物，其诞生于职业教育系统，以严谨的数据和规范的语言描述职业教育系统内部活动的运行状态及运行结果，让政府、院校、企业等关键利益主体之间得以频繁互动。在职业教育领域定期编制发布质量年度报告，已成为职业教育办学、管理的一个关键环节，也是我国职业教育进入“双高时代”要坚持和巩固的制度安排，助力职业教育发展“由追求规模扩张向提高质量转变”②。

在现代职业教育体系视域下如何组织省域职业教育质量年度报告编制工作？如何描述职业教育在改革浪潮中勇立潮头、引领发展和贡献经验？还是用我们在前面章节的叙事方式，以《江苏省高等职业教育质量年度报告》《江苏省中等职业教育质量年度报告》（以下简称为“两份报告”）为剖析样本，与读者一起讨论省级职业教育质量年度报告编制范式。

江苏是职业教育发达省份。2019年，在“双高计划”遴选中，江苏省有7所高等职业院校入选国家高水平高等职业院校建设单位，在全国占比12.50%，有13所高等职业院校入选国家高水平专业群建设单位，在全国占比9.22%，双双打破江苏省高校重大项目评审结果在全国占比8%的惯

① 王孙禺.高等教育组织与管理[M].北京:高等教育出版社,2008:325.

② 国务院.国务院关于印发国家职业教育改革实施方案的通知(国发〔2019〕4号)[EB/OL].(2019-02-13)[2020-08-16].http://www.gov.cn/zhengce/content/2019-02/13/content_5365341.htm.

例，入选数量居全国第一；江苏省共有17所优质专科高等职业院校、278个骨干专业等获得教育部《高等职业教育创新发展行动计划（2015—2018年）》认定，数量均列全国第一。江苏设有中等职业院校206所，立项建设50所江苏省中等职业院校领航计划建设单位。

江苏是全国首批编制职业教育质量年度报告的省份之一。2012年以来，《江苏省高等职业教育质量年度报告》一直尝试用第三方视角来评测与评价江苏省高等职业教育一个年度内的发展、成就与挑战，报告该省高等职业教育发展的主要成绩以及在向更高质量发展过程中的创新举措。自2016年开始，江苏组织编制《江苏中等职业教育质量年度报告》。可以说，江苏职业教育质量年度报告的组织工作和撰写质量与该省教育整体水平一样，一直位居全国前列。

江苏职业教育质量年度报告编写组织模式。江苏职业教育质量年度报告编制工作遵循“行政主导、团队牵头，依托院校、分项负责”的组织原则，在江苏省教育厅统一领导下，分别由江苏省高等职业院校人才培养工作状态数据采集分析中心、江苏省教育科学研究院职业教育与终身教育研究所两个团队负责，团队骨干成员大多数为来自示范院校的教学管理研究人员，按学术背景和研究特长分别负责报告不同模块。

江苏职业教育质量年度报告数据和素材来源。一是借助江苏自主研制、教育部推荐的高等职业院校数据平台，采集江苏省90所高等职业院校的1400多个指标共13000余个数据项，再经过数据清洗、数据挖掘，生成一套体现江苏高等职业教育发展脉络的佐证数据。二是研究90份院校质量年度报告中的“计分卡”“资源表”“学生反馈表”“国际影响表”“服务贡献表”“落实政策表”等六张表的数据，从微观角度定量评测江苏省高等职业院校办学成效。三是根据国家、省最新文件精神动态和表彰成果，分析出江苏高等职业教育的年度发展状况，勾勒江苏高等职业教育发展的生长图，再以江苏省相关委办厅局和教育厅各处室的数据来源为佐证，以数据说话，用数据描述，以体现江苏高等职业教育成效。四是通过列席省厅相关工作会议，跟踪各设区市关于高等职业教育的管理工作动态，研读90所高等职业院校每年报送的质量年度报告，从中掌握省厅和各设区市的改革举措和成效，选取学校的特色做法、创新亮点。五是来自省直机关、各设区市以及高等职业院校的优秀案例。

江苏职业教育质量年度报告质量维度及监测点。《江苏省中等职业教育质量年度报告》共设置10个质量维度，32个质量监测点，《江苏省高等职业教育质量年度报告》共设置8个质量维度，41个质量监测点，其层次及内在逻辑分别如图5-1、图5-2所示。

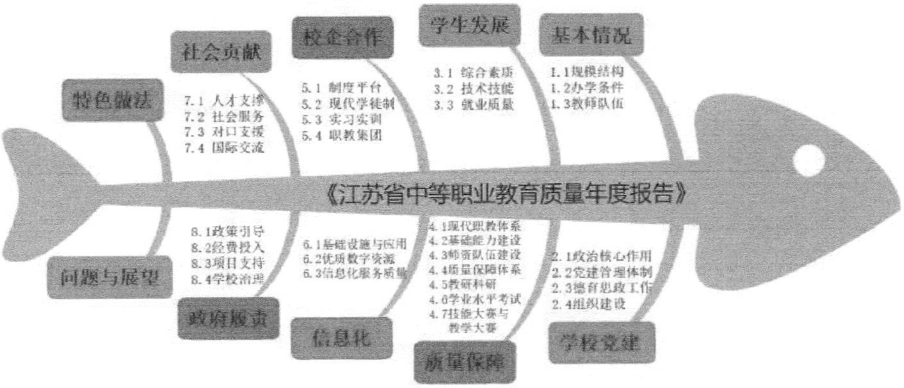

图5-1　《江苏省中等职业教育质量年度报告》质量维度及监测点鱼骨图

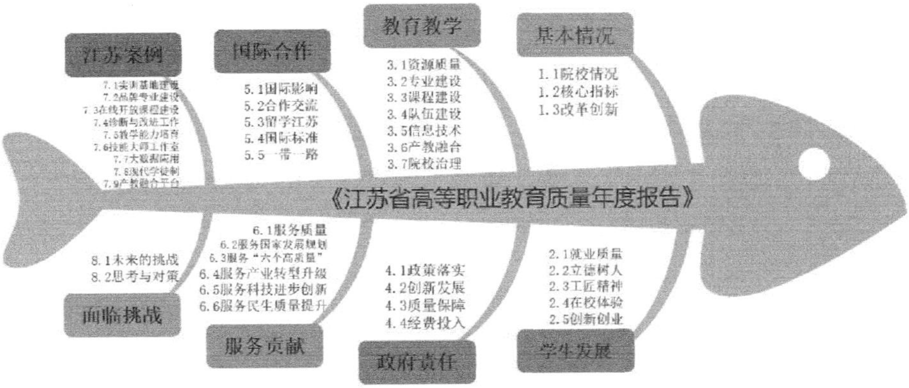

图5-2　《江苏省高等职业教育质量年度报告》质量维度及监测点鱼骨图

江苏职业教育质量年度报告效度。《江苏省高等职业教育质量年度报告（2019）》呈现了江苏省高等职业教育的八个创新举措，体现了省级教育行政部门和高等职业院校在教育教学改革中的创新理念与举措。2019年度江苏高等职业教育的四大类全国领先指标、八个创新举措和九个方面的江苏经验，比较全面地概括了江苏高等职业教育战线在建设“强富美高”新江苏征程中的担当作为与服务贡献。江苏省高等职业院校的优秀做法、创新举措和典型案例是服务国家战略、服务民族传承和服务民生福祉的重要内容，江苏高等职业教育战线以实际行动和成绩，贯彻落实了习近平总书记对江苏“为全国发展探路”的一贯要求。

江苏职业教育质量年度报告案例。如果说，江苏职业教育质量年度报告是用优秀办学成果铸就的皇冠，那么在这顶皇冠上还有一颗颗更加闪耀的明珠，这些明珠就是典型案例。案例分三类，分别是介绍典型成果或创新举措的一句话案例，介绍工作机制的200字左右的标准案例，系统体现江苏职业院校工作理念的1500字左右的案例。其中“江苏案例”重点介绍江苏高等职业教育典型做法，彰显江苏特色，输出江苏经验，示范引领发展。如常州工程职业技术学院自主开发智能化信息平台服务教学与管理，江苏城市职业学院运用大数据助力管理智能化论述大数据应用，侧重于数据挖掘与智慧决策；无锡商业职业技术学院依托全国商贸职业教育集团“五定”模式培养现代商贸学徒，江苏食品药品职业技术学院打造现代学徒制育人新模式，江苏农林职业技术学院农科专业现代学徒制人才培养的探索与实践，侧重于教育部实施的三批试点；江苏经贸职业技术学院建设“一制三化”工作室制，常州纺织服装职业技术学院聘请地方非遗大师和非遗代表性传承人与学校艺术设计类专业建设有机融合来论述技能大师工作室项目，侧重于三所被教育部认定的“技能大师工作室”项目院校建设；等等。

范式（paradigm）的概念和理论是美国著名科学哲学家托马斯·库恩提出并在《科学革命的结构》（1962年）中系统阐述的，是开展科学研究、建立科学体系、运用科学思想的坐标、参照系、基本方式与基本模式[①]。在我国社会主要矛盾已然发生转变、质量追求成为行为内在动力的当下，以省级质量年度报告评测省域职业教育质量，已超越职业教育系统上升成

① 陈世清.经济学的形而上学[M].北京：中国时代经济出版社，2010：103.

为一种社会行为，其编制工作亦存在一定范式。

写实是省级职业教育质量年度报告应有之义，这是所有关注省级职业教育质量年度报告的读者应该达成的第一个共识。

完善职业教育质量评价，“实施职业教育质量年度报告制度”，是《国务院关于加快发展现代职业教育的决定》提出的工作要求。一方面，为落实这一要求，国家教育行政部门经过系统设计，在职业教育领域构建了国家、省、校三级质量年度报告体系。在这一体系中，基于院校年度报告基础编制而成，同时又为国家年度报告提供数据和素材的省级年度报告，具有承上启下的事实功能性地位。另一方面，省级教育行政部门又被要求出具公文将省级年度报告编写及公开情况，辖区内院校年度报告、企业年度报告报送及公开情况函报教育部职业教育与成人教育司。省级质量年度报告因为有同级教育行政部门公信力而被寄予更高期望。

综上所述，写实是省级职业教育质量年度报告的应有之义。具体而言，又可以从如下三方面理解。首先，年度报告的内容应源于事实，一般而言，年度报告应记录一个学年区域内职业教育的内部运行情况及其与外部互动的轨迹，是各种数据和事实的交互。其次，数据应真实并有质量，数据质量包含但不限于以下方面：数据本身在数量、准确性、完整性、及时性、一致性、清洁度、安全性等方面的内在质量；侧重于与数据格式（简洁、一致的表示形式）和意义（易于解释）相关方面的质量。再次，年度报告逻辑结构要严实，所述内容之间，既是一个学年职业教育内部运行轨迹的闭环体现，又满足了一种类型教育的办学组织目标呈现。最后，年度报告的话语体系应朴实，除教育系统内部人士外，年度报告的受众首先应定位为社会普通百姓，因此报告不能晦涩难懂。一份效度高的年度报告，应基于翔实的数据素材和丰富的办学实践成果，既有定性描述和定量分析，又有理论研究和实证案例。

省级职业教育质量年度报告因其权威性、概括性，写史是省级职业教育质量年度报告的言外之意。

据《现代汉语词典（第7版）》，历史，指自然界和人类社会的发展过程，也指某种事物的发展过程和个人的经历。目前，我国已经在职业教育战线建立了国家、省、（设区市）校三级质量年度报告制度，质量年度报告成为职业教育战线履行责任担当、确立质量发展观、宣传发展成绩、接受社会监督的重要制度载体，将职业教育质量年度报告视为记录职业教育系统活动进程的编年体史，正是恰如其分，可从如下四个方面来理解：

1.贯彻落实国家相关工作要求。《国家中长期教育改革与发展规划纲要（2010—2020年）》和《国务院关于加快发展现代职业教育的决定》都提出，要建立高等学校质量年度报告发布制度；《国家职业教育改革实施方案》明确指出要实施职业教育质量年度报告制度，报告向社会公开。由此可见，编制省级职业教育质量年度报告，是各省在职业教育领域贯彻落实上级要求的行动标志。

2.集中展示本年度省域内职业教育发展成果。职业教育牵涉面广，包含政府、院校、社会等主体的施政、办学、管理、调和诸多行为和措施。编制省级质量年度报告，就是对省域职业教育改革和教育实践进行系统梳理，集中展示省级职业教育改革创新成果与院校特色，全面展现省级职业教育的整体质量状况。它是政府和职业院校履职履责的重要途径，也是社会了解省级职业教育的重要窗口，将为政府决策、院校改革、社会监督提供权威的专业化参考。

3.规范和引导职业院校办学行为。我国高等职业院校大多由中专校升格、成人高校转制而来，建校之初，办学行为不够规范，经过多年探索，高等职业院校办学行为已经基本规范，在这个从不够规范到基本规范的过程中，高等职业教育质量年度报告起到一把“标尺”的作用。发布职业教育质量年度报告，可以通过动力转换的方式，强化政府、社会、学生家长对职业院校的外部监督，促进职业院校完善内部治理结构，将外部压力和内部动力结合，引导职业教育质量提升和健康有序发展①。

4.回应党、国家和社会关切。自党的十八大以来，职业教育得到决策

① 邵坚钢，周思勇.院校治理视角下的高职教育质量年度报告制度：成就、问题与优化策略[J].中国高教研究，2019(8)：82-86.

层和社会越来越多的关注与重视。2016年12月，李克强总理在推进职业教育现代化座谈会上做出批示，要求切实把职业教育摆在教育改革创新和经济社会发展中更加突出的位置。2019年2月，《国家职业教育改革方案》做出“职业教育与普通教育是两种不同教育类型，具有同等重要地位”的重大论断，预示着“我国职业教育发展进入黄金期”。2019年8月，习近平总书记在张掖市山丹培黎学校考察时指出：“中国经济需要实体经济作支撑，这就需要大量实用型技术人才，需要大批大国工匠。职业教育前途广阔、大有可为。”①2019年12月，为落实党中央、国务院关于职业教育改革发展的重大决策，健全职业教育法治保障，教育部发布《中华人民共和国职业教育法修订草案》(征求意见稿)，启动《中华人民共和国职业教育法》修订工作。通过编制和发布省级职业教育质量年度报告，来回应党、政府和社会对职业教育事业的关切，是各省职业教育战线的职责所在。

基于质量维度及监测点确立新型质量观是要达成的第三个共识。遵循“忠于写史初衷、运用写实手法”编制思路，研制省级职业教育质量年度报告质量维度及监测点，确立新型质量观，再确定省级职业教育质量报告的内容框架，力求把质量年度报告编制为记录省域内职业教育战线传播发展历程与成就、记载内省与反思的编年体式资料。高等职业教育的质量观可以我国高校人才培养、科学研究、社会服务、文化传承与创新、国际交流合作这五大基本职能为基本参照系，再根据职业教育特点予以取舍扩充。中等职业教育的质量观除应当重点体现职业教育是帮助受教育者获得某种职业或生产劳动所需要的职业知识、技能和职业道德的教育类型外，还可以聚焦于职业教育与社会的紧密关系，也即体现职业教育受益于社会，社会也可受益于职业教育，促进社会发展是职业教育的应有之义和神圣职责。

一般而言，省级职业教育质量年度报告的质量观应具有如下表征点：

① 新华网.习近平考察山丹培黎学校.[EB/OL].(2019-08-23)[2019-10-12].http://edu.china.com.cn/2019-08/23/content_75129482.htm.

一是符合国家对职业教育质量年度报告的合规性要求，质量年度报告紧密围绕服务高质量发展的主题，从基本情况、学生发展、教育教学、政府责任、国际合作、服务贡献、面临挑战等方面，用翔实数据和典型案例，展示一年来省域职业教育的改革创新做法与院校办学特色；二是定量分析和定性描述相结合，质量年度报告既有定量分析，比如对一些引领性、非自测、易量化、可查证、能比较的核心指标的比对，也有写实性的定性描述，比如在各章节中选用典型案例；三是全省概况和基层风采相辉映，通过质量年度报告，既能看出省级职业教育整体情况，在全国各省的横向比较情况，也可以领略到本省域内一些地市、院校的创新举措和特效经验；四是力求语言通俗易懂，表现形式多样，图文并茂，适宜最广大的受众阅读理解。

编制省级职业教育质量年度报告，还要响应时代要求，实现中、高等职业教育质量一体化，体现职业教育的类型特性。

在构建现代职业教育体系的构想蓝图里，“纵向贯通、横向融通”为其核心特征，贯通现有中等职业教育、高等职业教育是关键一环。各地在探索构建现代职业教育体系时，在夯实中等职业教育基础地位、创新发展高等职业教育、力证职业教育是类型非层次的同时，也将重点之一落在已有学历层次之间保持纵向流动，衔接贯通现有中、高等职业教育上。目标决定行为，行为决定结果。与此相配套，对中、高等职业教育质量一体化呈现，就是时代发展的必然要求。

目前，高等职业教育质量年度报告与中等职业教育质量年度报告各成体系，编写理念、体例、呈现方式等不尽相同，这是我国职业教育质量监测与评价发展的必然过程，但不应是最终状态。随着职业教育为类型教育的观念深入人心，现代职业教育体系逐步完善，产业转型升级不仅需要中等职业院校培养的技术技能人才，更需要高等职业院校培养的高素质技术技能人才，尤其需要应用本科院校采用长学制培养的高端技术技能人才，职业教育本科呼之欲出，其后职业教育质量年度报告也应将之纳入其中。在省级职业教育质量年度报告编写理念上，要体现大职教思维，将职业教育是类型教育的特性充分展现，也应是省级职业教育质量年度报告的应然结果。

在保持中、高等职业教育各自层次特点的前提下，坚持表扬优异成绩为省级职业教育质量年度报告的重要目的，创新思路、存同融异，编制一份满足现有中等职业教育和高等职业教育质量年报要求、包含中等职业教育和高等职业教育办学举措与成绩的职业教育质量年度报告是大势所趋。

中等职业教育作为公共服务体系的组成部分，发展现代职业教育具有基础性作用，高等职业教育承担着优化高等教育结构和人力资源结构的重要使命。以高质量的省级职业教育质量年度报告助推职业教育办学效益实现“帕累托”最优，是职业教育战线义不容辞的责任和义务。现代职业教育体系视域下的质量年度报告编制范式，首先在内容上应当体现适应经济发展方式转变和产业结构调整要求，其次要体现终身教育理念，展示职业教育在辅助人的终身发展方面的成就，最后要体现中、高等职业教育协调发展，突破层次的局限，系统描述培养技术技能人才—高素质技术技能人才—高端技术技能人才培养成效。除此以外，在理念和形式上，也要进行革新，突破现有藩篱，更新现有模式，确保省级职业教育质量年度报告服务于职业教育现代化，进而服务于教育现代化。

第四节　从质量年度报告看高等职业教育高质量发展

本节导读：以2012—2017年全国31个省份和新疆生产建设兵团的192份省级高等职业教育质量年度报告为研究对象，分别以年份和省份为轴线，汇总梳理各省级区域高等职业教育在发展历程中所遇挑战的内省与反思，从宏观、中观、微观三个层面找出制约我国高等职业教育发展的问题表征，提炼荟萃各省级区域高等职业教育为实现高质量发展不断作出的探索与创新，发现我国高等职业教育领域具有较强的问题意识和忧患意识，已初步树立质量发展文化。从制约高等职业教育高质量发展的社会认知、办学空间、办学理念（定位）、体制机制、布局结构、优质资源建设、国际化等七个方面进行分析，提出加大省级统筹力度、完善现有拨款制度、改革和创新科研管理工作、以项目引领带动院校内生发展等四条策略。

我国现代职业教育体系的构建完善非一时之功，办好高等职业教育尤为关键。我国高等职业教育是现代职业教育体系的顶梁柱，是教育改革发展过程中出现的高等教育新类型，由中央及地方政府主导，由职业大学改制、“三改一补”、独立设置等形式得以诞生，在原国家教育委员会发布实施的《核定普通高等学校招生规模办学条件标准》《“红”、“黄”牌高等学校办学条件标准》，教育部发布的《普通高等学校基本办学条件指标（试行）》（2004年）等行政文件约束下逐步成型。近年来，国家陆续颁布《国务院关于大力推进职业教育改革与发展的决定》《国务院关于大力发展职业教育的决定》《国务院关于加快发展现代职业教育的决定》《国家职业教育改革实施方案》，以国家力量接续推进高等职业教育发展，并依次施行全面开展高职高专院校人才培养工作水平评估、择优建设国家示范（骨干）性高等职业院校、建立职业院校教学工作诊改制度、推进实施中国特色高水平高等职业院校和专业建设计划（“双高计划”），对高等职业教育发展层层推进。受此多重利好因素影响，我国高等职业教育从举旗起步发展至今，在培养技术技能人才、服务区域经济发展、服务国家发展战略等多方面取得不俗成就，已成为我国高等教育的重要组成部分，正在世界范围内逐渐形成具有中国特色的职业教育新模式。

特别是在国家示范（骨干）高等职业院校建设项目结束之后，包含200所国家示范（骨干）高等职业院校在内的部分高等职业院校已经具备较雄厚办学基础，拥有更高办学追求。一方面，这批院校从心理上把自己视为中国高等职业教育领域的“985工程”“211工程”高校，将保持并巩固学校在中国高等职业教育领域的“第一方阵”成员地位视为理所当然和义不容辞。另一方面，这批院校又从实现更高抱负出发，对标我国普通高等院校建设的“双一流”定位，以实现高质量发展为追求，把服务高等职业教育强省、国内一流和国际有影响等作为办学愿景之一，立足既有国家示范（骨干）高等职业院校（部分是特色鲜明的省级示范高等职业院校）发展基础，奋力跻身省优质高等职业院校①，冲刺中国特色高水平高等职业院校和高水平专业（简称“双高计划”）。在此院校良性发展的惯性带动和不进则退忧患发展大环境背景下，省级教育行政部门从统筹管理者角度，带领本区域内高等职业教育战线认真总结、系统反思本区域内高等职业教育发展的挑战，并有针对性地提出若干对策，这部分反思与总结体现在各省高等职业教育质量年度报告②（以下简称为“省级年报”）中。

基于以下三个原因，省级年报已经成为政府和高校履职和履责③的一种重要途径和方式。第一，由教育部及省级教育行政部门等行政力量主导编制的省级年报，可视为一种政府公文公报，这种由政府公信力背书的省级年报具有行政约束力。第二，质量年度报告已经成为社会管窥高等职业教育业绩与思路的一个重要窗口。事实上，绝大多数省级年报都能把发展成绩说够、存在问题说透，并且能找准制约发展的原因，提出精当的改进举措。第三，各省基本建成以状态数据平台、质量年度报告为“两纵”，校级、省级队伍为“两横”的“两纵两横”省级高等职业教育质量监测体系，在此体系中，质量年度报告是基于并高于状态数据的质量监测手段。

如前所述，源自写史（我国高等职业教育发展史）初衷、运用写实手法编制的省级年报是我国各省高等职业教育战线传播发展的历程与成就，记载内省与反思的编年体式资料，其内容真实可信，所提问题典型深刻，所提对策现实可操作。在剖析我国高等职业教育高质量发展的区域响应时，可以从分析各地编制的高等职业教育质量年度报告入手，重点分析各省对高等职业教育发展的挑战与展望，并在此基础上提出优化策略，以期

① 任占营.优质高等职业院校建设的思考[J].国家教育行政学院学报，2018(7)：47-52.

② 如本章第一节所述，自2012年起至今，由教育部主导，我国在高等职业教育领域逐步建立了定期发布国家、省、校三级质量年度报告和企业参与高等职业教育人才培养年度报告制度。本书第四章专门论述了我国高等职业教育人才培养年度报告制度。

③ 刘任熊，李畅，吉国庆.从履职到履责：关于高职教育质量年报科学规范发展的十点思考——写在高职质量年报制度实施五周年之际[J].中国职业技术教育，2016(24)：22-26.

促进高等职业教育的科学发展、高质量发展。

我们所选择分析的192份文本，均来源于各省级教育行政部门在教育部部署下编制报送的省级年报，任何感兴趣的读者均可通过现代高等职业技术教育网（原中国高职高专网）阅读并下载这批报告。所选时间跨度为2012—2017年共6个年份，选取对象界定为全国31个省份和新疆生产建设兵团，由此共获取省级年报192份。鉴于教育部对发布省级年报已经做出相对固定的章节限制和格式要求[①]，因此，以各省级年报的专门章节“挑战与展望”为研究对象，再对所收集到的各省级年报的“挑战与展望”章节进行细分，将其表述分为两部分，也即挑战（问题）部分和展望（对策）部分。在研究过程中，我们对极少数省级年报中存在歧义的表述，通过再次查询省级教育行政部门网站、相关高等职业院校网站，找出相应证实或证伪数据（或表述）。经梳理，各省级年报对“挑战与展望”的表述大体分为三种类型：“挑战与展望”分两部分表述、“挑战与展望”融合在一起表述、未提及“挑战与展望”（如表5-6所示）。在分析方法方面，采用应用分析软件Nvivo 12.1，遵循采样—量化—编码—分析规律，对前述获得的文本，先按年份、省份提炼标题句、段首句等总括性表述，再对提炼的句中关键词进行编码分类，在此基础上，再进行定量和定性相结合的综合分析。

① 质量年度报告编制体例基本定型，具体内容应至少包含学生发展、教学改革、政策保障（政策、财政专项与质量保障的落实与成效）、国际合作、服务贡献、面临挑战等六个部分，以及“计分卡”“学生反馈表”“资源表”“服务贡献表”“落实政策表”“国际影响表”等六张数据表。教育行政管理机构以多种方式对被管理单位报送的质量年度报告进行合规性审核。

表5-6 2012—2017年省级年报中“挑战与展望”表述分析

年份 问题描述	2012年	2013年	2014年	2015年	2016年	2017年
未提及“问题(挑战)”的省份或兵团	河北、吉林、浙江、江西、广西、四川、云南、西藏、新疆生产建设兵团	河北、云南、西藏	河北、云南	河北、吉林、广西、西藏	海南	北京、江苏、安徽
未提及“展望(对策)”的省份或兵团	河北、吉林、浙江、贵州、云南、西藏、甘肃、新疆生产建设兵团	河北、上海、云南、西藏	河北、云南	河北、吉林、广西、西藏	海南	吉林、河南、湖南、贵州

注：根据教育部对编制高等职业教育质量年度报告相关安排，除2012年外，其余年份的省级质量年度报告发布的均为前年的内容，如《广东省高等职业教育质量年度报告（2022）》发布的是广东省2021年度的高等职业教育战线成绩，其他省类同。

由表5-6可以看出，在我国统一要求编制省级年报的元年（也即2012年），有10个省份和新疆生产建设兵团未在本省省级年报中专门论及“挑战”或“展望”，问题意识不强。随着我国高等职业教育领域质量意识的苏醒和质量文化氛围渐浓，越来越多的省份在其质量年度报告中带着问题意识和忧患意识去分析发展过程中的挑战，并且提出具体对策和举措。自2017年起，31个省份和新疆生产建设兵团的省级年报中，或专门提及“挑战与展望”，或单提“挑战”或“展望”，均用相当篇幅分析了制约本省高等职业教育高质量发展所存在的挑战并（或）提出对策。

从时间轴线进行分析，2012—2017年，在各省级年报的“挑战与展望”章节中的“挑战”部分，出现的十大高频词（问题）为：体制机制不完善、经费投入不足、发展不均衡、教师队伍结构不科学、管理理念不适应、企业参与不积极、现代职业教育体系不完整、国际化水平有待提高、质量保障体系不完善、招生制度需改革。具体到不同年份，各省提出的问题与对策，既因同处国家发展大环境下而有相通之处，又根据本省经济社会发展情况的不同而各有侧重点。针对这些问题，各省级年报均在“挑战与展望”章节中的“展望”部分做出回应，提出对策。我们以年度为分析单元，分别选取出现频率最高的五个问题、五个对策，分析高等职业教育自身走高质量发展之路并与支撑国家经济社会高质量发展的区域相应。

2012年高等职业教育的主要问题与对策。2012年是“十二五”规划承上启下的重要一年，在高等职业教育领域同样如此。这一年，因应《国家中长期教育改革和发展规划纲要（2010—2020年）》要求，教育部建立了高等职业教育质量年度报告制度。同年，第五届国家示范性高等职业院校建设成果展示会在山东省潍坊市举行，来自全国各地的260余所高等职业院校展示了在高等职业教育领域取得的成果，“国家示范性高等职业院校建设计划”骨干高等职业院校建设项目第三批（也是最后一批）启动建设，这批院校的建设在三年后见到了成效。与自2006年开始启动的100所国家示范性高等职业院校的建设重点不同，“国家示范性高等职业院校建设计划”骨干高等职业院校建设侧重点之一是体制机制创新，因此，在2012年各省级年报中，体制机制、平衡发展等成为热词（见表5-7-1、表5-7-2），并且这些热词背后反映的问题在北京、上海、江苏、山东等经济和教育都比较发达的省份，也不同程度地存在，这既是高等职业教育作为一种新类型的高等教育“成长中的烦恼”，也是高等职业教育举办方和管理者对国家政策及高等职业教育发展趋势的本能回应。

表 5-7-1　2012 年各省级年报主要问题与提及区域

序号	问题表述	提及区域
1	管理体制和运行机制尚需不断完善	北京、内蒙古、江苏、江西、山东、甘肃、新疆
2	不同类型院校发展不平衡	内蒙古、上海、湖北、甘肃
3	财政经费投入的增幅尚未满足高等职业教育人才培养需要	辽宁、黑龙江、安徽、湖北、湖南、广东、海南、贵州、陕西、甘肃、青海、新疆
4	符合高等职业教育特征的师资队伍数量不足	辽宁、黑龙江、上海、湖北、湖南、陕西
5	校企合作、工学结合,企业参与不积极	天津、辽宁、福建、江西、山东、河南、海南、贵州、陕西、新疆

表 5-7-2　2012 年各省级年报对策与提及区域

序号	对策描述	提及区域
1	示范、骨干院校建设,专业和师资队伍建设,中高职衔接	内蒙古、湖北、湖南、广西、海南、四川、贵州、宁夏
2	提升高等职业教育服务社会经济发展的能力	上海、福建、山东、湖北、重庆
3	提高高等职业教育的总体办学水平和教育教学质量	北京、上海、江西、四川、青海
4	大力推进校企合作,引导高等职业院校工学结合人才培养模式改革多样性、多元化	河南、广东、海南、宁夏
5	探索现代职业教育体系	河南、湖南、重庆、四川、新疆

2013 年高等职业教育的主要问题与对策。2013 年，党的十八届三中全会召开，会议通过的《中共中央关于全面深化改革若干重大问题的决定》指出："加快现代职业教育体系建设，深化产教融合，校企合作，培养高素质劳动者和技能型人才。"《中共中央关于全面深化改革若干重大问题的决定》又指出："加快推进职业院校分类招考或注册入学。逐步推行普通高校

基于同一高考和高中学业水平考试的综合评价多元录取机制。”因此，建立现代职业教育体系成为当年度高等职业教育研究的一个热点，有学者更是提出，要赋予职业教育（学）与普通教育（学）同等的学科地位，以提高现代职业教育体系学科地位①。在现代职业教育体系语境下，招生制度改革、“双师型”师资队伍建设等也进入当年度各省级年报问题高频词（见表5-8-1、表5-8-2）。

表5-8-1　2013年各省级年报主要问题与提及区域

序号	问题表述	提及区域
1	进一步推进职业院校考试招生制度改革	北京、辽宁、山西、安徽、海南
2	加强“双师型”师资队伍建设	辽宁、天津、上海、江苏、福建、山东、广西、甘肃、青海
3	国际化技术技能人才培养步伐缓慢	天津、内蒙古、山西、黑龙江、浙江、四川
4	投入不足制约了高等职业院校的持续发展	山西、吉林、河南、湖南、重庆、陕西、甘肃、宁夏、新疆
5	专业结构有待优化	湖北、黑龙江、上海、广东、甘肃

表5-8-2　2013年各省级年报对策与提及区域

序号	对策描述	提及区域
1	探索建立职业教育立交桥	北京、辽宁、山西、安徽、海南、新疆生产建设兵团
2	通过国培和省培训练项目加强师资队伍建设	山西、内蒙古、天津、江苏、福建、山东、广西、甘肃
3	通过专项建设推动高等职业院校整体发展提升	内蒙古、山西、黑龙江、河南、四川、新疆
4	结合本地区经济社会发展实际，建立完善职业教育生均拨款机制	黑龙江、吉林、浙江、湖南、重庆、陕西、甘肃、宁夏

① 姜大源. 提高现代职教体系学科地位[N]. 中国教育报，2013-10-01(05).

续 表

序号	对策描述	提及区域
5	推进政府、企业、学校三方合作，强化高等职业院校工学结合人才培养模式	黑龙江、山西、湖北、广东、甘肃、青海、新疆生产建设兵团

2014年高等职业教育的主要问题与对策。2014年2月，李克强总理主持召开国务院常务会议，部署加快发展现代职业教育。2014年5月，《国务院关于加快发展现代职业教育的决定》发布，提出到2020年，形成适应发展需求、产教深度融合、中职高职衔接、职业教育与普通教育相互沟通，体现终身教育理念，具有中国特色、世界水平的现代职业教育体系。2014年6月，全国职业教育工作会议在北京召开，在此后的一年时间内，各省纷纷出台关于加快发展现代职业教育的决定，中国职业教育发展迎来又一个春天。反观各省级年报，制约高等职业教育发展的一些老问题仍然存在，如经费投入不足、校企合作“冷”“热”不均等，但高等职业教育领域思考的问题层面更宽泛，管理理念、国际化成为高频词，对现代职业教育体系建设的思考也更系统全面（见表5-9-1、表5-9-2）。

表5-9-1　2014年各省级年报主要问题与提及区域

序号	问题表述	提及区域
1	高等职业教育经费投入地区间依然有较大差距	宁夏、河南、海南、青海、新疆生产建设兵团
2	现代职业教育保障体系还不完善	北京、天津、辽宁、甘肃、黑龙江、浙江、重庆
3	校企合作中学校“热”企业“冷”的现状	天津、吉林、安徽、江西、青海
4	管理观念不适应，内涵建设亟待提升	宁夏、黑龙江、江苏、贵州
5	高等职业教育国际交流与合作水平需进一步提升	山东、广西

表5-9-2　2014年各省级年报对策与提及区域

序号	对策描述	提及区域
1	完善高等职业教育投入长效机制	宁夏、辽宁、河南、青海、新疆生产建设兵团
2	完善高等职业教育质量保障体系	北京、天津、辽宁、甘肃、黑龙江、浙江、四川、陕西
3	深化产教融合,完善校企合作治理结构	天津、吉林、安徽、江西、广东、西藏、新疆
4	改进管理方式,提升高等职业院校教育信息化水平	黑龙江、江苏、安徽、贵州
5	加强国际交流与合作	山东、广西

2015年高等职业教育的主要问题与对策。如果说自2014年起职业教育发展迎来“又一个春天”，那么2015年发布的《高等职业教育创新发展行动计划（2015—2018年）》就是在为高等职业教育的未来丰收播下“期待的种子”。据教育部职业教育与成人教育司负责人透露，截至2014年底，全国有高等职业院校1327所，在校生1006.6万人，为服务国家经济转型升级培养了大量高层次技术技能人才。当年相当多的省级年报将问题“落实落细落小”，着眼于校企合作保障机制、专业设置、师资队伍建设等偏微观话题，也揭示着高等职业教育领域在继续呼吁破除外部发展体制机制约束的同时，也将一部分重心转移到高等职业教育领域内部，回到高等职业院校，回归最根本的人才培养工作（见表5-10-1、表5-10-2）。

表5-10-1　2015年各省级年报主要问题与提及区域

序号	问题表述	提及区域
1	专业设置还不能适应经济发展方式转变	四川、云南、青海、湖南
2	师资队伍建设尚不能完全适应教学改革	四川、甘肃、新疆、浙江
3	办学投入不足制约高等职业教育办学水平	四川、青海、宁夏、内蒙古、河南、湖北、新疆生产建设兵团

续 表

序号	问题表述	提及区域
4	校企合作的保障机制不完善	辽宁、江苏
5	国际合作交流有待进一步加强	云南、北京

表5-10-2 2015年各省级年报对策与提及区域

序号	对策描述	提及区域
1	加大改革创新力度，促进产业转型升级	四川、云南、青海、黑龙江、山东
2	加强教师队伍建设，破解职业教育发展瓶颈	四川、云南、甘肃、新疆、上海、浙江
3	加大办学经费投入，提升整体办学水平	四川、青海、宁夏、内蒙古、河南、湖北、新疆生产建设兵团
4	加强制度建设，完善保障机制	陕西、辽宁、江苏、河南、新疆生产建设兵团
5	加强高水平合作办学和国际化能力培养	江苏

2016年高等职业教育的主要问题与对策。2016年，各省级年报对问题与对策的表述更能体现高等职业教育战线对自身发展过程的内省与反思，这可视为教育部在全国推行《高等职业学校内部质量保证体系诊断与改进指导方案（试行）》的必然成效。强化省级统筹能力、加强质量保障体系建设、构建质量文化成为该年度各省级年报“问题与对策”部分的主要内容（见表5-11-1、表5-11-2）。按照我国现行管理现状，我国高等职业院校的设立实行省级人民政府批准、教育部备案制度。在此体制下，除中央财政转移支付和国家层面实行的大项目资金之外，高等职业院校办学所获取的财政性经费，均来自省级（含地市级）财政。因此，省级人民政府对本省高等职业教育的统筹能力（主要体现为政策和资金）的强弱，既一定程度上决定了本省整体高等职业教育在全国是“高峰”还是“高原”抑或是“平原”地位，也决定了本省内高等职业院校之间是均衡同步发展还是“局部做强、全局做优”。

表 5-11-1　2016 年各省级年报主要问题与提及区域

序号	问题表述	提及区域
1	质量保障体系及质量文化建设有待完善	江苏、河南、陕西、兵团
2	经费投入有待提高	安徽、福建、贵州、青海、宁夏
3	高等职业院校发展不均衡	福建、贵州、青海
4	产教融合、校企合作有待深化	福建、湖北、甘肃、青海、新疆
5	内涵建设水平有待进一步提高	四川、云南

表 5-11-2　2016 年各省级年报对策与提及区域

序号	对策描述	提及区域
1	质量标准先行，内外系统耦合	江苏、河南、陕西、新疆生产建设兵团
2	建议建立办学规模和培养要求相适应的财政投入机制	福建、安徽、贵州、青海、宁夏
3	加大政府统筹规划	福建、贵州
4	强化产教融合，坚持校企合作的基本办学制度	福建、湖北、甘肃、青海、新疆
5	加强诊改，完善内部质量保障体系	四川、云南

2017年高等职业教育的主要问题与对策。2017年，我国实施改革开放政策即将进入第40个年头，中华职业教育社迎来成立100周年，联合国教科文组织在职业教育领域最重要的机制性会议——国际职业技术教育大会在河北唐山召开，国务院办公厅印发《关于深化产教融合的若干意见》，明确提出"构建教育和产业统筹融合发展格局"。在以大资金大项目刺激高等职业教育超常规发展阶段已然结束之际，各省级年报对以改革激发高等职业院校发展内生动力的做法赋予更多期望，借助信息技术、国际化来继续为高等职业教育发展提神醒脑（见表5-12-1、表5-12-2）。这一年，区域之间、校际发展不均衡问题仍然存在，师资队伍建设是个永恒话题，但以往年度各省常提的经费投入不足问题不再进入2017年各省级年报问题高频词之列，这得益于我国经济多年来维持中高速发展并一直对教育投入

保持“法定增长”①，也受益于财政部、教育部于2015年联合印发《关于建立完善以改革和绩效为导向的生均拨款制度，加快发展现代高等职业教育的意见》，对各省级政府做出“到2017年，各地高等职业院校年生均财政拨款水平不低于1.2万元”的强制性要求。

表5-12-1　2017年各省级年报主要问题与提及区域

序号	问题表述	提及区域
1	信息技术高速发展带来挑战	天津、陕西、安徽、山东
2	院校国际影响力尚待进一步提升	北京、河北、山西、辽宁、陕西、甘肃、湖南、重庆
3	教师队伍不能满足发展需要	辽宁、新疆、吉林、广东、海南、西藏、甘肃
4	教学改革有待进一步加强	辽宁、陕西、黑龙江、上海、江苏
5	区域之间、校际发展不均衡	吉林、浙江、湖北、云南

表5-12-2　2017年各省级年报对策与提及区域

序号	对策描述	提及区域
1	加大信息化建设力度，提升办学现代化水平	陕西、安徽、山东
2	提高职业教育国际化水平	北京、辽宁、陕西、甘肃、山西、湖南、重庆
3	推进现代化教师队伍建设	辽宁、新疆、吉林、海南、西藏、甘肃
4	促进高职教育资源供给	黑龙江、上海、江苏
5	深入推进“放管服”改革	湖北、云南、新疆生产建设兵团

综上所述，自2012年教育部组织编制发布省级年报以来，各省基于本省办学实践，着眼长远发展，以宏观、中观、微观三个粒度对本区域内高

① 2003年全国财政性教育经费占GDP比例为3.28%，比2002年下降了0.04个百分点，出现了自1995年持续增长以来首次下滑。在此形势下，教育部于2005年发布《教育部关于切实增加教育投入确保实现教育经费法定增长有关工作的通知》（教财〔2005〕21号），要求“确保预算内教育经费依法增长，实现财政性教育经费占GDP4%的目标”。教育部、国家统计局、财政部联合发布的《全国教育经费执行情况统计公告》显示，国家财政性教育经费占GDP的比例自2012年以来连续9年做到“不低于4%”，2020年为4.22%。

等职业教育发展所存在的问题及拟采取的措施做了表述。有些宏观问题，涉及国家政策和社会观念等宏观层面，非一时一地一部门所能解决，但我们也欣喜地看到，我国高等职业教育发展的制度环境日趋变好，社会对技术技能人才的需求及使用观念更趋理性。对一些中观及微观问题，高等职业教育战线一直以“舍我其谁”的气概推进改革，促进高等职业教育高质量发展。中国高等职业教育要实现高质量发展需要不断内省与反思，要具有忧患发展意识，中国高等职业教育战线采取监测办学质量指标会不会亮“红黄牌”[①]、开展人才培养工作水平评估、申报质量工程项目等措施，自觉开展质量保障与评估，发挥“主体”责任进行教学诊改，与经济产业积极互动。高等职业教育要在服务国家经济社会高质量发展过程中实现自身高质量发展，需要在更宽广的层面进行内省与反思。

职业教育作为最大的“扶贫”工程，是维护社会稳定的一块短板。从增进民生福祉、维护社会安全稳定、服务国家战略层面考虑，都需要重视和大力发展职业教育。而高等职业教育作为我国职业教育体系中的高层次教育，更是在服务民生、服务社会、服务国家等多方面发挥着重要作用。当前高等职业教育发展还面临一些问题。

1.社会认知问题。多数行业乃至教育行业甚至高等职业教育内部，就职业教育对经济社会发展的特殊地位、对培养多元化人才的重要作用宣传不够，成才观念尚未转换到位，职业教育发展的良好环境尚未形成，高等职业教育至少不是在多数时候都能“香起来”[②]。这也将衍生出高等职业院校毕业生身份问题，高等职业院校毕业生以大专学历毕业后进入就业市场，在很大程度上受到就业歧视。这也在一定程度上加重了高等职业院校的生源危机。

① 2022年11月12日，教育部、国家发改委、财政部、人力资源和社会保障部、住房和城乡建设部等五部门印发《职业学校办学条件达标工程实施方案》，对中等职业学校和高等职业学校分别设置办学条件重点监测指标，对职业学校办学条件达标工程提出明确要求。也即2023年底重点指标全部达标学校达到80%以上，2025年底达到90%以上。

② 陈宝生.在新的起点上加快推进职业教育现代化[EB/OL].(2016-12-12)[2016-12-12].http://www.moe.edu.cn/jyb_xwfb/gzdt_gzdt/moe_1485/201612/t20161212_291700.html.

2.办学空间问题。在现实情形及主流观点都限定高等职业教育只是一个办学层次的当下，面对社会、家长及求学者对初始学历越来越高的需求，只允许办专科层次高等职业教育的高等职业院校，其办学空间越来越小。高等职业院校的基本办学条件总体上还比较差，与经济社会发展、与人民群众对高等职业教育的要求和期待还有较大差距，亟需通过创新发展高等职业教育、推进产教深度融合、推进中职和高职紧密衔接、推进职教和普教相互沟通、积极发展多种形式的继续教育等措施，构建现代职业教育体系。

3.布局结构问题。高等职业教育结构布局不够合理，不能满足经济建设、产业升级、社会进步的需要，主要表现在院校布点分散，学校规模小、条件差，专业设置特点不明显，对接产业集群不够，培养成本高，整体实力不强。高等职业教育服务地方经济发展、服务本地本行业的意识还不强，专业设置比较盲目，考虑产业结构调整、考虑地方经济建设对人才的需求不够。引导高等职业教育特色化发展，拓展高等职业学校功能，提升区域社会经济贡献力，专业服务产业发展的能力有待提高。高等职业院校中特色鲜明的院校不多，个别院校发展定位不够准确，办学思路不够清晰，需优化院校结构布局，深化专业结构调整，解决同质化严重问题。

4.办学定位（理念）问题。高等职业教育办学理念或说科学的办学理念还没形成，与现代职业教育的理念还有较大差距。需先确定高等职业教育定位，再提理念。高等职业教育本身的定位，需明确几个问题：我是谁？从哪里来？是类型还是层次？是三年制还是四年制或五年制？高等职业教育在区域经济发展中要干什么？能干什么？定位明确能缓解甚至解决规格高等职业院校升格冲动问题。理念确定之后，再研究培养路径。探索人才培养综合改革，构建高水平技术技能人才系统培养路径，支持“高精尖”产业升级。目前，高等职业院校不同程度地存在着没有将科学理念转化为教学中的具体措施和实际行动的现象，教学工作中仍然存在课程内容落后、理论教学过多、实践教学缺乏、教学手段单调等问题，实践教学体系有待进一步完善。

5.体制机制问题。制度创新与技术革命都是促进社会进步的重要力量，高质量发展高等职业教育，需要从顶层设计和基层创新两个方面发力创新制度。在确立行业、企业的办学主体地位，鼓励实行混合所有制、现代学徒制，保障院校办学自主权、激发内生动力等方面的体制机制有待完善。现有的院校绩效工资方案，不能充分发挥院校办学主动性、调动教职员工积极性，机制和举措需要进一步创新。可通过建立社会力量办学机制、企业参与办学机制、行业指导服务机制、学生资助机制、毕业生就业促进机制、职业院校现代治理机制等，激发高等职业教育的办学活力。

6.优质资源建设问题。首先是高水平师资缺乏。专任教师队伍层次有待进一步提高。一方面，高等职业院校招聘博士毕业生难，因为博士毕业生进校后没有学科依托和重点实验室依靠，拿大项目、出有分量成果、发高水平文章难，这也导致高等职业院校大多数教师的科研教研在中低端水平重复，无法促进教学及人才培养工作的提升。另一方面，高等职业院校人才双向流动渠道不畅，现行的大多数评价机制都无法保证高等职业院校能引进到合适的能工巧匠，培育引进技术技能大师难。其次要建设更多优质资源，可以从建设优质学校、优质专业、优质课程等三个层面着手。最后是共享优质资源，共享到位，可以一定程度上缓解办学资源缺乏、优质资源分布不均问题，加强优质教育资源共享，可服务同一区域内处于不同发展层次的院校协同发展。

7.国际化问题。国家、省、校均对国际化提出要求，但现在高等职业教育国际化亮点不多，可能会存在如下四种阶段：(1)“办酒请客”阶段。此阶段有计划经济的特征。在招收留学生来华时，采取减免部分甚至全部学杂费的方式招收留学生，优质办学资源一定程度上向海外留学生倾斜。在境外建立办学分支机构时，相关经费全部或大部分由己方承担。(2)“AA制”阶段。既体现在来华留学事项上，也体现在境外开办分支机构上，办学者与求学者（合作办学者）采用一定比例和形式，分摊人才培养成本。(3)“食客买单”阶段。符合事物发展的规律，由计划向市场阶段迈进。一方面，办学主体在积累办学经验过程中，根据优胜劣汰法则，已经日渐变少；另一方面，办学主体实力日益强大，已经形成一定的品牌力和吸引力，不再需要通过免费或优惠方式去创设品牌、铺占市场。受教育者自己选择性价比高的教育产品。（4）“申请审核”阶段。此阶段潜在入学者想要还不一定能要到，必须符合举办者设定的一系列条件，这些条件有可能是综合性的，比如品德、语言等，也有可能是专业性的，比如专业类别、学业水平等。

从质量年报看高等职业教育高质量发展，成绩固然让人欣喜，但仍有很多工作需要进一步充实。要促进高等职业教育进一步高质量发展，尤其在省级层面要更加积极响应。

1. 加大省级统筹力度。一是省级政府进一步发挥省级统筹作用，建立多部门组成的协同推进机制，共同研究解决本区域内高等职业教育中遇到的困难和问题，建立完善管理制度、监督制度、协调工作机制，促进高等职业教育整体发展，加快推进现代职业教育体系构建。二是要协调好部门的关系，安排省级专项经费进行投入，帮助高等职业院校提高办学经费筹措能力，鼓励行业、企业积极投入经费。三是要加大督促落实，加大对高等职业院校各类办学主体（省级教育行政部门、其他省级行政部门、行业协会、企业、公司法人、自然人）的办学绩效考核，统筹地级市政府加强经费投入，促进院校发展，督促院校主办方积极落实保证足额办学经费，解决同一地区高等职业院校高质量发展的不平衡不充分问题。

2. 完善现有拨款制度。2017年，全国31个省份和新疆生产建设兵团均已建立高等职业院校生均财政拨款制度，并且就全国平均水平而言，2017年已实现专科高等职业院校生均财政拨款不低于12000元的预期目标。但仔细一分析，各省份落实高等职业院校生均财政拨款标准存在较大差异。根据《2018中国高等职业教育质量年度报告》，从全国来看，有22个省份达到12000元的标准，但是仍有部分省份未达标。个别院校只想扩大规模，办没有特色的成本低的专业，每个班学生数大，同质化严重。因此，要积极落实我国创造性地提出的“三个优先”（即在经济社会发展规划上优先安排教育、在财政资金投入上优先保障教育、在公共资源配置上优先满足教育和人力资源开发需要）战略，把教育在财政资金投入和公共资源配置中的位置作为衡量教育是否得到优先发展的重要指标，将教育优先发展的理念落实为“占比”“增长率”“名次”等客观真实的指标或数据①，完善现有按在校生数为基数的财政拨款制度。

3. 改革和创新科研管理工作。近年来，国家和省政府相继出台了很多深化科研管理体制机制改革的文件，但是，在以往政策的实际执行中，高等职业院校科研人员的“获得感”并没有想象中的那么高，还存在科研项目资金管理“过细”“重物轻人”等问题阻碍科研人员潜心从事研究活动。科研经费预算不能太精细，对科研的预算精细化不符合科学研究存在不确定性因素的特征。比如，基础研究类项目科研人员需要一次性做出2～3年或3～5年的科研预算，列明具体费用计划，但是科研工作具有不确定性，研究的过程中存在着很多变数，没有办法未卜先知。建议在基础研究类科研经费预算中重概算、轻预算，即主要设备、主要材料、主要测试项目可以做预算，其他的项目采取概算方式。科研管理“实现从重过程向重结果转变”。依据省政府和教育厅的文件精神尽快进一步优化学校的科研管理，真正将政策措施落到实处，推动高质量发展。扩大高校院所科研自主权，建立奖励、补偿、援助、免责、共享等五种机制，让科研人员有信心、有耐心、有定力地开展创新。出台负面清单制度。建议相关管理部门或高校列明哪些行为是禁止的，给科研经费管理画红线。制定科研经费的负面清单，比如规定不得采购与项目研究无关的设备，不得列支与项目研究无关的差旅费，不得利用项目经费开展娱乐活动等框架性约束条件，而不再罗列具体用途。本项目研究经费必须用于本项目。

4. 以项目引领带动院校内生发展。自2000年以来，我国高等职业教育历经国家示范校、国家骨干校、“双高计划”等几个国家层面大项目建设带动，出现了几个快速发展的“窗口期”，实现了超常规发展。现实证明，在高等职业院校还没有完全激发出内生发展动力的当下，采用非均衡发展思路，以大项目建设推动高等职业发展很有必要。可以从三个层面创设项

① 郅庭瑾，吴晶．教育优先发展的三个关键指标[N]．光明日报，2018-10-16(16).

目。第一是设立高水平院校以及高水平专业集群建设项目。高等职业院校的办学特色主要体现在专业集群上。第二是设立高端产教融合平台建设项目。《国务院关于深化产教融合的若干意见》《职业学校校企合作促进办法》和《省政府关于加快推进职业教育现代化的若干意见》分别从国家和省级层面明确了校企合作的基本制度框架。高端产教融合平台必须符合“三个有利于”的原则，即有利于学生成才就业、有利于教师能力提升、有利于学校社会影响扩大。第三是设立高质量人才队伍建设项目。该项目不能简单地将提高教师结构的博士学位比例作为考核指标，而是要建立校企人才共享机制，加大高层次人才引进力度；要完善政策制度及创新激励机制，优化人才聚集的“软环境”；要健全教师培养培训制度，为教师创设专业化、个性化和多元化的职业生涯发展路径。